RECKLESS ROAD
GUNS N' ROSES

E O *MAKING OF* DO ÁLBUM

APPETITE FOR DESTRUCTION

Marc Canter
com Jason Porath e fotos adicionais de Jack Lue

RECKLESS ROAD
GUNS N' ROSES
E O *MAKING OF* DO ÁLBUM
APPETITE FOR DESTRUCTION

Tradução:
Teodoro Lorent

Publicado originalmente em inglês sob o título *Reckless Road Guns N' Roses and the Making of Appetite for Destruction*, por Shoot Hip Press.
© 2007, Shoot Hip Press
Direitos de edição e tradução para todos os países de lígua portuguesa.
Tradução autorizada do inglês.

Nota do editor internacional:
Embora o autor e editor tenham feito todos os esforços para assegurar a correção e integridade da informação contida neste livro, não assumimos responsabilidade por erros, inexatidões, omissões ou inconsistências contidas nele. Qualquer desrespeito a pessoas, lugares ou organizações não são intencionais.

© 2016, Madras Editora Ltda.

Editor:
Wagner Veneziani Costa

Produção e Capa:
Equipe Técnica Madras

Tradução:
Teodoro Lorent

Revisão da Tradução:
Larissa W. Ono

Revisão:
Sérgio Sculto de Souza
Maria Cristina Scomparini

Dados Internacionais de Catalogação na Publicação (CIP)
(Câmara Brasileira do Livro, SP, Brasil)

Canter, Marc
Reckless Road Guns N'Roses/Marc Canter; tradução Teodoro Lorent. – São Paulo: Madras, 2016.
Título original: Reckless Road Guns N'Roses.
ISBN 978-85-370-0672-6

1. Fotografias 2. Guns N'Roses (Grupo musical) – Obras ilustradas 3. Guns N'Roses (Grupo musical) – Appetite for destruction 4. Músicos de rock – Estados Unidos – Biografia I. Título.

11-03556   CDD-782.42166092

Índices para catálogo sistemático:
1. Guns N'Roses: Banda de rock: Obras ilustradas: Música 782.42166092

É proibida a reprodução total ou parcial desta obra, de qualquer forma ou por qualquer meio eletrônico, mecânico, inclusive por meio de processos xerográficos, incluindo ainda o uso da internet, sem a permissão expressa da Madras Editora, na pessoa de seu editor (Lei nº 9.610, de 19.2.98).

Todos os direitos desta edição, em língua portuguesa, reservados pela

MADRAS EDITORA LTDA.
Rua Paulo Gonçalves, 88 – Santana
CEP: 02403-020 – São Paulo/SP
Caixa Postal: 12183 — CEP: 02013-970
Tel.: (11) 2281-5555– Fax: (11) 2959-3090
www.madras.com.br

Introdução à Edição Brasileira

"As Armas são para dizer que lutamos e as Rosas para dizer que Vencemos." Axl Rose

Desde pequena sou fã da banda. Tenho todos os CDs, pôsteres e DVDs. No ano passado, estive no show deles em São Paulo e foi muito emocionante ver Axl Rose a apenas alguns metros de distância, cantando minhas músicas favoritas. Como a editora estava lançando essa linha musical, eu dei a ideia pro meu pai para lançar este livro fantástico do Guns N' Roses, que fala um pouco sobre a história e trajetória da banda, que estourou nos anos 80 e 90 e se transformou em ícone de moda e comportamento para os jovens da época.

Mas quero falar um pouco mais dessa banda de hard rock norte-americana, formada em Los Angeles, Califórnia, em 1985. A banda é liderada pelo vocalista Axl Rose e passou por várias mudanças de formação... Atualmente, somente o Axl Rose e Dizzy Reed são membros originais da Banda, que surgiu de uma dupla chamada Rose, que logo passaria a ser renomeada para Hollywood Rose. Contava com o vocalista Axl Rose; na guitarra rítmica, Izzy Stradlin; na guitarra solo, Markws Gosbon; no baixo, Rick Roaland; e na bateria, Johnny Kreiss.

Em 1985, Axl e Izzy se juntam a três membros de uma outra banda dissolvida, a L.A. Guns, composta por: na guitarra solo, Tracii Guns; no baixo, Ole Beich; e na bateria, Robbie Gardner. Dessa junção é que surgiu Guns N' Roses. Mas, infelizmente, essa formação se apresentou uma única vez. Ole Beich sai e entra Duff MacKagan. Pasados seis meses, os componentes Tracii Guns e Robbie Gardner deixam a banda. Entra então o guitarrista Slash, por quem tenho muita admiração (inclusive batizei nosso cãozinho de Slash), e o baterista Steven Adler. Surge assim a formação mais conhecida da banda Guns N' Roses.

Ao longo de sua carreira, o Guns lançou sete álbuns em estúdio, dois EP, um álbum ao vivo e três DVD's musicais. Seu mais recente álbum foi lançado em 2008, *Chinese Democracy*. Ao todo, são mais de 100 milhões de cópias vendidas em todo o mundo, desde que a banda foi criada, conquistando o gosto não apenas dos jovens daquela época, mas ainda hoje eles têm o carinho da moçada de vários países, certamente pela qualidade do trabalho que realizam.

Ao longo dos anos, foram muitos os conflitos e mudanças dos componentes do Guns, mas creio que a mais marcante foi a demissão do Slash da banda, o que teve início em 1994, quando Axl demitiu o guitarrista Gilby Clarke sem avisar ao Slash, que o havia contratado, sendo contratado o Paul Tobias como substituto. Mas foi em 1996 que ele decidiu sair definitivamente do Guns.

Apesar dessa perda, o Guns prosseguiu e cada vez mais conquistando novos fãs de suas músicas, tendo como resultado novos lançamentos com vendas estupendas. Em 2010, a banda fez mais de dez shows pelo Canadá e dois shows acústicos nos Estados Unidos. A América do Sul também foi presenteada com a presença deles e o Brasil não ficou de fora, com apresentações em Brasília, Belo Horizonte, São Paulo, Porto Alegre e Rio de Janeiro. Agora estou muito feliz em saber que o Guns N'Roses voltará ao Brasil para o show de encerramento do Rock in Rio, versão 2011.

Como já disse, várias são as músicas dessa banda que adoro, entre elas: *Paradise City, November Rain, Street of Dreams, Welcome to the Jungle, Don't Cry, Sweet Child o Mine, Patience...*

Bem, agora vou deixar que Marc Canter, o autor desta obra, possa contar a história completa da carreira do Guns para você. Espero que possa fazer desta leitura a audição da mais bela canção que já ouviu, a qual conta a trajetória do Guns N' Roses. Que você curta esta biografia repleta de informações e com belas fotos que, para nós que somos fãs da banda, são relíquias para a nossa coleção. Espero que vocês gostem do meu primeiro trabalho!

Barbara Veneziani Costa – Saraswati
Assistente Editorial

AGRADECIMENTOS

Agradecimento especial a: Axl, Slash, Duff, Izzy e Steven, por serem tão fotogênicos e divertidos nas fotos; Genise Schnitman, por me ajudar com as palavras do primeiro manuscrito; Kim Dermit, por também me ajudar com algumas palavras; Farhad Shahkaram e Rene Diaz, por me ajudarem a revelar as fotos; Jack Lue, por todas as fotos dos shows enquanto eu estava filmando; Robert John, pela foto da contracapa e algumas fotos nos pilotos e todo seu tempo; Marc Leoncavello, por seu tempo me ajudando a copiar as fotos de arquivo; minha esposa, Leisa Canter, por ter dormido sozinha por 15 meses enquanto eu trabalhava neste livro; Alex e Gina Canter, por serem os melhores filhos; Alex, obrigado pela sua ajuda com as transcrições de todos os shows; Gina, obrigado por ser um gênio usando MAC; Del James, por sua força e apoio; Jason Porath e Steven Slomkowski, que fizerem com que este livro acontecesse; Carrie Small Laskavy e "My" Michelle Young, por alguns dos arquivos perdidos; Chris Amouroux e Leonard McCardie, por algumas das fotos adicionais; Elizabeth e Alan Canter, meus pais, por terem me deixado usar sua camionete para carregar o equipamento do Slash em 1983, durante os ensaios noturnos até as 3 horas da madrugada; Jacqueline Canter-Schnitman, dr. Rand Schnitman, Gary Canter, Pamela Forester-Valente, ESQ. e Ron Schneider. Um agradecimento especial a todas as pessoas que compartilharam suas memórias e contribuíram com seus relatos neste livro (veja Elenco de Personalidades).

NOTA DO EDITOR INTERNACIONAL

Quando este projeto chegou ao nosso conhecimento, a única memória que eu tinha da banda era de alguns relances que eu me lembro de ter assistido na MTV em meados dos anos 1980. Trabalhando no álbum *Reckless Road*, acabei me tornando, é claro, muito familiarizado com a Guns N' Roses, 20 anos mais tarde. Sente-se e ouça *Appetite for Destruction* e você entenderá por que é considerado um dos melhores álbuns do gênero, e, se já não for um fã como milhões de pessoas ao redor do mundo, irá se tornar mais um, como aconteceu comigo.

Como editor e designer sênior, minha tarefa consistia em fazer com que os assuntos fossem verdadeiros, evitando o sensacionalismo e permitindo que a história transcorresse sem qualquer tipo de julgamento. Não importa se você gosta, aprecia, respeita ou é avesso à história destes quatro rapazes. No entanto, algo muito especial aconteceu e isso é muito, muito raro. Tiro o meu chapéu a Axl, Slash, Izzy, Duff e Steve. Eu não teria esse talento nem esse tipo de coragem. Eles tiveram.

Este estilo de cronologia visual faz com que o leitor testemunhe o surgimento do icônico Guns N' Roses que todos nós conhecemos. Devo dizer que me senti inspirado pela sua jornada que estimulou minha própria criatividade e aspirações profissionais. Quanto aos fãs, eu espero que a maioria adore este livro tanto quanto eu. É difícil agradar a todos, mas fizemos o melhor.

Agradecimento especial a: Jason Porath, por moldar uma grande história sem nunca desistir; Austin Chester, que me inspirou a sonhar e por ser um amigo incrível e um grande ser humano; Dianne Slomkowski, eu não tenho palavras para expressar quanto é uma pessoa preciosa; meus irmãos e irmãs; Robert, Donna e Kevin e nosso pequeno, inteligente e leal grupo de investidores (Bernie, Jonas, Tom, Ken, Dana, Tim e Katherine, Austin, Xander, Anne, Arnold, Jason, Zu).

Steven J. Slomowski
Editor

AXL ROSE "Vitória ou Morte". O lema tatuado no braço de Axl descreve precisamente sua abordagem tudo ou nada para com a música e a vida. Axl nasceu e foi criado em Indiana, assim como seu antigo parceiro de banda Izzy Stradlin. Saiu de Indiana para fugir de um estilo de vida um tanto destrutivo, sem ter espaço na pequena cidade para sua energia jovial e personalidade agressiva. Determinado a se tornar um grande compositor e um vocalista de *rock 'n roll* da pesada, cruzou o país de carona até chegar a Los Angeles em 1984, onde começou várias bandas, incluindo Rapidfire, Rose, que se tornaria mais tarde Hollywood Rose, com Izzy, e depois de unir forças com Tracii Guns, Rob Gardner e Ole Beich, formou o Guns N' Roses. Após alguns desentendimentos com Tracii, Axl e Duff convidaram Slash e Steven para se juntarem a Guns N' Roses no show Troubadour, em 1985, que se seguiu em uma turnê pelo noroeste do país. Slash e Steven aceitaram o convite, e os dois eventos ajudaram a solidificar a banda na montagem do álbum *Appetite for Destruction*. Axl é conhecido por sua forte presença de palco, dedicação e ética de trabalho e pela extensão vocal. Contribuiu com letras e melodias que marcaram alguns dos melhores trabalhos que o Guns N' Roses já produziu e, como vocalista, nunca deixou de cativar o público, estivessem eles tocando em pequenos clubes de Hollywood ou nos maiores estádios do mundo.

SLASH é conhecido como uma força da natureza como um guitarrista e um dos músicos mais reconhecidos no mundo. Começou a tocar logo no início da adolescência, usando um violão de seis cordas emprestado da avó de Steven Adler. Aprendeu rápido e, tendo sido criado no meio artístico musical, já sabia que o rock 'n roll seria seu destino. Começou nas bandas Tidus Sloan e Roadcrew, e depois tocou com Hollywood Rose, Black Sheep e, finalmente, se firmou como guitarrista solo da Guns N' Roses. Como um líder da banda, Slash desempenhou um papel ativo em todo o aspecto de viver o sonho do rock 'n roll: um incansável vendedor de ingressos para os shows, um músico exigente que esperava o melhor de seus parceiros de banda e um bêbado homérico. Com o sucesso do Guns N' Roses, Slash se estabeleceu como virtuoso guitarrista de renome internacional, trazendo a guitarra **Les Paul** de volta à vida, e é conhecido pela fusão do rock pesado com o blues em sua música. Ele é amigo de infância de Marc Canter desde o ensino fundamental.

IZZY STRADLIN Izzy nasceu e foi criado em Indiana, onde fez o ensino médio com Axl. Izzy começou a tocar como baterista, mas acabou adotando a guitarra e decidiu que o *rock 'n roll* era o sonho que queria seguir. Saiu da pequena cidade e foi para Hollywood, onde começou a tocar em várias bandas de estilos diferentes até se unir a Axl em Los Angeles, e juntos formaram a Rose. Depois de algumas encarnações da Rose, com novos nomes, como Hollywood Rose e New Hollywood Rose, Izzy deixou a banda citando as diferenças criativas em relação a um novo guitarrista chamado Slash como sendo o motivo. Izzy se juntou à banda London por um curto período de tempo, mas se reuniu com a Hollywood Rose nos shows de reencontro da banda e continuou a tocar com Axl até que a L.A. Guns e a Hollywood Rose se juntaram formando a Guns N' Roses. Izzy é um renomado compositor e contribuiu com letras e melodias em várias canções do Guns N' Roses; possui uma enorme influência sobre o visual e o som da banda, inspirados em sua admiração por outras bandas, tais como o Hanoi Rocks e o Rolling Stones. Depois de sua saída do Guns N' Roses, em 1991, ele lançou sete álbuns solo.

ELENCO DE

DUFF MCKAGAN Duff deu início à sua jornada musical tocando em dezenas de bandas de garagem e nos circuitos noturnos em sua cidade natal, Seattle, Washington. Ele tocava vários instrumentos, mas seu foco era principalmente o baixo. O cenário musical em Seattle durante o início dos anos 1980 era muito limitado para Duff, que sabia que Hollywood era o lugar onde encontraria seu sonho. Ele respondeu a um anúncio de um jornal de Los Angeles que buscava por um baixista, o que culminou em um encontro com Slash e Steven Adler no restaurante Canter's Deli. Comendo sanduíches de rosbife e tomando algumas cervejas, fornecidas por Marc Canter, eles decidiram tocar juntos com o nome de Roadcrew. Durou apenas alguns ensaios. Coincidentemente, Duff havia se mudado para um apartamento do outro lado da rua de uma casa onde Izzy estava hospedado, e isso resultou em uma grande amizade com o músico visionário, e eles começaram a tocar juntos. Posteriormente, quando o Guns N' Roses trocou os membros da banda, Duff se reuniria com seus antigos parceiros da Roadcrew, Slash e Steven. Duff descreveu o primeiro ensaio para a criação do "Appetite", do Guns N' Roses, da seguinte forma: "Era um relâmpago ecoando no local". Duff servia como o alicerce do Guns N' Roses e participava ativamente das composições. Permaneceu na banda até 1998.

STEVEN ADLER Steven era amigo de Slash desde a adolescência e dividiam a mesma paixão pela música. Juntos começaram a experimentar vários instrumentos, e foi Steven que deu a Slash sua primeira guitarra, ou melhor, um violão de seis cordas que pertencia à sua avó. Naquela época, Steven também tocava guitarra e chegou a tentar ser vocalista, mas percebeu que seu talento se encontrava em outro lugar. Quando descobriu a bateria, sabia que havia encontrado seu talento. Levou um bom tempo até que Steven pudesse se tornar habilidoso; era autodidata e descobriu como fazer um som exclusivo de baixo que se tornaria sua assinatura no álbum *Appetite*, do Guns N' Roses. Assim que se sentiu mais confortável com o instrumento, convidou Slash para ouvi-lo. Slash ficou impressionado e decidiu dar uma chance para Steven na Roadcrew no lugar de Adam Greenberg. Sempre que podia, Steven acompanhava Slash nas diferentes trocas de bandas, mas foi sua disposição em substituir Rob Gardner no último minuto no show Troubadour, do Guns N' Roses, em 1985, que solidificou seu futuro

captou o crescimento de uma das melhores bandas de rock de uma era. Como Marc tinha um trabalho "de verdade", gerenciando os negócios da família, ele ajudava a banda do jeito que podia. Quando Slash, ou qualquer outro membro do Guns N' Roses, precisava de ajuda com panfletos, anúncios, demos, alimento ou equipamento, era Marc que proporcionava. Ele é membro da família proprietária de uma das mais famosas lanchonetes do mundo, a Canter's Deli, casa do Kibitz Room, que continua sendo um local importante para as novas bandas que surgem em Hollywood. As fotos de Marc aparecem nas capas dos álbuns *Appetite for Destruction* e *Live Era '87-'93*.

JACK LUE Jack Lue cresceu com Marc e Slash. Fez as primeiras fotos do Guns N' Roses e cobriu os shows quando Marc passou a filmar em *videotape*. Uma das suas fotos está na contracapa do álbum *Live Like a Suicide*, e várias outras aparecem nas artes dos álbuns *Appetite for Destruction* e *Live Era '87-'93*.

RON SCHNEIDER "Ronnie" Schneider começou sua jornada musical com Slash no colégio Fairfax High School.

de Adam apoiava com afinco as ambições musicais de seu filho, mas também não deixava de expressar sua opinião quando a música ficava muito alta. Quando a Tidus Sloan terminou e a Roadcrew começou, Adam acompanhou a mudança, mas foi substituído de forma inesperada por Steven Adler – um momento sua vida de que ele se lembra como devastador. Continuou tocando, mas nada deu certo como tinha sido com Slash e Ronnie. Um ano havia se passado quando foi ver Slash e Steven em sua nova banda, Guns N' Roses, e, quando os ouviu pela primeira vez, percebeu por sua substituição havia acontecido por um bom motivo.

CHRIS TORRES Chris pulava de banda em banda como qualquer outro. As mães de Chris e de Slash eram as melhores amigas, e quando a Roadcrew precisou de um vocalista, Chris foi escolhido para a função. A Roadcrew não duraria muito tempo, e Chris continuou tentando a música enquanto cursava o ensino médio e se preparava para a universidade. Era sua paixão, mas quando viu Axl e ouviu o álbum *Appetite*, percebeu que ter êxito no mundo fonográfico não era sua vocação. Observou o compromisso insano, a tenacidade

como o baterista da banda. O sucesso meteórico do Guns N' Roses surtiu efeito em Steven, afundando-o ainda mais no vício de drogas. Suas apresentações, tanto no palco como nos ensaios, se tornavam cada vez mais imprevisíveis para a banda. Foi demitido durante a gravação do álbum *Use Your Illusions 1 and 2* e substituído por Matt Sorum. Sua banda, Adler's Appetite, fez uma turnê mundial tocando as músicas do *Appetite for Destruction* para plateias lotadas.

MARC CANTER Marc cresceu com Saul Hudson, também conhecido como Slash, e juntos construíram uma sólida amizade durante os anos em que frequentaram a escola pública. Eles se ajudaram em um curso prático de BMX em Los Angeles, em que Slash impressionou Marc com suas manobras e truques ousados e corajosos. Quando Slash começou a tocar guitarra, Marc também ficou impressionado com a agilidade e rapidez com que Slash aprendera a tocar o instrumento. Quando era adolescente, Marc era um ávido, quase obsessivo, colecionador de Aerosmith. Quando sentiu que seu amigo Saul teria sucesso como guitarrista, Marc mudou seu *hobby* de colecionador para documentarista: fotografou e, em alguns casos, gravou áudio e vídeo de todos os shows em que Slash tocou de 1982 a 1987. Sem perceber o que estava fazendo, Marc

Juntou-se à banda Tidus Sloan como baixista, com Slash na guitarra e Adam Greenberg tocando bateria. Juntos formaram a Roadcrew em 1983, que durou apenas alguns meses. Quando Slash conheceu Axl e decidiram tocar juntos, Ronnie foi questionado sobre sua visão em relação à banda. Embora Axl o admirasse como baixista, ele achava que as inclinações de Ronnie estavam mais voltadas ao heavy metal e que não era o cara certo para a banda. Slash pediu para que saísse no momento em que a nova Hollywood Rose estava se formando, e ele acabou sendo substituído por Steve Darrow. No entanto, Ron continuou sua grande amizade com Slash e Axl quando o Guns N' Roses foi formado, e acabou se tornando o técnico de equipamento da banda. Ronnie trabalhou com o Guns N' Roses por vários anos, acompanhando as turnês internacionais e testemunhando a subida supersônica da banda ao auge do sucesso. Deixou seu cargo na banda em 1988 para seguir sua própria carreira musical.

ADAM GREENBERG Adam frequentou o colégio Fairfax High School com Slash e foi convidado por Slash e Ronnie Schneider para ser o baterista da banda Tidus Sloan. Foi na garagem da casa de Adam que os três parceiros roqueiros arrumaram espaço e começaram a fazer os covers de AC/DC e Black Sabbath. A mãe

e a garra que o Guns N' Roses tinha, e notou que era algo que não possuía. Parou de cantar, foi para a escola e exerce atividade profissional em Colorado.

CHRIS WEBER Chris Weber frequentou a escola Fairfax High School com Slash, mas nunca tocaram juntos, apesar de seus caminhos sempre se cruzarem. Quando tinha 16 anos, Chris foi apresentado a Izzy por Tracii Guns, no estacionamento do Rainbow Bar and Grill. Foi ali que entraram no carro de Chris e ouviram as fitas cassetes do Hanoi Rocks e do New York Dolls, que definiriam o estilo ao qual queriam se modelar. Chris e Izzy achavam que tinham muito em comum, e Izzy sugeriu que incluísse seu amigo Bill Bailey, também conhecido como Axl Rose. Quando Axl chegou a Los Angeles, eles formaram a Rose e se mudaram para a casa dos pais de Chris. Lá compuseram várias canções juntos, com Axl colocando as letras nas melodias e refrões que Izzy e Chris criavam. Um dia, Axl estava cantando no banheiro a música "Hair of the Dog", do Nazareth, com a voz bem aguda, e, de repente, Chris e Izzy reconheceram o som que estavam procurando. Eles encorajaram Axl a usar aquela voz, que se tornaria sua assinatura. Chris tocou em vários dos primeiros shows da Hollywood Rose antes de sua saída, em 1984. Contribuiu na canção "Anything

Goes", do álbum *Appetite for Destruction*, como também em "Reckless" e "Move to the City", ambas do álbum Lies, do Guns N' Roses.

STEVE DARROW Steve Darrow já havia visto Izzy no cenário musical da Sunset Strip pelo menos um ano antes de se encontrarem oficialmente por meio de um anúncio de jornal que Izzy havia publicado. O anúncio buscava um músico que tivesse "cabelo, brilho, fascínio e popularidade". Imediatamente, eles reconheceram em si o estilo comum e o som, e começaram a ensaiar assim que a Rose fora formada. Steve começou tocando bateria, mas sua habilidade não estava à altura do que Izzy e Axl buscavam, e saíram à procura de um substituto. Enquanto isso, Steve se juntou a Kerry Doll e passou a tocar baixo. Quando Kerry Doll e Rose dividiram o palco em um show, Izzy e Axl perceberam quanto Steve havia se tornado bom como baixista e o convidaram para se juntar a Rose/Hollywood Rose. Steve tocou com a Hollywood Rose até a banda se separar depois que Izzy se juntou à London, e Axl à L.A. Guns. Em um determinado ponto como Hollywood Rose, Steve era o único membro da banda que não participou da criação do álbum *Appetite for Destruction*, do Guns N' Roses. No final, Steve seguiu o rumo de um som mais pesado do que o da Hollywood Rose e continuou tocando baixo com outras bandas.

WILLIE BASSE Um mentor para alguns, Willie foi o responsável por germinar o florescimento de músicos em Hollywood durante muitos anos. Ele era proprietário de vários estúdios para ensaios e sempre parecia atrair as maiores multidões em suas festas noturnas. Fundou a banda Black Sheep, e eles contrataram Slash, depois de testarem Tracii Guns e C.C. DeVille. Ele se orgulhava de trabalhar com Slash e tentou impedir sua decisão de se juntar ao Guns N' Roses, dedurando Slash para sua mãe. Uma lista de seus protegidos inclui James Kottak, Randy Castillo, Paul Gilbert, Kyle Harrison, Mitch Perry e Marshall Harrison.

DANNY BIRAL Foi na camionete da mãe de Danny que a infame turnê Northwest Hell começou. O carro quebrou em Fresno, a caminho de Seattle, e deixou a banda encalhada no meio do deserto com nada, a não ser roupas nas mochilas. Apesar de Danny não ser músico, ele era um amigo muito próximo de Slash e da banda. Quando Tom Zutaut e a Geffen Records assinaram contrato com o Guns N' Roses, eles excluíram Danny como sendo uma péssima influência e disseram para a banda manter distância dele.

ROBERT JOHN Robert John trabalhava na construção civil em Los Angeles e tinha paixão pela fotografia. Conhecia Izzy do cenário musical em Hollywood e foi apresentado a Axl. Izzy e Axl convidaram John para tirar fotos da banda e, depois da primeira exibição do trabalho de Robert, Axl gostou do que viu. Axl e Robert se tornaram amigos, e Robert foi convidado a deixar seu ofício diário e começar como o fotógrafo oficial da banda. De 1986 até 2001, Robert acompanhou a banda em todo o lugar e fotografou suas melhores apresentações e seus momentos mais íntimos fora do palco. Em 1993, Robert publicou um livro de fotografia que obteve grande êxito, chamado *Guns N' Roses: The Photographic History* [Guns N' Roses: A História Fotográfica], que narra sua trajetória da banda rumo à fama. Roberto fotografou várias bandas para incontáveis revistas e capas de álbuns.

ADRIANA SMITH-DURGAN Adriana era uma dançarina de *striptease* na lendária Seventh Veil, na Sunset Boulevard, e adorava sair com seus namorados roqueiros. Como suas outras amigas do ramo, ela oferecia aos rapazes uma cama para deitar, uma geladeira repleta de comida e muita bebida. As festas em seu apartamento sempre terminavam com mergulhos noturnos de sua sacada direto para a piscina. Adriana e Steven Adler tinham uma amizade próxima que se tornaria em uma relação íntima cheia de rupturas e reconciliações durante alguns anos, até que rompeu de vez assim que Adriana retornou de uma viagem que fizera a Nova York com Axl, Slash e Izzy. Ela fora convidada a acompanhar a banda enquanto *Appetite* estava sendo mixado. Em uma noite, Axl pediu que ela gravasse alguns sons "ambientes" para "Rocket Queen", e ela concordou, embora a fizesse com a consciência pesada. Apesar de a canção não ter sido escrita para ela, ela se orgulha em ser a "Rocket Queen" no álbum.

PAMELA JACKSON MANNING Pamela era a verdadeira tiete do Guns N' Roses. Era uma dançarina de *striptease* que auxiliou a banda enquanto crescia no circuito de clubes na Sunset Strip. Como suas outras amigas do ramo, Pamela fornecia sustento, como comida e abrigo, sempre que a banda precisava, e acabou fazendo parte do show no palco. Era conhecida por seus movimentos sensuais enquanto ela e Axl fingiam transar no palco, chamando a atenção até mesmo da plateia mais exigente. Como amiga da banda, estava sempre nos ensaios e acompanhou o desenvolvimento de canções desde a concepção.

MICHELLE YOUNG Michelle é a inspiração da canção "My Michelle" e era amiga de Slash, Ron Schneider e Tracii Guns na época do ensino fundamental. Certo dia conheceu Axl na casa de Slash e se tornaram amigos muito íntimos. Michelle era uma companhia constante do Guns N' Roses e era considerada parte da gangue. Ajudava a banda com qualquer tipo de recurso que dispunha: um carro para levá-los aos shows, dinheiro para comprar comida ou estimulantes para animá-los nas festas. Adora se lembrar de Axl tocando "November Rain" ao piano no auditório de sua escola, onde tudo parou numa noite.

DESI CRAFT Desi e Izzy se conheceram em Hollywood quando Desi se aproximou de Izzy achando que ele era um membro da banda Hanoi Rocks. Eles se apaixonaram, foram morar juntos e vendiam drogas para sustentar a banda. Dançarina e coreógrafa, Desi começou a fazer *striptease* nos clubes de Hollywood como uma forma de se sustentar e também como interesses musicais de Izzy. Levou o show que apresentava nos clubes para os shows do Guns N' Roses e sempre animava o público com o número que fazia na canção "Jumping Jack Flash", dos Rolling Stones. Seu relacionamento e sua associação com a banda terminaram quando eles assinaram o contrato com a Geffen Records; ela era menor de idade, e eles queriam evitar futuras responsabilidades judiciais. Tom Zutaut sabia também que era ela quem fornecia heroína para a banda.

VICKY HAMILTON Vicky tem um histórico de gerenciamento de bandas *heavy metal* glamourosas, tais como Poison, Faster Pussycat e Stryper, antes de aceitar a tarefa de ser a *manager* de um grupo de desajustados músicos chamado Guns N' Roses. Entre dezembro de 1985 e maio de 1986, ela foi fundamental, reservando shows para a banda enquanto eles emergiam do circuito do Sunset Strip e garantindo que eles se tornassem visíveis para futuros representantes da A&R* que circulavam pela cidade. Vicky facilitou o encontro entre a banda e Tom Zutaut, da Geffen Records, o que levou à assinatura do contrato da banda com o selo. Vicky deixou que Axl e Slash morassem em seu apartamento por um breve período; uma época que ela lembra como o melhor e o pior momento de sua vida. Mais tarde, ela foi contratada pela Geffen como representante A&R, gerenciou várias bandas de sucesso e hoje possui sua própria empresa de gerenciamento musical, a Aesthetic V.

TOM ZUTAUT Tom era conhecido como um dos mais bem-sucedidos representantes A&R de Hollywood e foi responsável pela descoberta de algumas das bandas de maior sucesso nos anos 1980 e 1990. Lançou as carreiras de Motley Crue e Dokken, enquanto trabalhava na Elektra Records, e foi contratado pela Geffen Records para descobrir a próxima grande novidade. Tomou conhecimento do Guns N' Roses por intermédio de um amigo que trabalhava em uma loja de discos em Hollywood, chamada Vinyl Fetish. Testemunhou o frenesi que o Guns N' Roses gerava com suas apresentações ao vivo e, depois de se encontrar com Axl, passou a acreditar que ele estava diante do futuro do rock n' roll. Assinou o contrato da banda com a Geffen Records e tolerou seus vícios enquanto ele e a Geffen Records puderam aguentar. Por meio de sua dedicação à banda, seu amor por sua música e sua visão conduzindo a banda para que se tornasse uma das maiores de rock "desde o Rolling Stones ou o The Who", Tom teve êxito mantendo-a unida tempo suficiente para gravar o *Appetite for Destruction*. O sucesso do álbum se deve, em grande parte, ao esforço e ao comprometimento de Tom.

---

* N.T.: *Artists and Repertoire* • Artistas e Repertórios. Divisão de talentos de uma gravadora.

MIKE CLINK Mike Clink era um conhecido engenheiro de som que começou nos estúdios da Record Plant, na cidade de Nova York, onde gravou vários artistas, incluindo Metallica, Jefferson Starship, Heart e muitos outros. Seu trabalho nos discos da banda UFO, especialmente no álbum ao vivo *Strangers in the Night*, chamou a atenção de Tom Zutaut e Axl Rose, que o consideraram um candidato a ser o produtor e engenheiro de som de *Appetite for Destruction*. Mike gravou "Shadow of Your Love", e a banda ficou imediatamente satisfeita, oferecendo o trabalho a Mike depois de sete meses e vários produtores que haviam sido testados. Foi a maneira tranquila com que Mike abordava a colaboração, como também sua disciplina sem nexo algum que proporcionaram o equilíbrio perfeito que o Guns N' Roses procurava. O sucesso de *Appetite for Destruction* rendeu a Mike notoriedade como produtor musical e, desde então, tem produzido artistas como o Aerosmith, Motley Crue e Sammy Hagar. Ele é conhecido por captar o melhor das apresentações ao vivo dos artistas com quem trabalha. Mike se tornou uma espécie de lenda por seu trabalho em *Appetite* e continua recebendo elogios por essa sua obra de cada nova geração que descobre o álbum. Mike continua trabalhando com o Guns N' Roses e produziu todos os álbuns subsequentes, exceto o *Chinese Democracy*.

STEVE THOMPSON Quando o assunto é mixagem e engenharia musical, Steve é conhecido por seu toque de rei Midas, algo que David Geffen reconheceu em Steve quando trabalhou com ele pela primeira vez. Geffen proporcionava a Steve e seu parceiro Mike Barbiero um fluxo contínuo de oportunidades com as novas bandas, mas foi quando o Guns N' Roses surgiu é que Steve emergiu como um grande engenheiro de mixagem. Steve e Mike Barbiero pegavam as faixas de estúdio que Mike Clink gravava e mixavam o álbum de forma perfeita com Axl, Slash e Izzy. Eles se tornaram bons amigos, e a banda curtia esta colaboração com sua nova equipe de mixagem. Steve se tornaria o engenheiro de mixagem mais recomendado na indústria fonográfica, ganhando vários Grammys e recebendo o *status* de diamante pelos discos mixados por ele que venderam centenas de milhões de cópias.

MIKE BARBIERO Mike trabalhava com Steve Thompson como engenheiro de mixagem em vários álbuns para os artistas da Geffen quando Tom Zutaut o contatou para mixar *Appetite for Destruction*. Originalmente, Tom queria Mike e Steve para produzir o álbum, mas um conflito de agendas os forçou a recusar uma oportunidade da qual Mike se arrependeria posteriormente. Desde que se juntou a Steve Thompson em 1984, Mike produziu três álbuns de multiplatina para a banda Tesla, da Geffen, seis álbuns de platina, o álbum do Blues Travelers – vencedor do Grammy –, um Grammy pelo álbum de Ziggy Marley e uma variedade de prêmios de platina por suas gravações.

SPENCER PROFFER Spencer foi contratado por Tom Zutaut e Geffen Records para produzir algumas canções demo assim que o Guns N' Roses assinou contrato com o selo. Spencer tinha o histórico de usar técnicas criativas de produção e táticas de marketing perspicazes para alavancar artistas ao estrelato, e a lista de seus clientes incluía de Tina Turner a Quiet Riot. Guns N' Roses ensaiaram em seu estúdio Pasha Studios, em Hollywood, onde trabalharam juntos durante semanas e gravaram as versões de "Sweet Child O' Mine" e "Nightrain". Spencer produziu algumas faixas demo, mas o relacionamento entre eles terminou de forma abrupta quando Spencer abandonou o projeto em razão de um ultimato ofensivo que recebeu de Axl. A banda se lembra de nunca ter se sentido satisfeita com o trabalho dele. No entanto, o contrato com o Spencer incluía horas de estúdio para produzir o álbum ao vivo, *Live Like A Suicide*, que foi gravado no local sem a participação de Spencer.

MANNY CHARLTON Manny era o guitarrista solo, compositor e produtor da banda de rock pesado Nazareth. Em sua busca pelo produtor certo, Tom Zutaut e Axl, sendo grandes fãs do Nazareth, convidaram Manny para vir da Escócia fazer um teste e gravar algumas demos com a banda em Los Angeles. O objetivo de Manny era captar a melhor gravação ao vivo que pudesse, usando o sistema de dois canais e, em seguida, dar sua avaliação de como a gravação deveria ser mixada e masterizada. Eles gravaram mais de duas dezenas de canções em dois dias, conhecidas como Sound City Demos. Mas Manny sentiu a insatisfação da banda com o processo, em parte por causa da sua não familiaridade com eles e em parte pela diferença de idade. Manny retornou à Escócia, depois de uma curta, porém produtiva, sessão em Los Angeles para terminar o álbum do Nazareth que ele estava produzindo, e nunca mais foi chamado pela banda novamente. Manny se orgulha das gravações que ele fez e acredita que as versões finais das canções que entraram na lista do *Appetite* apresentam uma semelhança com as demos que produziu.

DEL JAMES Del se mudou para Los Angeles em 1985. Enquanto procurava um lugar para morar, ele se encontrou com Axl e Wes Arkeen. O que era para ser um encontro casual entre drinques, transformou-se em um fim de semana de música, diversão e muita farra. Del e Axl formaram uma forte ligação de amizade que é inseparável até os dias de hoje. Del foi autor de um romance de terror intitulado *The Language of Fear* [A Linguagem do Medo], que contém o conto "Without You" [Sem Você], o qual serviu de base para o vídeo de "November Rain". Del também coescreveu "The Garden" do álbum *Use Your Illusion I*. Del foi o coordenador do projeto de gravação do álbum *Live Era 87-93*. Ele continua acompanhando o Guns N' Roses em suas turnês até os dias de hoje.

ANYTHING GOES

18	Anything Goes	Cenário Musical de Hollywood e Sunset Strip	
22	Cronograma gráfico	Um cronograma visual da formação do Guns N' Roses	
24	Tidus Sloan	Época da banda de garagem e festas	Verão e outono de 1981
26	Tidus Sloan Colégio	Fairfax High School, ao vivo	4 de junho de 1982
28	Tidus Sloan – Roadcrew	Festa de casamento e show para Seymore Cassels	1982 e 1983
29	Arte e Letras escritas à mão de Slash		
32	Roadcrew	**Mars Studio** ensaio(s)	Outubro/novembro de 1983
34	Roadcrew	**Mars Studio**	21 de dezembro de 1983
35	Roadcrew	**Curly Joe's Studio**	31 de dezembro de 1983
36	Leis da Atração	Como os membros do Guns N' Roses se juntaram	
38	Rose/Hollywood Rose	**Axl** chega a LA – suas primeiras bandas	3 de janeiro de 1984
42	Hollywood Rose	**Madame Wong's West**	16 de junho de 1984
44	Hollywood Rose	**Madame Wong's East**	28 de junho de 1984
48	New Hollywood Rose	**Troubadour**	10 de julho de 1984
50	Rose	**Madame Wong's West**	10 de julho de 1984
56	New Hollywood Rose	**Troubadour** (Festas depois do show)	24 e 29 de agosto de 1984
57	Slash em Transição	Slash faz teste para o Poison	
58	L.A. Guns	**Troubadour**	5 de outubro de 1984
60	L.A. Guns	**Troubadour**	13 de outubro de 1984
64	Reencontro do Hollywood Rose	**The Water Club**	
65	Black Sheep	**The Country Club**	31 de maio de 1985
66	Guns N' Roses	**Primeira Formação**	26 de março de 1985
67	Guns N' Roses	**Troubadour Primeiro Show com a Formação do Appetite**	6 de junho de 1985
76	Hell Tour	Guns N' Roses perdido em Grapevine	
78	Foto no Canter		

WELCOME TO THE JUNGLE

80	Welcome to the Jungle	Pague para tocar e a hierarquia da Sunset Strip	
84	Um mapa da "Selva" (Jungle)	Música, locais e pontos de interesse do Guns N' Roses	
86	**Stardust Ballroom**	Cobrado no final de quatro bandas	28 de junho de 1985
94	**Madame Wong's East**	Um começo atrasado e casa vazia	4 de julho de 1985
96	**Troubadour**	**"Welcome to the Jungle"** é tocada pela primeira vez	20 de julho de 1985
100	**UCLA**	Tocando em festa de república de estudantes	21 de julho de 1985
104	**Seance**	Um pedido de Axl	26 de julho de 1985
105	Reckless	Sobrevivência e sacrifício	
108	**Stardust Ballroom**	Show beneficente com Poison e outros	30 de agosto de 1985
112	**Roxy**	Vender 100 ingressos apenas para tocar	31 de agosto de 1985
118	**Troubadour**	Primeira Apresentação ao Vivo de **"Rocket Queen"**	20 de setembro de 1985
128	Rocket Queen	Strippers...Você tem de amá-las	
134	Diário de Adriana	Lembranças e fotos raras	
136	8th Annual LA Street Scene	Tocando para plateia de 7 mil	28 de setembro de 1985
144	**Troubadour**	Primeira Apresentação Pública de **"Paradise City"**	10 de outubro de 1985
152	**Country Club**	$200 dólares pagos	18 de outubro de 1985

158	*You're Crazy*	*Rock flamboyant, glam e metal dos anos 1980*	
160	*Primeiro Ensaio Fotográfico*	*O original Spaghetti Incident*	
172	**Radio City**	Um show em Anaheim e um clube sofre incêndio	31 de outubro de 1985
178	**Troubadour**	Primeira apresentação **LOTADA**	22 de novembro de 1985
186	**Music Machine**	"**Nightrain**" é tocada pela primeira vez	20 de dezembro de 1985
190	**Troubadour**	"**My Michelle**" é tocada pela primeira vez	4 de janeiro de 1986
200	The **Roxy**	Banda lota a casa, Tom Zutaut não consegue entrar	18 de janeiro de 1986
210	*Composição Musical*	*Pedaços de papel, refrões legais, letras bacanas*	
212	**Troubadour**	**Tom Zutaut** testemunha uma apresentação extraordinária	
		"**Out Ta Get Me**" é tocada pela primeira vez	28 de fevereiro de 1986
222	*It's So Easy*	*Quando todos estão tentando me agradar*	
226	**Fender's**	Abrindo para Johnny Thunders	21 de março de 1986
234	**Roxy** –10 p.m.	Um show para os pretendentes A&R	28 de março de 1986
242	**Roxy** – Meia-noite	Axl critica a imprensa local	28 de março de 1986
250	The **Whisky**	Um concurso de biquíni por um prêmio de $50	5 de abril de 1986

IT'S SO EASY

256	*Paradise City*	*Um contrato de seis discos e é hora de parar de tocar*	
260	**Gazzarri's**	Shark Island com Axl Rose	26 de abril de 1986
262	**Central Unplugged**	Uma apresentação acústica	1º de maio de 1986
264	**Raji's** (Fargin Bastydges)	"**You're Crazy**" é tocada pela primeira vez	13 de maio de 1986
266	**Gazzarri's** (Fargin Bastydges)	Disfarce da noite	31 de maio de 1986
272	**Troubadour**	Receberam $2.500 no show mais longo até hoje	11 de julho de 1986
280	*Out Ta Get Me*	*Mude um arranjo e nós te matamos*	
286	**Bogart's**	Um show de última hora e Slash e Izzy atrasados	21 de julho de 1986
287	**Club Lingerie** (Fargin Bastydges)	Axl desiste e é despedido da banda	24 de julho de 1986
288	**Timber's**	Axl chega atrasado e a banda entra sem ele.	31 de julho de 1986
289	**The Scream**	O show que nunca aconteceu	15 de agosto de 1986
290	**The Whisky**	"**Sweet Child O' Mine**", "**Mr. Brownstone**" e "**Ain't Going Down**"[1] são tocadas pela primeira vez	23 de agosto de 1986
298	**Santa Monica Civic Auditorium**	Abrindo para Ted Nugent	30 de agosto de 1986
304	**Music Machine**	O que está acontecendo, filhos da puta	13 de setembro de 1986
308	9th Annual **LA Street Scene**	Guns N' Roses lida com público de 7 mil pessoas	20 de setembro de 1986
312	**Arlington Theater**	Abrindo para Alice Cooper sem Axl	
		"**It's So Easy**" é tocada pela primeira vez	23 de outubro de 1986
316	**The Ackerman Ballroom**	Abrindo para Red Hot Chili Peppers "**Perfect Crimes**" é tocada pela primeira vez	31 de outubro de 1986
318	**Fender's Ballroom**	Lançamento de disco e abrindo para Cheap Trick	21 de dezembro de 1986
322	**The Cathouse**	"Live, Like a Suicide" Festa de Lançamento	23 de dezembro de 1986
324	*Appetite for Destruction*	*Nos bastidores, no chão e última mixagem*	
330	**The Whisky**	Apresentados como "heróis da cidade"	16 de março de 1987
332	**The Roxy**	Um show de despedida quando a banda se prepara para seguir seu destino	29 de março de 1987
333	**Drunk Fux**	Um jeito de beber de graça.	10 de maio e 21 de julho de 1987
334	*O Resto É História*	*Por que o Appetite é um dos melhores discos já feitos?*	
342	**Giants Stadium**	Abrindo para o Aerosmith e o *making of* do "Paradise City"	16 de agosto de 1988
348	**Livro de Colagens do Marc**	Algumas lembranças e fotos pessoais de Marc Canter	

---

1. "Ain't Going Down". Canção que nunca foi lançada pode ser ouvida na máquina de pinball do Guns N' Roses.

PREFÁCIO

Mark e eu nos tornamos amigos quando eu roubava sua minibicicleta. Provavelmente, eu inventei uma desculpa esfarrapada e consegui amaciar um pouco a porrada e, em seguida, conseguimos chegar a um diálogo normal. Começamos a sair juntos. Frequentamos juntos a 5ª, 6ª, 7ª séries e seguimos no ensino fundamental, sendo realmente bons amigos – até os dias de hoje.

Ele é meu melhor amigo; um dos únicos bons amigos que é consistente. Não consigo expressar em palavras o que faz Marc ser a pessoa que é – ele é uma figura por si só. Ele é realmente um bom e leal amigo, e sempre tivemos muitos interesses em comum; eu gostava de bicicletas e ele gostava de bicicletas. Muitas coisas em que eu me envolvia, ele já estava envolvido.

Marc sempre foi um bom fotógrafo. Sempre guardava muitas fotos. Quando crescemos, Marc se tornou um grande fã da banda Aerosmith e começou a colecionar as entrevistas das revistas, fotos e todo tipo de raridade que encontrava do grupo. Então, imagino que em um determinado momento ele passou a criar um álbum de colagem com coisas que eu estava fazendo quando comecei a montar bandas. Ele sempre carregava uma câmera. Marc vivia trabalhando à surdina, e eu nunca prestava muita atenção porque sabia que ele sempre guardava as fotos e mantinha os álbuns de colagem de tudo.

É o jeito do Marc, e isso é maravilhoso. Gostaria de ser do mesmo jeito. Eu teria uma memória

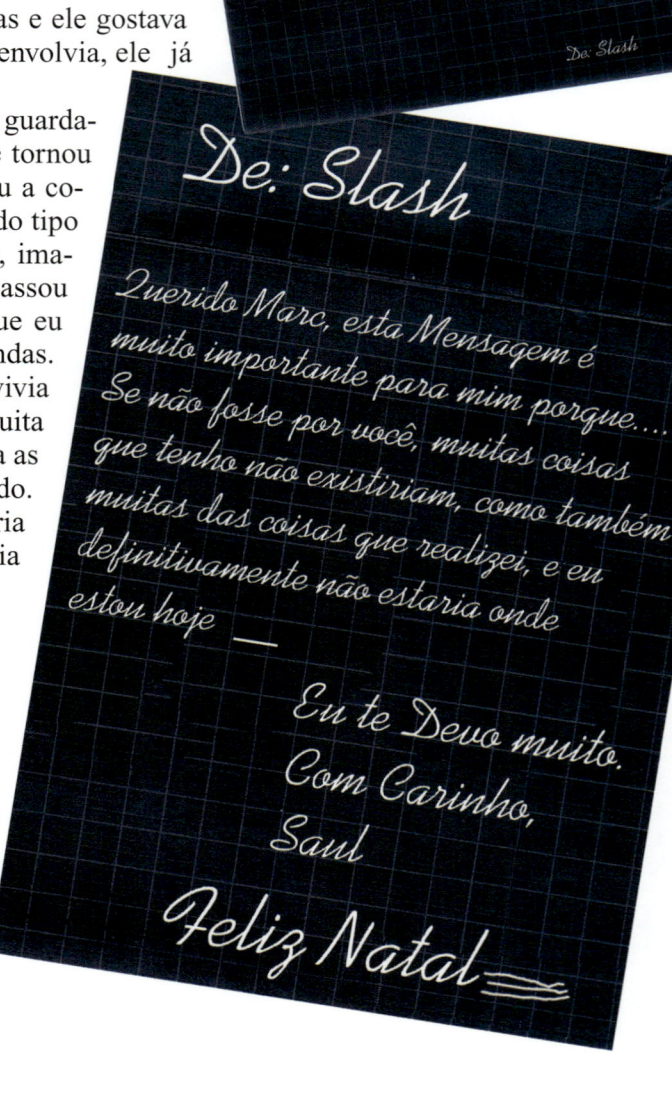

Marc C.
De: Slash

Querido Marc, esta Mensagem é muito importante para mim porque..... Se não fosse por você, muitas coisas que tenho não existiriam, como também muitas das coisas que realizei, e eu definitivamente não estaria onde estou hoje –

Eu te Devo muito.
Com Carinho,
Saul

Feliz Natal

mais esclarecida sobre meu passado. Não há uma pessoa melhor para lançar qualquer material que tenha a ver com o início e a história do Guns N' Roses e até onde chegou, e o que rolava nos bastidores.

SLASH

Conheci Slash e Steven [Adler] no restaurante do Canter. Foi a primeira vez em que fui ao Canter's. Tenho certeza de que conheci Marc naquela noite ou em um curto espaço de tempo. Quando o Guns N' Roses foi formado, Marc era como se fosse o sexto membro da banda. Estava sempre por perto e tinha acesso ilimitado a ela, especialmente no estágio inicial. Com exceção dos caras da banda, ele era de fato a única pessoa que se importava com o grupo. Acho que ele acreditava na gente desde o início e tinha uma visão muito mais ampla do que a banda representava do que nós no estágio inicial. Ele documentou tudo, incansavelmente. Para nós, era um cara que significava estabilidade. Ele tinha uma vida em Los Angeles; uma vida legítima, com família e um negócio que estava lá para eles a vida toda. Vivendo um estilo de vida nômade, que foi nossa existência durante alguns anos, Marc sempre aparecia e transmitia um pouco de estabilidade para a gente.

Quando a banda estourou e conseguimos fechar um negócio com uma gravadora, Marc era o cara que estava sempre por perto. Ele estava lá desde o início. Muita gente se juntou à banda posteriormente, e Marc, é claro, não era um desses caras. Ele era um cara que falava honestamente com você, e isso significou muito para nós depois, quando não tínhamos muitas pessoas por perto, acho que nenhuma, que falariam honestamente para nós o que pensavam. Marc enxergava além do papo furado e estava sempre por perto.

DUFF MCKAGAN

Não tínhamos dinheiro, mas tínhamos bons amigos como Marc. Ninguém esteve por perto este tempo todo, cuidando de nós, acreditando ou indo fundo com a gente. O cara estava sempre lá. Veja só este livro que ele montou. É lindo. É incrível. Os ingressos, os pôsteres, os panfletos; ele estava lá e guardou tudo. Marc estava sempre apoiando e realmente é a única pessoa que acreditou em nós. Se tínhamos fome, se precisávamos de qualquer coisa, tipo cordas ou baquetas, Marc conseguia para nós. O primeiro *banner* do Guns N' Roses foi Marc quem montou e levou para nós. Eu me lembro de ele ir ao Canter's pedir os bolinhos fritos com molho madeira. Ele é simplesmente uma grande pessoa e um grande amigo. Era o mais responsável de todos nós e se importava. E sua esposa costumava cortar meu cabelo. Ele era a nossa estabilidade. Ele estava lá para nós. E guardou as fotos. Ninguém poderia ter feito isso melhor do que Marc. Ninguém!

STEVE ADLER

"Marc Canter – sem você?"
dos agradecimentos do álbum *Appetite for Destruction*

Na realidade, eu disse em voz alta a Slash que estava começando um projeto.

Foi em 1981 que eu percebi que queria documentar este projeto ou, pelo menos, com o Slash naquela época. Eu disse, "Não seria legal se começássemos a documentar isso agora, e toda vez em que houver um evento simplesmente captar. Quero dizer, quanto custa uma fita cassete TDK, quanto, um dólar? E um rolo de filme não é tão caro assim". Jamais imaginei que chegaria aonde chegou.

Eu me encontrei com Slash pela primeira vez em 1976, quando estávamos na 5ª série e nos tornamos bons amigos. Naquela época, percebi que ele tinha um grande talento para desenhar os projetos escolares.

Em 1978, já estávamos praticando bicicross. As manobras que ele fazia eram além da época. Slash era uma estrela. Flashes de câmeras piscavam quando executava seus saltos. Ele lidava com o bicicross com o mesmo estilo e inspiração que lidava com qualquer outra coisa, incluindo a guitarra que aprendeu a tocar em 1980.

Já em 1981, ele estava voando de novo, mas desta vez com a guitarra, e eu sempre o estimulava a aprender solos cada vez mais difíceis. Ele sabia como atingir a nota correta.

ACIMA NESTA PÁGINA: Slash é o segundo garoto à esquerda na terceira fileira da foto de nossa classe de 6ª série. Eu sou o baixinho na primeira fileira, na frente do professor.

À ESQUERDA: Durante toda a 7ª série, Slash e eu costumávamos apostar corrida nesta pista de terra nos fins de semana. Próximo a Victory & Balboa.

PRÓXIMA PÁGINA:
ALTO, À DIREITA: Slash inventou sua própria maneira de prender sua guitarra ao amplificador; na foto, é possível ver como ele desmontou o suporte da guitarra e fixou partes deste no amplificador para apoiar sua guitarra favorita, a B.C. Rich Mockingbird.

Tentando contribuir com seu sucesso, eu sempre o ajudava do jeito que eu podia. Eu o auxiliava comprando cordas, com os efeitos que pudesse lhe interessar. Ele trabalhava muito, como 12 horas por dia, em uma empresa de relógios, e vivia com o pouco salário que ganhava, mas sempre comprava suas próprias guitarras. As 12 horas na empresa de relógios sustentavam seu vício pela guitarra.

Slash queria tocar baixo, mas quando seu professor, Robert Wolin, mostrou que o baixo tinha quatro cordas, enquanto a guitarra apresentava o encanto das seis, Slash não pensou duas vezes e foi direto ao instrumento mais desafiador. Um rápido estudo introdutório, e já não precisava mais de lições para dominar o básico e alcançar seu próprio estilo expressivo. Ele tinha muito respeito e admiração pela forma com que Wolin tocava e o reconheceu por tê-lo inspirado na dedicação com que passou a abordar o instrumento.

Slash improvisando um salto com a bicicleta de bicicross em La Brea Tar Pits, 1978

Quando Slash se juntou a Axl, por causa da química que tinham, eu sabia que se ficassem juntos eles iriam longe. Em junho de 1985, quando o Guns N' Roses se reuniu para trabalhar no *Appetite for Destruction*, as canções começaram a empilhar de forma rápida. Eles formavam o time perfeito de compositores, e todos moravam juntos naquela época. Slash sabia o que fazer com o material que Izzy e Duff criavam, e Axl sabia o que fazer com o material que Slash criava. Naquela época, eu ajudei a banda com o dinheiro para panfletos, anúncios, alimentação e outras coisas. No final daquele ano, quando a banda havia se tornado mais atraente no cenário de Hollywood, um reforço melhor chegaria.

Passei a tirar fotos, gravar áudio e vídeo dos shows e colecionar a memória da banda, incluindo ingressos, anúncios de jornal, clippings da imprensa, set-lists, panfletos dos shows e praticamente tudo de cada apresentação que o Guns N' Roses fez, desde a primeira aparição até a gravação do álbum *Appetite for Destruction*.

Meu objetivo aqui é fazer com que cada pessoa que gosta da banda – ou mesmo aquela que não gosta – ver o **making of** de um dos melhores discos já produzidos. Mostrar como a banda se juntou e como surgiu seu estilo único. Quero compartilhar isso com o mundo; permitir que você veja o que eu tive a sorte de testemunhar. Eu estava lá e testemunhei o *making of* do Guns N' Roses.

Gastei 15 meses e mais de 3 mil horas para concluir este livro. Ele cobre mais de 50 apresentações, 30 delas antes de assinarem o contrato com a Geffen Records. Entre mim e Jack Lue conseguimos fotografar praticamente todas as apresentações. Folheando este livro, você verá como tudo isso se aconteceu. O objetivo era utilizar o número máximo de fotos que eu pudesse, para que o leitor possa sentir o andamento dos shows ao vivo. E quando terminar de ler este livro, espero que você se sinta como se estivesse lá, bem ao meu lado. Esse é o meu objetivo.

Eu me sinto gratificado de estar trabalhando com a **enhanced-books.com**, porque me deram a oportunidade de oferecer ao público o áudio, os videoclipes, os extras que não puderam ser incluídos no livro. Isso realmente vai lhe saltar aos olhos. Você vai abrir a página e vai ver e ouvir exatamente o que eu vi.

Se você me perguntar, eu acho que ainda estou documentando. Toda vez em que algo relacionado a Guns N' Roses aparece, eu sigo comprando, não importa o que seja. Portanto, acredito que nunca parei.

Curta o show,

MARC CANTER

Agosto de 2007

ANYTHING GOES

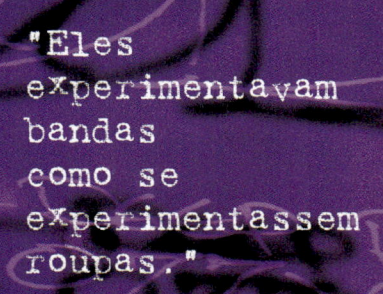

> "Eles experimentavam bandas como se experimentassem roupas."
>
> **VICKY HAMILTON**

Para lançar um grupo de rock de sucesso no início dos anos 1980, eram necessários três ingredientes: um sonho, um pouco de talento e ambição obstinada. As origens do Guns N' Roses podem ser traçadas a um punhado de amigos com similares gostos por música, roupas, garotas, drogas e uma fantasia coletiva em se tornarem o próximo Aerosmith, Zeppelin ou Stones. As bandas faziam sua marca inicial limpando a garagem, improvisando com *covers* e tocando em festas de menores de idade. O sonho real, no entanto, exigia talento e destreza que estivessem à altura da ambição, e os músicos que não atingiam essa média tinham de cair fora. Não era pessoal, era o mundo dos negócios.

Para aqueles que permaneciam, era necessário ter um vocalista e algumas canções originais para romper com a barreira das festinhas colegiais regadas à cerveja e escalar a cadeia alimentar que levava aos clubes de Hollywood. A promiscuidade imperava, à medida que membros de uma banda dividiam sessões com outras; todos em busca da combinação certa que pudesse dominar a Sunset Strip e chegar a um contrato com o tão cobiçado selo fonográfico. A lealdade da banda era algo que se conseguia com uma base crescente de fãs ou por meio de laços de negócios impenetráveis que eram formados enquanto juntos se vivia uma vida de subsistência em Los Angeles.

Duff é o terceiro da esquerda para a direita, banda Ten Minute Warning, de Seattle.

> "Tudo o que queríamos fazer era tocar música, improvisar, nos divertirmos e estar em uma banda. É para isso que vivíamos."
>
> STEVEN ADLER

SLASH A primeira coisa que fiz assim que consegui juntar três acordes foi montar uma banda. Ainda muito jovem, eu saía tentando encontrar pessoas para formar um grupo e, provavelmente, eu era um pouco mais ambicioso e focado do que a maioria dos meus colegas. Foi difícil, mas finalmente comecei a encontrar pessoas que gostavam de tocar música. Eu entrava e saía de grupos diferentes e montados de última hora – acho que aquilo que se chamaria de bandas de garagem.

CHRIS WEBER Quando eu frequentava o ensino médio, as bandas eram geralmente formadas entre amigos. Havia sempre um baterista, porque o que não faltava eram pais que fossem tolos o suficiente para comprar um jogo de bateria para seus filhos. A garagem acabava servindo como espaço de ensaio para muitas bandas jovens. Então, havia o vocalista – o garoto bacana e carismático. A maioria deles cantava muito mal, mas às vezes aparecia um grande vocalista. E lá estava eu, junto com o que parecia ser um milhão de guitarristas, todos praticando seus solos de Jimmy Page, Eddie Van Halen ou Jimi Hendrix. Dois ou três guitarristas se juntavam, e o menos talentoso seria convidado pelos demais para tocar baixo. A banda estava formada, exceto pelo nome. Havia bandas que se separavam antes de fazer a primeira apresentação, porque um deles não concordava com o nome.

ADAM GREENBERG Eu fui abordado pela primeira vez no pátio do colégio Fairfax High School por dois rapazes. Eu nunca me esqueci disso. Estavam ambos trajando capas de chuva pretas e compridas e tinham os cabelos cobrindo os olhos. Um deles era Slash. Eles disseram, "Sabemos que você é baterista, gostaria de vir tocar com a gente?". Eu respondi, "Claro". Havia uma infinidade de músicos naquela escola, e aquilo era incrível. Era quase como ser convidado para ir a uma escola de rock n' roll. E do lado oposto da rua ao colégio Fairfax High havia um restaurante chinês chamado Helen's, onde se conseguia arroz frito e uma coca por dois dólares. Muitos músicos frequentavam aquela esquina e decidiam na casa de quem iriam tocar. Em certas ocasiões, conseguíamos um carro, um caminhão ou um ônibus e íamos à casa de alguém tocar, enquanto os pais estavam trabalhando. Toquei com todos os tipos de pessoas e estilos diferentes: jazz, rock e punk. Havia muitos bateristas, baixistas e guitarristas. Era incrível.

MARC CANTER Você levava sua guitarra para a escola e tocava na hora do recreio, no pátio do colégio. Ou saía com um grupo de pessoas que gostava da mesma música de que você gostava, ou se vestia do mesmo jeito que você, e descobria quem tocava o quê. Às vezes era uma camiseta que alguém estava vestindo. E você se juntava a elas e começava a tocar no que se chamariam bandas de garagem. Não se agendava um ensaio, bastava encontrar uma garagem e tocar. Não havia vocalista; apenas se improvisavam *covers*. A banda escolhia algumas canções de que gostava e improvisava em cima delas. Era uma questão de procurar e encontrar as pessoas certas, que não fossem interessadas apenas nas mesmas coisas, mas que levassem aquilo a sério.

ADAM GREENBERG Fomos até a garagem de minha mãe e arrumamos um espaço: empurramos tudo para o fundo em uma pequena área onde pudéssemos nos ajeitar e tocar. Eventualmente, foi se transformando em uma área maior. Slash, Ron e eu começamos a tocar em festas. Não tínhamos nem vocais; começamos simplesmente a tocar *covers*. Sentávamos e montávamos uma lista de *covers* de que gostávamos e tocávamos. Tocávamos "Back in Black", do AC/DC, "Heaven and Hell", do Black Sabbath, e essas são as duas canções das quais me lembro que tocávamos pra caramba. No final, soltávamos uma ou duas originais, depois mais três ou quatro. Gostávamos de tocar na frente de pessoas. Gostávamos de ser artistas. Quando se é jovem, você fica tão feliz em poder se expressar, tocar um instrumento, tocar rock n' roll e ter um grupo de amigos para compartilhar os mesmos gostos. Era maravilhoso.

RON SCHNEIDER Eu me envolvi com Slash no colégio Fairfax High School por volta de 1981. Musicalmente, a química rolou na hora. Tocávamos *covers* – Zeppelin, Aerosmith, Black Sabbath e alguns blues – enquanto ainda não tínhamos nossas canções originais. Aos 15 ou 16 anos, estávamos ainda começando a tocar, apenas aprendendo nossa arte, mas já tínhamos química. A primeira encarnação da nossa banda se chamava Tidus Sloan. Eu me lembro de improvisar "Heaven and Hell" por meia hora, e Slash indo para todo o lado. Era muito, muito legal. Ensaiávamos três ou quatro vezes por semana na garagem, sem vocalista. Tocávamos em um punhado de festas nas salas, nos quintais e juntamos um pequeno grupo de seguidores. Tocávamos em nossa escola, no pátio durante o recreio. Um grande palco era montado, e as crianças vinham assistir. Tudo tinha a ver com tocar em uma banda, se divertir, ir a festas, tentar ser maneiro, se encaixar e dar o nosso recado.

MARC CANTER A única forma de começar a tocar nos clubes e parar de tocar em festas era conseguir um vocalista profissional e alguém que tivesse presença de palco. Precisávamos de pessoas que fossem lá e fizessem; que abandonassem seus empregos diários e tocassem apenas música. Uma vez que essa decisão fosse tomada, focaria na trilha e iria atrás de pessoas ao redor que estivessem com o mesmo estado de espírito. Slash tomou essa decisão logo no início. Ele sabia que seria músico de um jeito ou de outro. Havia escolhido a guitarra como sendo uma carreira. Ele era o único que tinha 100% de convicção, sem saber o que poderia acontecer. Ele praticava 12 horas por dia, vivendo, comendo e respirando guitarra.

RON SCHNEIDER Para montar uma banda, se você tem um visionário, um compositor, isso é genial. Você sempre vai poder contar com essa pessoa que será a força impulsora. Veja o Led Zeppelin. Jimmy Page era a força impulsora. Ele produziu tudo, compôs todas as canções e sabia exatamente o que queria. Se você tem dois visionários, tem informação vindo de dois ângulos diferentes, você tem um choque de Titãs. Você acaba tendo muito conflito, porque um cara vai querer liderar mais que o outro. Vai ter sempre que lidar com um elo fraco, ou algo que não vai funcionar corretamente. Era desanimador ter de fazer testes para encontrar outro baterista ou guitarrista, especialmente depois de ter ouvido umas 30 pessoas e todas ruins. De repente, do nada, surge alguém do tipo, "Nossa, esse se encaixa perfeitamente".

MARC CANTER Em meados dos anos 1980, Los Angeles parecia ser o lugar aonde qualquer um que cruzasse o país poderia descer na estação rodoviária e percorrer os canais para saber o que poderia se tornar. Havia o fator do destino envolvido nisso. Você se vê no meio da Sunset Strip e entre o Troubadour, o Roxy e o Rainbow, se encontra com pessoas que querem formar uma banda e tocar, especialmente no Rainbow. O Rainbow era o maior ponto de virada na vida de todas as bandas. Era lá onde comiam, frequentavam e onde a maioria dos contatos era feito. O Rainbow era o lugar onde muitas trocas de bandas eram feitas. Era uma espécie de feira livre para os músicos.

DUFF Não havia nada rolando em Seattle. O que havia era uma enorme recessão, falta de empregos, escassez de dinheiro e jornais voando pelas ruas do centro da cidade. Eu era muito jovem para ser desencorajado por aquilo tudo. Era a hora certa de partir. Era o momento perfeito de cair fora para rapazes de nossa idade. Estávamos na faixa de 19 anos de idade e não nos importávamos se tínhamos um travesseiro ou o que comer. Tudo tinha a ver com a música e tentar fazer com que algo acontecesse.

VICKY HAMILTON Muitos dos garotos que frequentavam o cenário musical da Sunset Strip tentando formar uma banda não eram da Califórnia. Eles se mudavam para cá e não conheciam o histórico uns dos outros, e havia muitas dessas bandas de rock pesado, *hair metal*, para selecionarem no início dos anos 1980. Desfilavam com camisetas da mesma banda ou o mesmo tipo de jaqueta de tachinhas, cintos de fivelas e trajes de serviço; eles encontravam uma maneira de se juntar. A camaradagem começava com os interesses compartilhados pelo mesmo gênero de música que apreciavam e pelo tempo que passavam juntos frequentando a Sunset Strip e nos shows. Mas, quando os conflitos de personalidade entravam em choque, lá iam eles começar ou se juntar à próxima banda.

MARC CANTER Eu vi uma variedade de músicos durante os anos, especialmente durante aquela época do início dos anos 1980, e que eram membros de três bandas diferentes ao mesmo tempo. Se as coisas não davam certo, eles simplesmente partiam para outra. Cada tentativa era uma busca por algo que combinava com eles.

DUFF O punk tinha praticamente acabado e todos estavam procurando algo para fazer musicalmente.

STEVE DARROW As bandas durante o início e os meados dos anos 1980 basicamente estavam batalhando para conseguir ter suas próprias versões do que seria um grande movimento na época, seja um metal comercial, ou o capítulo dois de um Motley Crue/AC/DC/Hanoi Rocks ou capítulo três do Aerosmith. Havia apenas algumas pessoas que conseguiam tocar juntas. De uma dúzia de pessoas, você encontraria seis bandas, com um ou dois caras no centro do negócio. Alguns eram competitivos, outros tentavam ajudar uns aos outros se voluntariando para tocar no show de abertura ou qualquer outra coisa, mas na maioria das vezes era competitivo do tipo, "Estamos dedicados à banda, somos uma equipe!".

VICKY HAMILTON Eu não acho que havia lealdade, até que se passasse um tempo juntos. As experiências de vida que partilhavam juntos era aquilo que os uniam. A camaradagem começava quando diziam, "Somos a banda que vai ter êxito". Então, havia a música que eles tinham em comum e, quando começavam a atrair fãs, é aí que o negócio era selado.

RON SCHNEIDER Você sabia que algo de bom estava rolando se estivesse lotando os clubes e esgotando os ingressos dos shows. Qual o motivo para se separar, se estava funcionando? Trabalhávamos mais duro ainda para tentar conseguir um contrato. Se você ainda estivesse tocando no Troubadour depois de três ou quatro anos sem conseguir um contrato, é porque tinha algo de errado. Então, eu diria que estava na hora de desistir. Mas, se algo acontecesse com a banda entre seis meses e um ano da formação, e fosse escolhida e gravasse um disco, ela provavelmente continuaria junta. Todos queriam conseguir um contrato. Todos queriam assinar com uma gravadora. Nós queríamos ser estrelas do rock. Acho que era isso que motivava todo mundo naquela época.

Da esquerda para direita: Ron Schneider, Adam Greenberg e Slash. Cortesia de Adam Greenberg.

ADAM GREENBERG Queríamos apenas tocar e brilhar. Queríamos o estilo de vida. Queríamos ser o rock n' roll. É uma atitude; um jeito de viver. Tinha que viver isso, respirar isso, comer isso, dia e noite. Eu queria viver aquilo e viver com meus amigos.

STEVE DARROW O sonho de fato eram as garotas, as limusines, o champanhe – o estilo de vida das altas rodas –, e não ficar dividindo um quartinho com quatro caras. Queríamos o apartamento de cobertura em Westwood ou longe da Sunset Strip, e nada disso estava acontecendo com a gente. Tivemos poucos momentos curtindo isso; você entende, éramos convidados às festas com aquelas pessoas e frequentávamos o Rainbow, os bastidores de alguns shows, mas estavam se tornando cada vez menos e distante entre eles, comparado com as pessoas que realmente viviam aquele sonho.

VICKY HAMILTON A maioria das bandas corria atrás do sucesso: a fama, o dinheiro, os carros, as garotas com peitos de silicone, as dançarinas de *striptease*, drogas – todas as vantagens que o sucesso pode trazer. As chances de isso acontecer era o mesmo que encontrar uma agulha em um palheiro e passar pelo buraco dela.

Um em cada cem alcança o sucesso

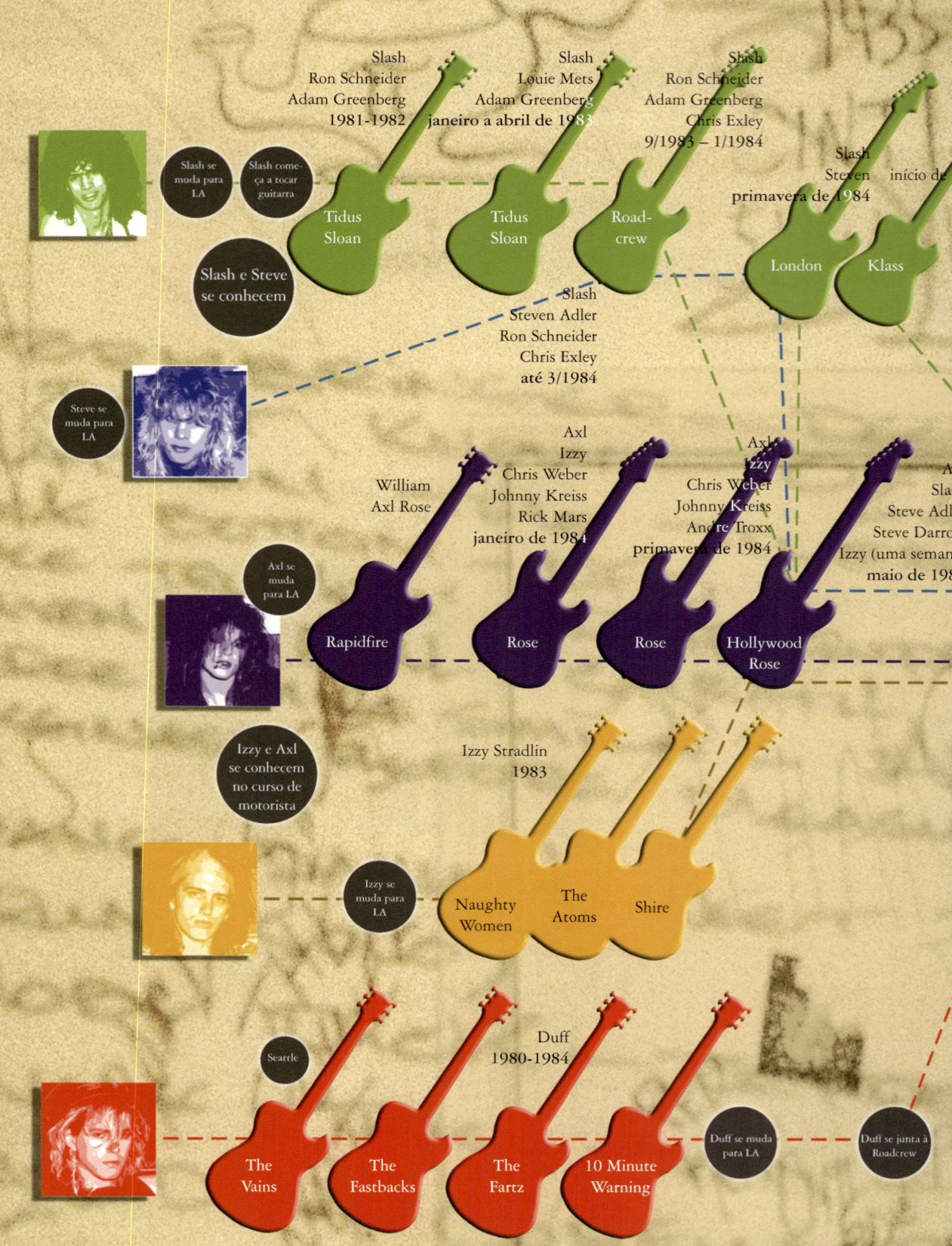

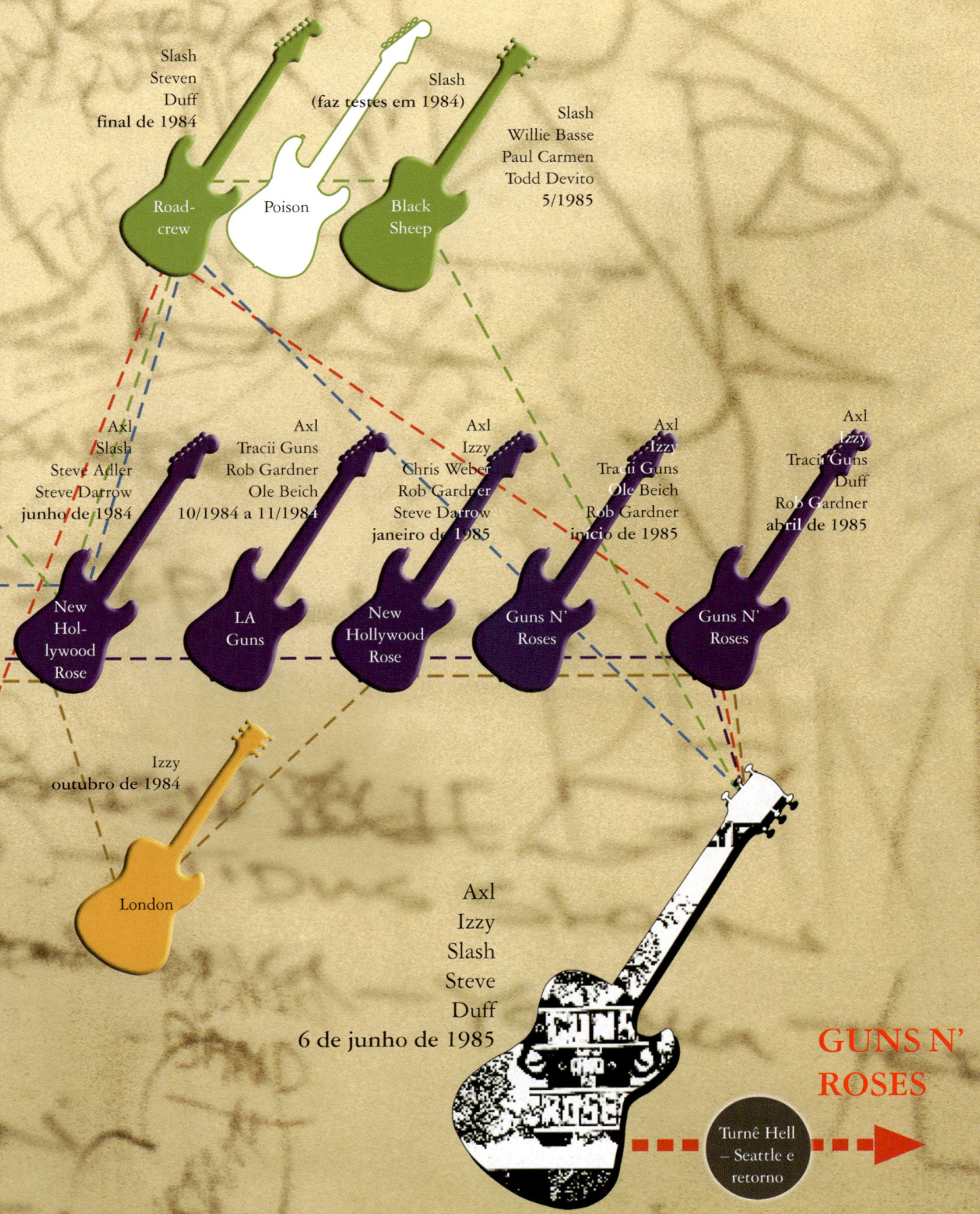

MEMBROS DA BANDA:
Slash – guitarra
Adam Greenberg – bateria
Ron Schneider – baixo
Chris Torres – vocais

Da esquerda para a direita: Adam Greenberg, Slash, Ron Schneider (atrás), Chris Torres. Esta foto foi tirada em outubro de 1983.

Slash desenhou este panfleto: ele assinou seu próprio nome "Saul" no final. Ele fez o panfleto para o show do alto da página seguinte.

Já fazia dois anos que Slash tocava guitarra quando formou a Tidus Sloan, tocando com sua guitarra B.C. Rich Mockingbird naquela época. Tidus Sloan nunca começou com um vocalista.

A primeira apresentação da Tidus Sloan foi uma festa de aniversário de uma garota que frequentava o colégio Fairfax High School. A polícia apareceu durante "Walk This Way", do Aerosmith, e acabou com a festa depois de receber reclamações de barulho.

A Tidus Sloan costumava ensaiar na garagem da casa do baterista Adam Greenberg. A mãe de Adam, Shirley, aparecia gritando, "Está muito alto, não aguento este barulho!". Mais tarde, Slash fez uma tatuagem em sua homenagem.

ADAM GREENBERG Nós sempre tínhamos o volume no máximo. Quando Slash conseguiu seu amplificador, colocava no máximo para ver que tipo de reação conseguia. Sempre que fazia isso, minha mãe surgia, batia na porta e dizia, "Esta merda está alta demais, não aguento este barulho infernal. O barulho está me matando. Vocês têm de parar. Abaixe o volume!". Essa era minha mãe. Ela é muito legal. Isso realmente deixava minha mãe e os vizinhos doidos. Ela nos deixava tocar na garagem e fazer o que queríamos. Às vezes, ela ia me buscar às 2 horas da madrugada, quando eu não conseguia uma carona. Ela era uma grande incentivadora e gostava do Ronnie e do Saul. Ela era legal, moderna, sabia o que estava acontecendo e me apoiava em tudo o que eu queria fazer.

TIDUS SLOAN
OUTONO DE 1981
FESTA PARTICULAR NA CASA DE ERIC MILLS

Eric Mills era um amigo de Slash, que mais tarde faria backing vocal para o Guns N' Roses, no *cover* "I Don't Care About You", do Fear, no álbum *Spaghetti Incident*, de 1993. A festa ocorreu enquanto os pais de Eric estavam viajando. A seda de enrolar baseado inspirada no álbum clássico dos anos 1970, *Big Bambu*, de Cheech n' Chong, foi usada para enrolar um baseado gigantesco – o auge da festa. O baseado foi passado entre os músicos e os convidados e durou durante toda a apresentação da banda.

Primeiras fotos da Tidus Sloan. Slash é visível atrás de Ron Schneider, no centro, e Adam, na bateria ao fundo.

TIDUS SLOAN
MARÇO DE 1983
FESTA NA CASA DE SEYMOUR CASSEL

Com o novo baixista, Louie Mets, a banda havia se juntado novamente. Esta apresentação foi em uma festa de aniversário na casa de Seymour Cassel, para a irmã de Matt Cassel, Dylin. Havia um saxofonista que improvisou com a banda e que se chamava David White. Foi Seymour quem apelidou Saul Hudson de Slash.

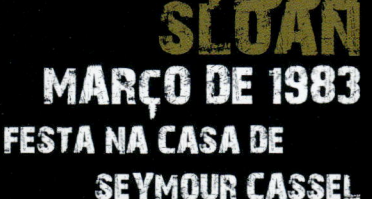

Esta foto foi tirada depois da apresentação no apartamento de Slash na rua West Knoll, próximo a La Cienega e Melrose. Eu estou no centro, na parte inferior, e o irmão de Slash está sentado na extrema esquerda.

David Kushner, diretamente na frente de Slash, toca atualmente com o Velvet Revolver.

*Metal on Metal
*What A Chance
Rats Ass Rock N' Roll
What Your Doing (do Rush)

* Essas duas canções foram compostas por Ron Schneider

FAIRFAX HIGH SCHOOL
4 DE JUNHO DE 1982

Antes de a banda começar a tocar, Slash perguntou ao público de cerca de 200 pessoas: "Vocês sabem o nome desta banda?" A multidão, em voz alta, respondeu: "Tidus Sloan!" "Rat's Ass Rock N' Roll" era uma canção do estilo rockabilly.*

---
*N.T.: Rock dos anos 1950.

FESTA DE CASAMENTO
15 DE JULHO DE 1982

A Tidus Sloan tocou em uma festa de casamento para o parente de um amigo. Quase todos ficaram bêbados e destruíram a casa de hóspedes em que estavam acomodados. Durante a parte formal da festa de casamento, Marc Mansfield (um amigo da banda que mais tarde se tornaria roadie do Guns N' Roses nas turnês) se levantou e urinou na piscina diante de todos os convidados idosos. A fama que se espalhou foi a de que Tidus Sloan era uma cambada de porcos.

Depois da apresentação naquela noite, Tidus Sloan – aquela encarnação – se desmoronou.

Slash aparece à extrema esquerda da foto; a loira é a Melissa Fischer – namorada de Slash no ensino médio; sentada ao lado dela está Michelle Young. O mijão da piscina, Marc Mansfield, está sentado ao fundo, ao lado da cafeteira.

Um relógio feito por Slash destacando seu próprio desenho. E uma caixa de fósforos da Tidus Sloan.

ROADCREW
1º DE SETEMBRO DE 1983

MEMBROS DA BANDA:
Slash – guitarra
Adam Greenberg – bateria
Ron Schneider – baixo
Chris Torres – vocal
Steven Adler – bateria (juntou-se mais tarde)

RON SCHNEIDER Tidus Sloan durou pouco. Nunca tive uma definição clara sobre o que significava o nome da banda. Slash me ligou uma noite por volta das duas da madrugada e disse, "Ei, veja essa, eu preciso falar com você". Então nos encontramos e fomos ao Canter's tomar um café, e ele continuou, "Ouça, eu quero mudar o nome da banda". E eu disse algo como, "Ok, vamos mudar então o nome da banda para o quê?". E, em um pedaço de papel, ele havia escrito em vários estilos o nome Roadcrew. E eu respondi, "Roadcrew?". A única coisa em que conseguia pensar era a canção do Motorhead "Road Crew", ou "We Are the Road Crew". Fiquei com aquela ideia na cabeça por algum tempo, de um lado para o outro. Até que, "É, Roadcrew! Isso funciona. Gostei disso. Roadcrew". Logo, Slash, Adam e eu batalhamos um pouco mais como Roadcrew.

Depois de finalmente serem expulsos da garagem da família Greenberg pela mãe de Adam, vemos a Roadcrew ensaiando no Programmer's Studio – o espaço de ensaio mais barato da cidade. Ficava na esquina das ruas High e Selma.

Da esquerda para a direita: Ronnie, Adam e Slash.

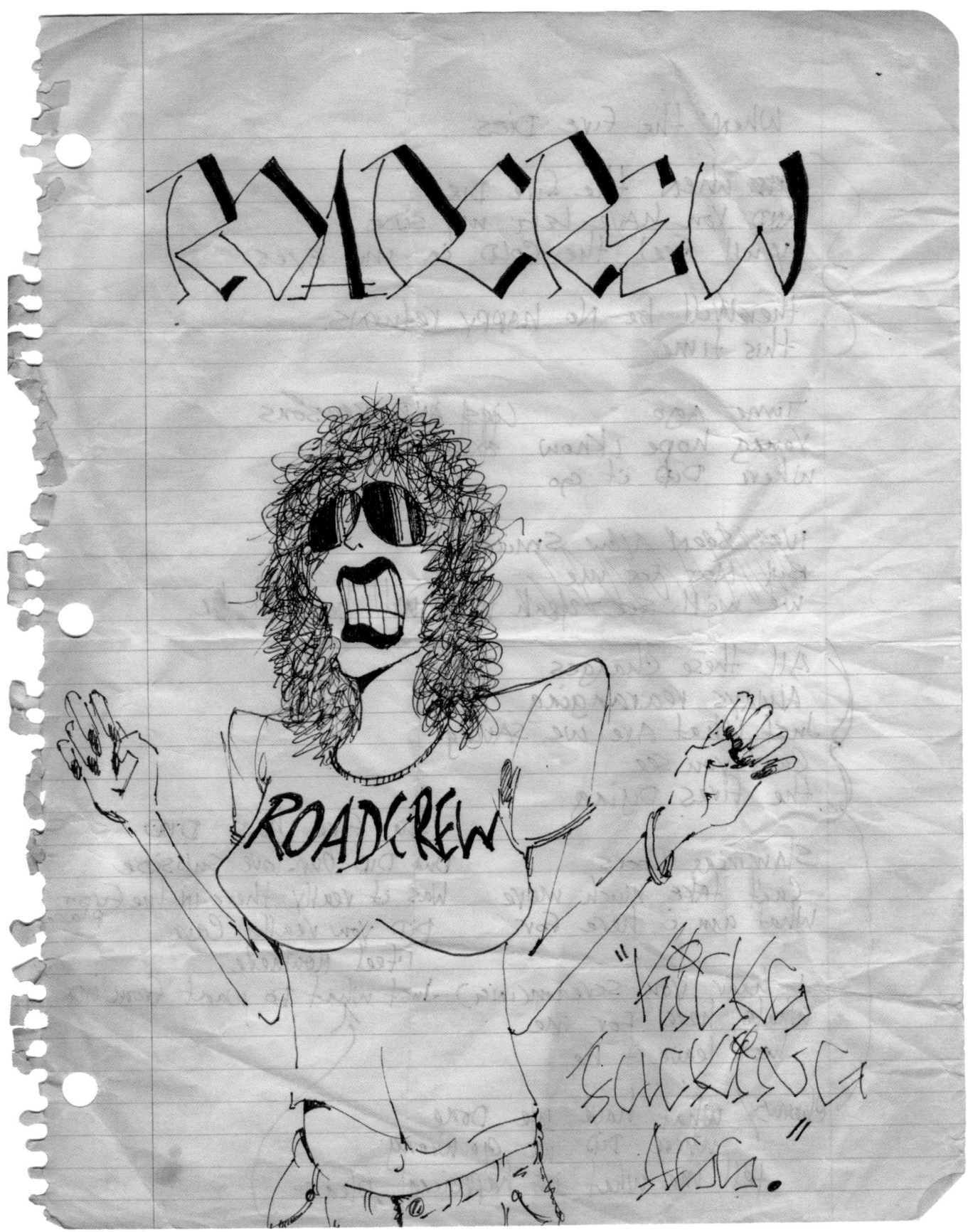

Slash realmente adorava inventar logos da banda Roadcrew, como esse.

When the Fire Dies

When the fire dies
And you have left my side
You'll feel the cold in my eyes

There will be no happy returns
this time

Time ago   Lies and reasons
Young hope I know excuses
Where did it go

I've seen you smile
But not for me
We will see break what will be will be

All these changes
Always rearanging
Just what are we saving
Cant you see
The fires dying

Slamming Doors   The fire has died
Cant take much more   but did our love subside
What am i here for   Was it really there in the first place
                        Did you really care
                        I feel nowhere

I hear you screaming Just what do want from me
Whats here for me
Just leave it be

Chorus/ What have we done
        Where did we go wrong
        Tell me what is happening please

À esquerda está outro ícone de Slash para a Roadcrew.

15 DE NOVEMBRO DE 1983

Depois de dois meses de ensaio, Roadcrew encontra um vocalista. Seu nome era Chris Torres. A mãe dele e a de Slash eram boas amigas. Essa foi a primeira vez em que Slash trabalhou com um vocalista.

CHRIS TORRES Eu frequentei a escola fundamental com Slash, e nossas mães eram melhores amigas. Fazia uns cinco ou seis anos que não via Slash, e ele veio me ver em minha banda na época para saber se eu estaria interessado em cantar em sua banda. Eu me juntei à Roadcrew como vocalista, com Ron e Adam. Rolou uma química e nos divertíamos muito. Slash odiava que eu usasse lycra. Ele queria que todos usassem calça jeans e camisas de flanelas, então eu concordei com isso. Ensaiávamos todas as semanas, e aquilo se tornou uma grande festa. Steven se juntou a nós e não deu mais certo para Slash. Não éramos bons o suficiente, e ele estava procurando algo diferente.

MARC "When the Fire Dies" era uma antiga canção da Tidus Sloan. Mais tarde, Slash escreveria a letra – que tinha a ver com sua ex-namorada Melissa Fischer (eles se separavam e voltavam, namorando durante cerca de cinco anos) – e eles trabalharam com essa canção antiga. Essa era a única canção que Slash cantaria solo do começo ao fim. Slash não fazia as tarefas vocais.

"Roadcrew Eats First" era uma canção que Slash compôs sobre uma garota de 14 anos de idade que ele e Ron encontraram em uma noite no Pan Pacific Park.

Outubro e novembro de 1983 • ROADCREW

ROADCREW

Este é o desenho original de Slash de sua atual famosa mascote e tatuagem.

Fotos cortesia de: Joe Kornbrodt e Jamie Greene

MARS STUDIO
21 DE DEZEMBRO DE 1983

O primeiro show da Roadcrew foi uma festa de Natal no Mars Studio. Todas as canções tocadas naquela noite eram originais da Roadcrew. Steven Adler, um velho amigo de Slash da época da escola Bancroft Junior High School, apareceu na festa do Mars. Eles não se viam há alguns anos.

CURLY JOE'S STUDIO
VÉSPERA DE ANO-NOVO DE 1983

Slash organizou todo o evento, juntando as quatro bandas e cobrando a entrada. Shyst era uma banda em que Ron Schneider costumava tocar durante a época da Tidus Sloan, quando Louie Metz fazia parte da banda. Pyrrhus era a primeira banda de Tracii Guns. Warrant, depois de várias mudanças de parceiros, faria muito sucesso anos depois. Esse seria o último show da Roadcrew com a formação original.

Festa no Curly Joe, 31 de dezembro de 1983
Da esquerda para a direita: RICK MARS, MIKE JACOSZ, ROB GARDNER, TRACII GUNS

Slash fez o pano de fundo para este evento. Ele criou também o desenho no bumbo da bateria.

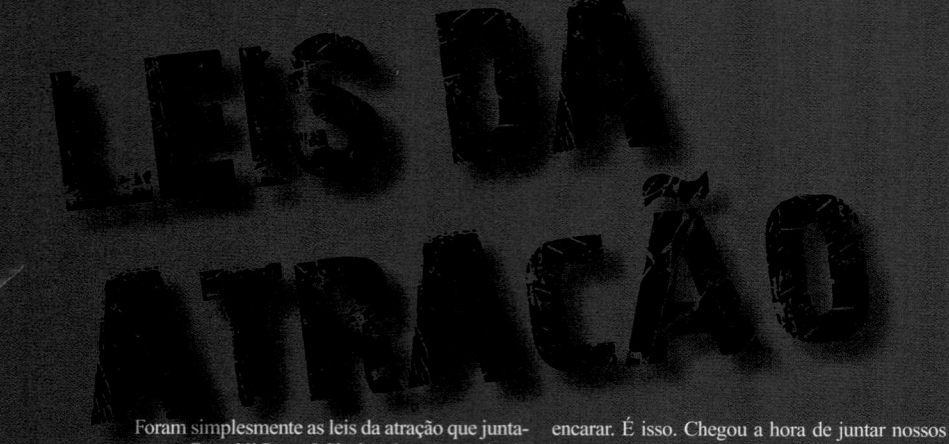

LEIS DA ATRAÇÃO

Foram simplesmente as leis da atração que juntaram o Guns N' Roses? Slash coloca um anúncio no jornal procurando um baixista, e Duff o responde. Izzy descobre um desenho do Aerosmith e o rastreia até a loja de música em que Slash trabalhava. Duff se muda para um novo espaço do outro oposto da rua que Axl e Izzy frequentavam.

A derradeira ligação na criação do *Appetite* do Guns N' Roses pode ser mais facilmente atribuída à teoria do caos do que a uma linha cronológica reta. Individualmente, a música deles estava se tornando mais dinâmica e mais bem definida: Slash compunha mais canções originais, Izzy começou a modelar seu som e seu visual influenciados pela Hanoi Rocks e Axl se tornava um prolífico escritor de letras. Entretanto, seus esforços em manter a banda unida continuavam fracassando. Não precisava muito para desestabilizar o equilíbrio entre um grupo de músicos talentosos e famintos; choques de personalidades, luta pelo poder diante de crescentes diferenças de estilo ou o inevitável não comparecimento a ensaios em razão de uma ressaca de narcóticos. Desistir era bem mais fácil do que aguentar firme. E, às vezes, as oportunidades individuais para se juntar a outras bandas com maior força de tração geralmente precediam à lealdade à banda, mesmo quando custava a perda de uma amizade ou tocar o tipo de música de que mais gostasse. Exatamente como a cidade em que eles tocavam, as imprevisíveis mudanças sísmicas traziam o final de uma oportunidade e criavam outra.

RON SCHNEIDER Eu queria entrar mais fundo no cenário do metal e toquei com outros caras, mas nada realmente rolou do mesmo jeito que rolava quando eu estava trabalhando com Slash. Então, tentamos de novo, e ainda era a Roadcrew, mas dessa vez decidimos que algo não estava funcionando e que outra coisa estava: Adam, o baterista. Nisso surge este garoto com cabelo loiro bem comprido e sua superbateria com dois bumbos, e esse cara tinha o visual, tinha a bateria e tinha a batida do *heavy metal*. Esse cara era Steven Adler.

STEVEN ADLER Eu dei a Slash sua primeira guitarra. Nós nos conhecemos no Bancroft Junior High School, e eu costumava levá-lo à casa de minha avó, onde ouvíamos os discos do KISS e tocávamos as partes do Ace Frehley. Eu sabia dois acordes e duas escalas na guitarra. Era um instrumento barato, mas como Slash era talentoso e tinha um dom natural, aprendeu dez acordes em uma semana e já estava tocando canções. Era muito difícil e muito complicado para mim, e eu não conseguia cantar, então escolhi a bateria. Quando finalmente senti que estava tocando suficientemente bem, pedi para Slash se encontrar comigo no Parque La Cienega. Então, eu disse, "Cara, quero tocar com você. Estou pronto para encarar. É isso. Chegou a hora de juntar nossos interesses". Então, eu montei minha bateria e toquei para ele. Ele disse: "Legal! Vamos fazer. Vamos nessa".

SLASH Steven Adler, na realidade, foi o primeiro cara que me incentivou a tocar guitarra. Então, quando eu comecei a tocar guitarra, ele começou a tocar bateria e tivemos um relacionamento contínuo que durou anos.

MARC CANTER Steven queria fazer parte da Roadcrew. Ele ficou muito impressionado com o jeito de Slash tocar e tinha acabado de se mudar com um velho amigo dele e de Slash, chamado Marc Mansfield. Slash foi ver Steven tocar e ficou fascinado com a velocidade com que ele tocava com os dois bumbos da bateria e o colocou na banda. Slash passou a compor um monte de canções, especialmente para a bateria de dois bumbos.

ADAM GREENBERG Steven ressurgiu no cenário depois de ter sumido por um bom tempo. Ele havia melhorado muito. Tinha dominado a bateria com dois bumbos e captado o som fechado dos pratos. Ele tinha feito algumas aulas, tocava bem e era extrovertido. Slash e Steven tocaram juntos uma vez para ver como seria, e acho que deu certo. Eu me lembro de uma conversa que tive ao telefone com Saul e que falamos sobre isso. Foi aí que a transição ocorreu. Ele havia me substituído na Roadcrew. Eu me lembro de ter me sentido devastado. Éramos garotos, e as coisas tinham de mudar e evoluir para se tornar o que deveriam se tornar. Mas aquilo foi devastador. Levei um bom tempo para me recuperar e, assim que superei, percebi que era isso o que eu tinha que ser.

DUFF Quando conheci Slash, foi quando respondi a um anúncio no jornal *The Recycler* e fui ao Canter's. Eu tinha o cabelo curto vermelho e azul, e me encontrei com Slash e Steven. Naquela noite fomos à casa da mãe de Slash, uma sala no porão em West Knoll, e ele me mostrou todas aquelas fotos de Joe Perry. Começou a tocar guitarra, e eu olhava para ele, para aquele cara, pensando, "É isso aí!".

SLASH Duff veio de Seattle e respondeu ao anúncio do *Recycler* que havia sido publicado no jornal. Eu e Steven nos encontramos com Duff no Canter's e decidimos começar algo.

MARC CANTER O único problema é que a voz de Chris não combinava com as novas canções. A Roadcrew agora estava sem vocalista. As canções eram rápidas e pesadas. Com o vocalista certo, poderia ter se tornado uma grande banda de *speed-metal*. Duff não permaneceu na Roadcrew por muito tempo, e Slash percebeu que não seria capaz de fazer com que a Roadcrew decolasse.

CHRIS WEBER Meu amigo Tracii Guns e eu estávamos no Rainbow Bar & Grill quando ele me apresentou a Izzy. Eu tinha apenas 16 anos. Izzy e eu nos sentamos em meu carro por duas horas, ouvindo as fitas cassetes que ele trazia no bolso. Ele dizia, "É com isso que eu quero que o som fique parecido", e ele colocava uma cópia do álbum do Hanoi Rocks ou do New York Dolls. Em meu carro tinha um monte de fitas que eu ouvia espalhadas por todo o lado: Led Zeppelin, Judas Priest e Aerosmith. Ele dizia, "Ei, esse som aí é bom, mas eu quero que soe como este", e me mostrava uma foto do Hanoi Rocks. Negócio fechado; ele me ganhou. Tocamos um dia ou dois, e foi então que Izzy mencionou que tinha um amigo de Indiana que acabara de se mudar para Hollywood.

Fomos de carro até um prédio velho e sujo de apartamentos na rua Whitney, em Hollywood. Entramos no elevador, desses de grade, fomos até a laje do prédio e descemos do elevador. Dava para ver, cruzando a laje, algo brilhando no sol. Fomos até lá, e estava "Bill" deitado em uma pequena toalha sobre o escaldante piche da laje com seu longo cabelo ruivo e tez tão branca quanto uma folha de papel. Descemos até o apartamento da namorada de Axl, nos acomodamos, conversamos e tocamos canções no violão. Esse foi o começo.

Quando eu me encontrei com Axl pela primeira vez naquele apartamento, não achei nada de especial nele. Ele podia cantar, mas sua voz não era distinta. Axl contou que havia aprendido a cantar em um coral e que, naquela época, somente cantava usando um barítono suave. Cerca de uma semana depois, Izzy e eu ouvimos Axl cantar "Hair of the Dog", do Nazareth, enquanto ele tomava banho. Eu e Izzy olhamos um para o outro e dissemos, "É isso! Essa é a voz". Perguntamos a Axl se ele considerava cantar usando apenas aquela voz, e ele respondeu, "claro que sim". O resto é história.

Passado algum tempo, Axl se mudaria para a casa de meus pais, onde eu morava, e, um pouco mais tarde, o mesmo aconteceria com Izzy. Foi onde compusemos todas as nossas primeiras canções. Escrevíamos canções e ensaiávamos durante o dia e, à noite, saíamos para frequentar os clubes. Já naquela época, Izzy havia criado uma imagem para a banda, e eu e Axl borrifávamos nossos cabelos até o topo com Aquanet Extra Hold.* Izzy fazia colares e pulseiras de tachinhas e os vendia para descolar um dinheiro extra. Nós todos vestíamos jeans preto apertado, cintos de tachinhas, sapatos pretos e pulseiras até os braços.

Originalmente a banda se chamava AXL, e o Bill ainda se chamava Bill. AXL é como ele queria que a banda se chamasse. Depois de alguns shows, o primeiro no Orphanage, em San Francisco Valley, Axl e Izzy tiveram uma discussão.

CHRIS WEBER Alguns dias depois, Axl quis fazer as pazes e começar a tocar de novo. Izzy disse que apenas aceitaria se nos chamássemos "Rose". Mudamos nosso nome e tocamos sob o nome de Rose, até descobrirmos que havia outra banda com o mesmo nome. Então, mudamos nosso nome para Hollywood Rose.

---

* N.T.: Spray para modelar cabelos.

STEVE DARROW Na realidade, Izzy e eu trombamos com Duff no estacionamento da loja de conveniência AM/PM do lado oposto da rua ao Whisky. E Izzy disse, "Eu acho que conheço aquele cara. Acho que conheci aquele cara em uma festa ou em algum lugar". Duff acabara de se mudar de Seattle e tocava com um cara chamado Michael McMahon em uma banda de *power pop*. Izzy começou a conversar com ele e lhe perguntou como estava sua situação. Duff descreveu o tipo de música que queria tocar: Stones, New York Dolls, Hanoi Rocks. Izzy ficou impressionado e talvez estivesse pensando que, se as coisas não estivessem bem comigo, ele definitivamente chamaria Duff, porque queria fazer exatamente o que Izzy tinha em mente.

DUFF Izzy tinha mais a ver comigo; ele era mais *punk rock*. Eu nunca havia saído com alguém da minha idade que tivesse cabelos longos e que gostava de Wasp e bandas desse gênero. Tudo era um grande aprendizado para mim. Quando vi Axl cantar pela primeira vez com o Rose, ele estava usando calças da marca Chaps. Toda aquela experiência era demais.

SLASH Izzy foi até a loja de música em Hollywood onde eu trabalhava porque viu um desenho que eu tinha feito, e que eu havia dado a Marc. Era uma foto do Aerosmith que tinha fotocopiado várias vezes e que havia se espalhado pelo bairro. Izzy conseguiu uma e foi à loja perguntar onde poderia arrumar uma para ele. Foi a coisa mais estranha que eu já vi. Então, Izzy e eu começamos uma amizade, e ele tocou algumas demos de sua banda com Axl. Em um determinado momento, Steven e eu fomos ao Gazzarri's ver a banda de Izzy e assistir ao Axl, porque eu não estava procurando outro guitarrista, estava atrás de um vocalista. Não tinha intenção alguma de trabalhar com outro guitarrista naquela época. Embora nada acontecesse naquele momento, foi uma espécie de destino nossos caminhos terem se cruzado mais para a frente.

MARC CANTER Slash ficou sabendo que havia um grande vocalista em uma banda chamada Rose. Slash e eu fomos assistir ao Rose no Gazzarri's. Axl e Izzy esbanjavam muita energia e tinham uma enorme presença de palco. Depois do show, Slash disse, "Adoraria ter Bill em minha banda". Axl ainda era chamado de Bill naquela época. Slash e Axl conversaram e decidiram tentar desenvolver algo juntos.

DESI Eu me lembro de quando Slash veio fazer um teste. Ele foi ao apartamento em que Izzy e eu morávamos em Orchid. Izzy pediu para que eu me escondesse no corredor enquanto eles conversavam e tocavam, mas eu espiei através de uma fresta para ver. Eu me lembro de ter visto seu tênis de cano alto e o estojo da guitarra, e sabia que ele seria chamado. Nosso apartamento era o quartel central de toda a banda. Era lá que guardávamos as cervejas.

STEVEN ADLER Eu me lembro da primeira vez em que me encontrei com Slash. Slash e eu fomos ver a banda Rose, de Axl e Slash, no Gazzarri's. Eu conheci Axl e, como ele estava com o cabelo desajeitado e sem maquiagem, quase não o reconheci. Quando finalmente o reconheci, eu disse, "Cara, você não é vocalista daquela banda da noite passada? Então, você é bom pra cacete". Em seguida, ele me apresentou ao Izzy.

RON SCHNEIDER Slash levou Axl até minha casa e disse, "este cara é muito legal. Você tem de conhecê-lo". Eu queria ouvir Axl cantar, e ele havia levado uma fita cassete do que estava fazendo e aquilo me deixou totalmente impressionado. Tinha um som pesado da bateria de dois bumbos, muita atitude, velocidade e peso. Fiquei do tipo "Uau! Nunca ouvi algo parecido com isso!" Nunca tinha ouvido alguém cantar como esse cara. Axl começou a fazer perguntas para saber onde eu queria que a banda chegasse, e em qual direção ir. Ele ficou me entrevistando enquanto eu tentava senti-lo ao mesmo tempo. Slash me contatou cerca de dois dias depois e disse, "Axl acha que você é um cara muito legal e que é um bom baixista, mas eu acho que vamos continuar procurando por alguém diferente que queira seguir na mesma direção que a nos-

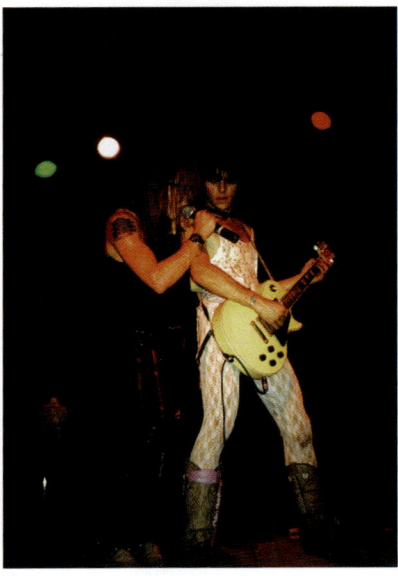

Primavera de 1985, Guns N' Roses com Axl Rose e Tracii Guns. Foto: Chris Amouroux.

sa". Fiquei um pouco triste, mas disse, "Tudo bem, vou atrás de outra coisa para fazer". E isso foi praticamente o final de minha parceria com Slash, pelo menos no que diz respeito a tocar juntos em uma banda. Tivemos uma boa jornada de três ou quatro anos.

MARC CANTER Steve Darrow era baixista em uma banda chamada Kery Doll, que costumava dividir o palco com o Rose/Hollywood Rose. Quando ele se juntou a Slash, Izzy, Steve Adler e Axl, a formação da New Hollywood Rose estava completa.

ADAM GREENBERG Quando eles começaram a tocar com Steven, a bateria fazia um grande estrondo. Ele usava dois bumbos e abusava dos tons-tons e dos pratos. Quando finalmente se juntaram a Axl, Duff e Izzy, eles excluíram todas essas peças dele e disseram, "Ouça, você deve fazer o básico: baixo, caixa, tambor, pratos, chimbau, prato de condução e crash, só isso". A primeira vez em que fui assistir ao Guns N' Roses, ele usava esse jogo mínimo de bateria.

DESI Ninguém aguentava o jeito de tocar do Steven, porque ele usava muitas baterias. Um dia, eles estavam no estúdio de ensaio e alguém pegou o Steven e o levou para fora. Eles o trancaram do lado de fora e quebraram toda a bateria, exceto as quatro peças básicas necessárias. Ele gritava do lado de fora, pois podia ouvir todas as peças das baterias sendo quebradas e amassadas, mas acabou sendo para melhor. Assim que se livraram dos excessos, passaram a tocar de forma perfeita; ele tinha muito mais peças do que podia lidar.

STEVE DARROW Em certo momento, tivemos um ensaio juntos com Slash, Izzy, Steve Adler, Axl e eu. E o som estava muito bom. Slash havia criado uma dinâmica totalmente diferente, contrastando com o estilo de Izzy, que era simples, direto e rápido. Slash achou que isso funcionaria e que poderíamos ter sucesso. Fizemos alguns ensaios, provavelmente uma vez por semana no máximo. Não era nada estável, e nenhum de nós tinha muito dinheiro.

MARC CANTER A primeira vez em que a New Hollywood Rose tocou junto foi no Fortress Rehearsal Studio, em Hollywood. "Anything Goes" foi a primeira canção que eles tocaram. A letra era diferente daquela que eles viriam a gravar, e a canção era tocada em um ritmo mais rápido, com a bateria de dois bumbos. Izzy não aparentava satisfação trabalhando com Slash e Steven – ele tinha um problema com o fato de Steven tocar com dois bumbos – e logo acabaria saindo e se juntando à London, uma banda que na época já era conhecida no cenário de Los Angeles. A New Hollywood Rose começou a ensaiar no Shamrock Studio porque o sistema de som era muito melhor. Axl começou a colocar as letras nas canções de Slash.

STEVE DARROW Izzy sumira novamente. Tinha caído fora e estava procurando algo diferente para fazer. Acabou se juntando à banda London logo depois de ter deixado a New Hollywood Rose. Axl foi o cara que colocou a bola em jogo novamente. Izzy era mais do tipo deslumbrado, e Axl era do tipo, "Vamos fazer a mesma coisa, mas eu quero que seja mais da rua, mais denim, você sabe, uma mistura direta de Nazareth com Motorhead com Aerosmith". E ele estava confabulando mais com Slash. Axl e Slash ficavam atirando sons e refrões um no outro. Quando nos reunimos posteriormente, era basicamente a mesma formação, exceto por Izzy. Foi legal demais. Muitas das canções antigas em que Slash tinha depositado sua influência se tornaram bem mais dinâmicas, cativantes e mais complexas. A partir daquele momento, fizemos dois ensaios e notamos que podíamos seguir adiante. Slash conhecia o dono do local de ensaio e o agendou da meia-noite às três da madrugada, porque a gente conseguia pagar três a cinco dólares por hora, em vez de oito dólares. Tivemos essa maratona de ensaios de turno de vigia de cemitério. Tocamos até ficarmos bem rápidos, aprendendo todo esse material novo e morrendo de sono enquanto fazíamos isso. E conseguimos!

DESI Axl estava trabalhando na Tower Video, na rua Sunset, quando Izzy nos apresentou, apesar de haver algumas divergências entre eles na época. Naquela noite, Axl apareceu em nosso apartamento, bateu à janela e disse que queria conversar. Izzy estava pronto para voltar a Indiana e desistir de tudo, porque já estava aqui há cinco anos. A banda Hollywood Rose nunca conseguira um contrato, e ele estava pronto para desistir. **Eu o encorajei a não desistir, e Axl o convenceu a tentar mais uma vez.**

ROSE, HOLL

YWOOD ROSE, PRIMEIRAS ENCARNAÇÕES

A primeira apresentação de Axl Rose em Los Angeles foi em uma sexta-feira à noite, no Orphanage, em North Hollywood, no dia 3 de janeiro de 1984, com uma banda chamada Rose, que incluía Izzy Stradlin, que ele conhecia desde a época do colégio em Indiana e que havia se mudado para Los Angeles pouco antes.

Nesses primeiros shows, eles eram anunciados como Rose, mas ocasionalmente se apresentavam sob o nome de Hollywood Rose (viviam trocando entre um e outro).

Os panfletos e os anúncios de alguns dos primeiros shows dispensam explicações. O panfleto (na página seguinte), para o show do dia 16 de março, no Madame Wong's, pertence a Axl, já que conseguiu guardar durante todos esses anos, apesar de não ter um lugar fixo para morar nos primeiros dois anos que passou em Los Angeles. Ele aparece no vídeo "Don't Cry".

MEMBROS DA BANDA:

Axl (Bill) Rose – vocais
Izzy Stradlin – guitarra
Chris Weber – guitarra solo
Johnny Krieff – bacteria
Rick Mars – baixo

Foto cortesia de Michelle Young

Izzy, Axl, Weber
Foto Cortesia de Cleopatra Records

Panfleto do Rose
Cortesia de Ron Schneider

Panfleto de Hell Revisited. Cortesia de Axl Rose.

Steve Darrow

Esta foi a primeira
apresentação
com Slash, Axl
e Steven Adler
juntos no palco.

MADAME WONG'S WEST
16 DE JUNHO DE 1984

Axl desenhou a rosa e o arame farpado.

MEMBROS DA BANDA:
Axl Rose – vocais
Slash – guitarra
Steve Darrow – baixo
Steven Adler – bateria

16 de Junho de 1984 – Hollywood Rose no MADAME WONG'S WEST

MADAME

MEMBROS DA BANDA:

Axl Rose – vocais
Slash – guitarra
Steve Darrow – baixo
Steven Adler – bateria

WONG'S EAST
28 DE JUNHO DE 1984

28 de junho de 1984 – Hollywood Rose no MADAME WONG'S EAST

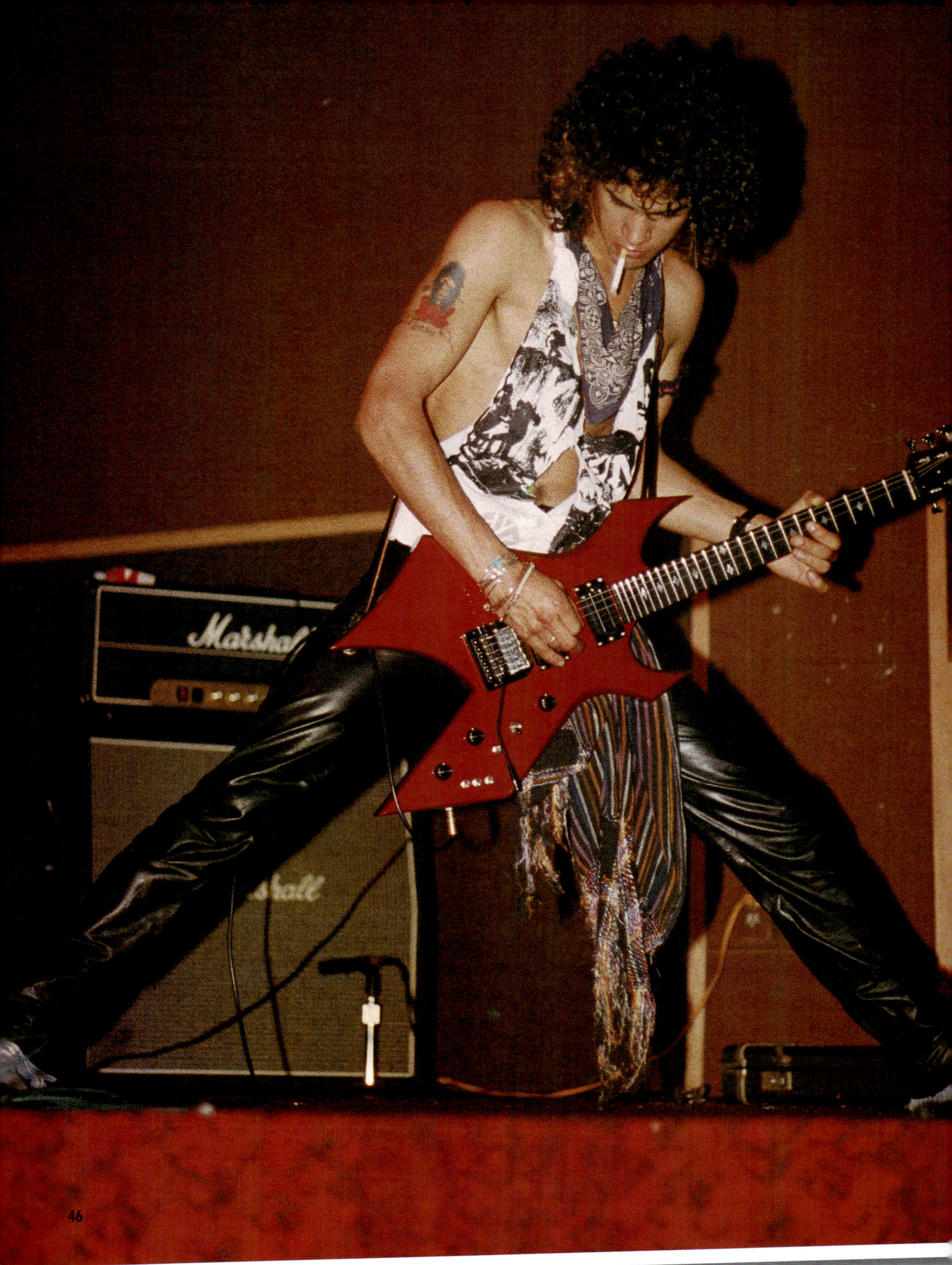
Marshall

Axl trabalhava na Tower Video, na rua Sunset, na época deste show. Ele acabaria se tornando o gerente da loja.

Às vezes, ele dormia no estacionamento embaixo da escada, quando a loja fechava à noite. Ele me contou que um de seus objetivos era ser membro de um clube, para sempre poder ter um lugar para tomar banho.

A banda costumava frequentar a loja após seu fechamento, para assistir a filmes pornô, enquanto a equipe de limpeza trabalhava.

28 de junho de 1984 – Hollywood Rose no MADAME WONG'S EAST

Enquanto a banda se apresentava, sabe-se lá o motivo, Axl atirou um copo contra a parede. A banda foi notificada que jamais tocaria no Troubadour novamente. Por sorte, Steve Darrow conhecia o agente do Poison e conseguiu colocar a banda de volta na lista, abrindo o show no Troubadour, no dia 29 de agosto.

Axl Rose – vocais
Slash – guitarra
Steve Darrow – baixo
Steven Adler – bateria

TROUBADOUR NEW HOLLYWOOD ROSE 10 DE JULHO DE 1984

Arte Original do panfleto do dia 10 de julho. Cortesia de Del James.

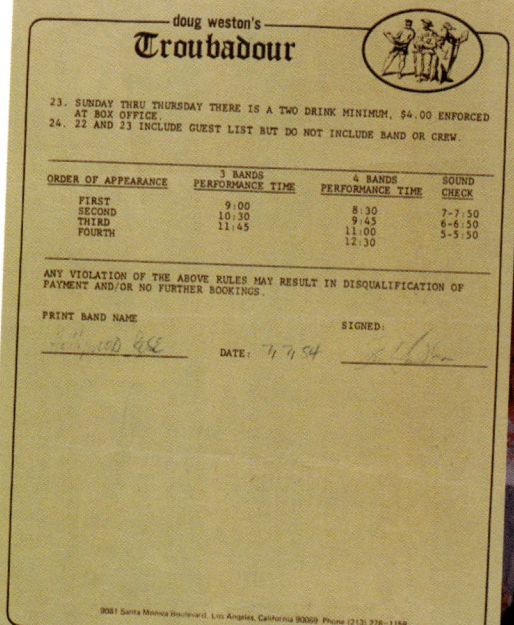

Assinatura de Slash no contrato entre o clube e a banda.

10 de Julho de 1984 – Hollywood Rose no TROUBADOUR

A banda foi anunciada no alto-falante com o nome de Rose, enquanto subiam ao palco. Depois de tocarem a segunda canção, Axl disse que eles se chamavam "Hollywood Rose, não apenas Rose", acrescentando, "Esta próxima canção vai para quem estiver ficando bêbado; esta canção se chama 'Reckless'". Usando o retorno, Slash criaria sons de uma motocicleta mudando de marchas na introdução daquela canção.

"Anything Goes" começava com uma introdução no baixo e retorno da guitarra. Durante as performances dessa canção, Axl apresentava os membros da banda, enquanto Slash abria e fazia um solo de cinco minutos na guitarra com a banda o acompanhando ao fundo. É assim que eles fizeram até 1987. "Rock N' Roll Survivor" era outra canção da Roadcrew composta por Slash e à qual Axl tinha acrescentado a letra, ao passo que "Rock N' Roll Rose" era uma canção que Axl escrevera depois de ter feito sua primeira apresentação em Los Angeles. "Back Off Bitch" era uma canção de Axl que Slash tinha mudado algumas partes da guitarra. Naquela noite, Axl dedicou a canção a "cada um que tem uma namorada que enche o saco".

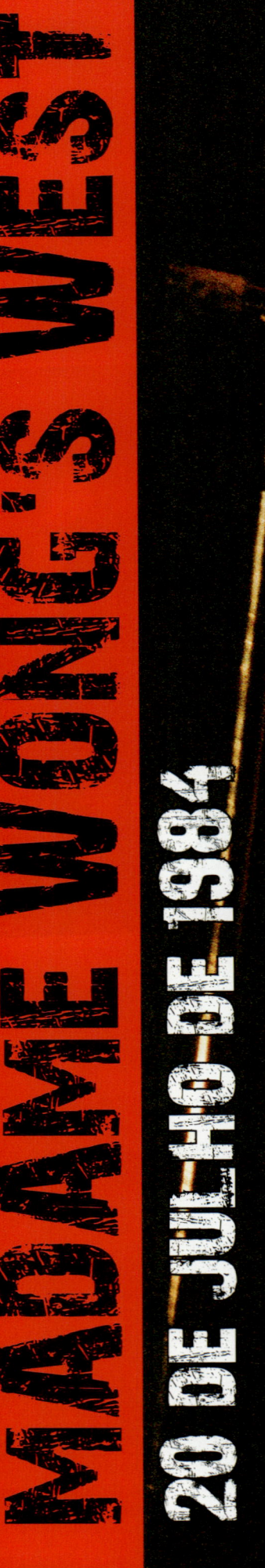

MADAME WONG'S WEST
20 DE JULHO DE 1984

APRESENTADOR:
Por favor, deem as boas-vindas à banda Rose

AXL: "Obrigado. Boa-noite a todos.
Somos a Hollywood Rose – não apenas Rose.
Esta canção é para quem estiver ficando bêbado.
Esta canção se chama 'Reckless'".

AXL: Falando durante o solo da guitarra de Slash
em "Anything Goes":
"No baixo, Steve Darrow. Na bateria, Steven
'Kush' Adler.
E na guitarra solo, Slash."

AXL: (Depois de "Anything Goes"):
"Muito Obrigado! Quero agradecer a todos que
vieram aqui nesta noite.
Nosso próximo show vai ser um pouco mais
adiante, no Troubadour, no dia 26 de agosto. Esta
é a 'Rock N' Roll Survivor'".

AXL: (Antes de "Rock N' Roll Rose"):
"Nossa próxima canção é nosso tema para a
Hollywood Rose."

AXL: "Esta é a 'Back Off Bitch', para cada um
que tem uma namorada que enche o saco."

AXL: "Nice Boys, Don't Play Rock N' Roll"

AXL: "Esta é uma canção do Nazareth, chamada
'Hair of the Dog'".

AXL: (no final do show)
"Muito obrigado. Somos a Hollywood Rose.
Dia 26 de agosto, no Troubadour, grátis.
Obrigado a todos por virem nesta noite."

Formação: Axl, Slash, Steven Adler, Steve Darrow

20 de julho de 1984 – Hollywood Rose no MADAME WONG'S WEST

Cold Hard Cash gerou alguns desentendimentos criativos entre Izzy e Axl. Izzy compôs um riff, mas não gostou. Axl gostou do riff e insistiu em mantê-lo. Foi uma das situações que causou uma tensão muito séria, fazendo com que Izzy decidisse sair da Hollywood Rose menos de uma semana depois de Slash e Steven terem se juntado à banda. "Hair of the Dog" era uma canção antiga do Nazareth que a Hollywood Rose usou com a música "Honkeytonk Woman", dos Stones, como introdução. Foi incorporada ao *set-list* no último minuto, e Axl havia memorizado a canção minutos antes de subirem ao palco.

Shadow of Your Love
Everything's OK
Reckless
Anything Goes
Rock N'Roll Survivor
Rock N'Roll Rose

Back Off Bitch
Cold Hard Cash
Nice Boys - Rose Tattoo
Hair of the Dog - Nazareth

20 de julho de 1984 – Hollywood Rose no MADAME WONG'S WEST

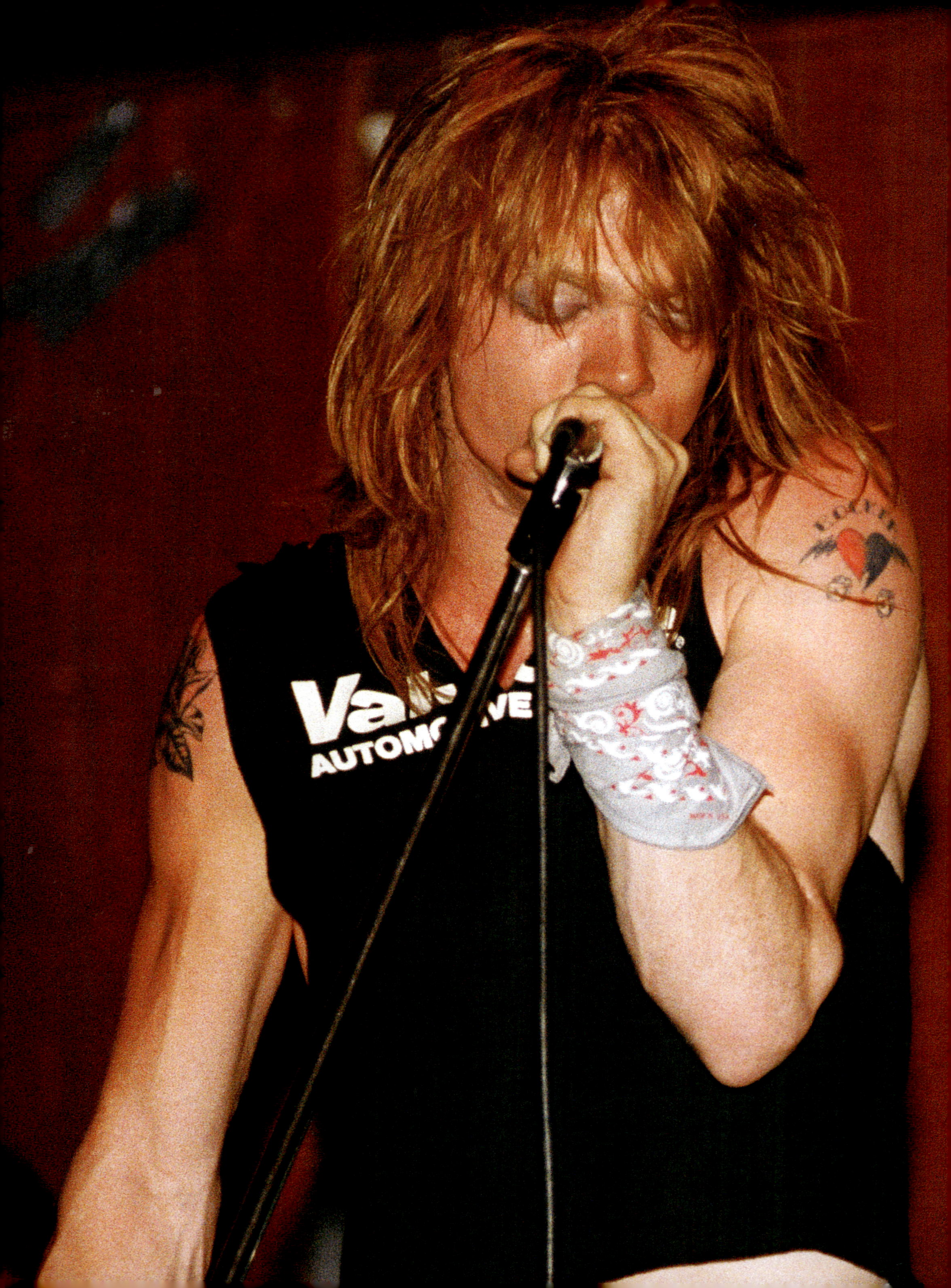

20 de julho de 1984 – Hollywood Rose no MADAME WONG'S WEST

NEW HOLLYWOOD ROSE AFTER HOUR PARTIES 24 & 31 DE AGOSTO DE 1984
TROUBADOUR 29 DE AGOSTO DE 1984

Eu perdi o show do dia 29 de agosto para assistir ao Aerosmith no Bakersfield, por isso não tenho fotos desse show.

Apesar de Steve Darrow ter agendado o show de 29 de agosto, no dia do evento ele já tinha saído da banda e um baixista chamado Snake foi chamado para substituí-lo.

Foto de Steven Adler, acima, do dia 16 de junho de 1984.

Aqui dá para ver claramente a criatividade e a inteligência de Slash. Ele pegou o panfleto da esquerda e desenhou mais em cima do original, para criar o panfleto verde do centro.

SLASH EM TRANSIÇÃO

MARC CANTER Eu levei Slash de carro até o Radio City para ver o Poison. Acho que era Vicky Hamilton que os gerenciava na época. Matt Smith, o antigo guitarrista, estava saindo da banda porque sua esposa tinha engravidado e ele queria constituir uma família. Matt gostou demais de Slash e o queria para a função. Poison era uma banda reconhecida em Los Angeles que conseguia lotar quase todos os clubes em que tocavam, e estavam prontos para assinar contrato com uma gravadora.

Slash foi a três shows do Poison para checar o cenário e recebeu da banda uma fita demo para aprender o material. Slash apareceu no ensaio, mas não conseguia se convencer a tocar. Ele não gostava da brincadeira com Silly String no final do espetáculo e achava chato dizer "Meu nome é Slash" no momento do show em que os membros da banda se apresentavam. Ele odiava o visual deles e considerava a música ruim. C. C. DeVille acabou sendo contratado dias depois.

Jack Lue tirou algumas fotos como estas durante o período em que Slash estava procurando uma banda para tocar, no outono de 1984.

Esta era a cobra de estimação de Slash, Clyde.

L.A. GUNS
5 DE OUTUBRO DE 1984

Axl Rose — vocais
Tracii Guns — guitarra
Rob Gardner — bateria
Ole Beich — baixo

```
Bloodshot Eyes - L.A. Guns
Shadow of Your Love
Nice Boys
If You Don't Love Me - L.A. Guns
Stick to Your Guns - L.A. Guns
Anything Goes
Heartbreak Hotel
```

Axl me ligou para pedir que eu fotografasse o L.A. Guns. Eu não contei a Slash – achei que ele ia ficar chateado por eu ajudar Axl e Tracii. Tracii e Slash estavam sempre em bandas rivais desde a época do colégio.

Slash e Axl não estavam conversando um com o outro naquele momento. De fato, naquela época, eu me lembro de Axl ter pedido a Slash para que ensinasse a Tracii os novos acordes de guitarra da canção "Back Off Bitch", que Slash havia composto. Slash não quis saber deles.

Eu estava em uma festa com Slash, que dependia de mim para lhe dar uma carona para casa, e ele ficou bêbado. Eu tinha que sair às 11h30 para pegar o show da meia-noite, então eu o forcei a sair da festa mais cedo. Ele não estava pronto para andar de carro. Vomitou em meu carro no caminho para casa, que ficava a apenas cinco quarteirões dali. Acho que essa foi minha punição por tê-lo traído. Eu contei para ele depois sobre o show e disse que estava espionando para ele, e que tinha conseguido uma fita e fotos do show.

ANÚNCIOS NO PALCO

PA: "Aplausos para o L.A. Guns. Sua primeira apresentação em Los Angeles."
Depois da primeira canção, o microfone de Axl falhou, incitando Axl a gritar, "Droga!".

AXL: "Gostaria de agradecer a todos que vieram aqui hoje à noite. Somos a L.A. Guns."

Depois de "Shadows of Your Love":

AXL: "Gostaria de aproveitar o momento e agradecer a banda que tocou antes de nós – London. Este é um dos pôsteres deles. Axl rasga o pôster no meio e alguém na plateia grita 'Foda-se, London.'" Izzy era o destaque da London naquela época.

Axl continuou:

AXL: "Gostaríamos de agradecê-los por merda nenhuma! Esta canção se chama 'Nice Boys Don't Play Rock N' Roll.'"

AXL: "Obrigado! Estão todos se divertindo? Mais alto, não estou ouvindo! Esta se chama 'If You Don't Love Me.'"

Durante "Stick To Your Guns", o microfone sem fio parou de funcionar e Axl comentou do palco.

AXL: "Com certeza é muito divertido quando alguém fode com seu equipamento."

AXL: "Muito obrigado. A próxima canção se chama 'Anything Goes'. Acho que aprendemos algo sobre isso hoje."
A banda tinha aprendido a tocar "Anything Goes" naquele dia, durante a checagem do som.

ENGENHEIRO DE SOM: "Acabou."

AXL: "Mais uma! Esta é a última canção. É uma canção antiga do Elvis Presley. É 'Heartbreak Hotel'".

AXL: "Somos a L.A. Guns! Nos veremos no próximo sábado à noite, aqui mesmo, à meia-noite, com Ruby Slippers. **Boa-noite.**"

5 de outubro de 1984 – L.A. Guns no TROUBADOUR

L.A. GUNS NO TROUBADOUR
13 DE OUTUBRO DE 1984

13 de outubro de 1984 - L.A. Guns no TROUBADOUR

62 Anything Goes

A L.A. Guns foi um ponto de partida para Axl durante sua transição da Hollywood Rose para o Guns N' Roses.

Ele saiu da banda logo depois deste show.

MARC CANTER

13 de outubro de 1984 - L.A. Guns no TROUBADOUR

REENCONTRO

HOLLYWOOD ROSE NO WATER CLUB

GUNS N' ROSES
TROUBADOUR
24 DE ABRIL DE 1985

Axl Rose – vocais
Izzy – guitarra base
Tracii Guns – guitarra solo
Rob Gardner – bateria
Ole Beich – baixo

O Guns N' Roses começou originalmente como um projeto paralelo de Axl e Tracii. No momento em que os shows haviam sido agendados e os panfletos já estavam prontos, ainda não estava acertado quem seria o baterista; por isso que foi incluído um ponto de interrogação na cabeça de Rob Gardner na foto do panfleto.

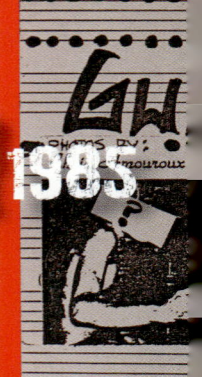

Este show marcou a estreia da canção "Don't Cry", a primeira canção composta por Axl e Izzy para a GNR. A canção falava de uma garota chamada Monique, que Izzy namorou, e pela qual Axl se apaixonara. Ela também seria perpetuada em uma tatuagem no braço de Axl.

Izzy fechou com um clube em San Pedro na época em que estava sem banda, logo após ter saído da London. Ele montou um grupo que consistia em vários membros da Rose/Hollywood Rose e L.A. Guns para essa apresentação, que se tornaria um reencontro da Hollywood Rose, levando esse nome. Axl concordou em fazer o show, e Slash também estava disposto a participar, mas não conseguiu tirar a noite de folga de seu emprego na Tower Video, onde havia começado a trabalhar dois meses antes. Eles recorreram a Chris Weber, o antigo guitarrista da Hollywood Rose.

MEMBROS DA BANDA:

Axl Rose – vocais
Izzy – guitarra base
Chris Weber – guitarra solo
Rob Gardner – bateria
Steve Darrow – baixo

BLACK SHEEP NO COUNTRY CLUB 31 DE MAIO DE 1985

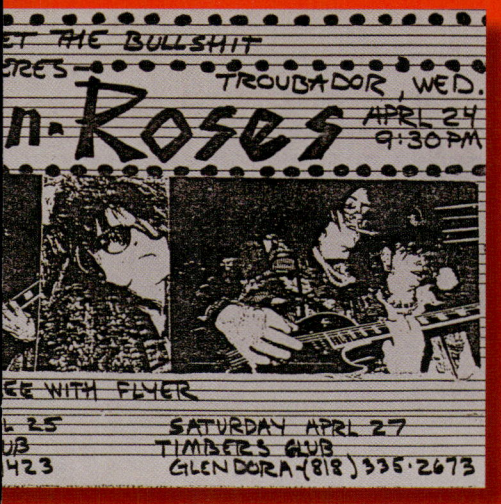

Panfleto cortesia de Chris Amouroux

Slash se junta à Black Sheep uma semana antes deste show. O Guns N' Roses tinha um show agendado no dia 6 de junho no Troubadour, mas Tracii Guns havia saído da banda para montar a L.A. Guns novamente, deixando a GNR sem um guitarrista. Poucos dias antes do show da Black Sheep, Axl passou no trabalho de Slash na Tower Video para perguntar se ele não queria se juntar outra vez a seus velhos amigos. Essa era uma decisão muito difícil. Black Sheep era uma banda conhecida em L.A., prestes a conseguir um contrato com uma gravadora. Apesar de Black Sheep pender mais para o lado do *heavy metal* do que rock n' roll – quer dizer, musicalmente –, caía menos no gosto de Slash. O coração de Slash queria estar no Guns N' Roses, mas a questão era: conseguiriam eles ficar juntos tempo suficiente para atingir o sucesso? Meu conselho era para que ficasse com a Black Sheep, embora soubesse que, musicalmente, o GNR combinava melhor com o estilo de Slash. Entretanto, eu não dava mais de três meses para que o GNR permanecesse junto.

```
Willie Basse - vocais
Paul Carmen - baixo
Slash - guitarra
Todd Devito - bateria
```

Axl, Izzy e Steven foram assistir ao show da Black Sheep para tentar convencer Slash a se unir a eles. Alguns dias depois, Slash se juntou à Guns N' Roses.

WILLIE BASSE Tracii Guns e C.C. DeVille fizeram teste para a Black Sheep, e eu disse não. Escolhi Slash. Black Sheep era uma banda voltada aos músicos, e Slash, mesmo ainda muito jovem, conseguia acompanhar os caras neoclássicos. Ele é um guitarrista sério e com técnica. Nosso estilo era uma mistura de Black Sabbath, Bon Jovi e Purple: rock neoclássico. Era mesmo incrível contar com dois caras de cor liderando uma banda de metal. Ensaiamos um mês no máximo, e era uma formação muito boa na época. Fizemos apenas alguns shows em lugares como o Troubadour e o Country Club. Quando Slash tocava com a Black Sheep, ele usava uma B.C. Rich Warlock e tinha um amplificador Risson. Eu disse a ele, "Cara, você não vai subir ao palco comigo com esse amplificador Risson", e fiz com que usasse um Marshall.

Guns N' Roses tinha um show em Seattle e planejavam chegar lá com uma camionete. Eu me lembro de ter ligado para a mãe de Slash e dito, "Você não deve permitir que ele se junte à banda. Todos eles não passam de um bando de viciados em heroína". Tentei fazer com que ela impedisse a ida dele. Slash me contou que sua mãe não conversou com ele por um ano depois dessa ligação. Eu estava tentando impedi-lo, mas era o destino. Ele saiu da Black Sheep e se juntou ao Guns N' Roses.

PRIMEIRA FORMAÇÃO DO GNR

Izzy e Axl discutem a formação do GNR – Cortesia de Desi

Primeira formação do Guns N' Roses – Cortesia de Desi

SEIS DE JUNHO DE 1985

O Primeiro Show com a Formação
APPETITE FOR DESTRUCTION

PRIMEIRO SHOW 6 de junho de 1985 – TROUBADOUR

AXL ROSE

SLASH

PRIMEIRO SHOW 6 de junho de 1985 — TROUBADOUR

IZZY STRADLIN

DUFF MCKAGAN

PRIMEIRO SHOW 6 de junho de 1985 – TROUBADOUR

STEVE ADLER

> **Tivemos um dia de ensaio. Era mesmo pura sinergia. Era como se tocássemos juntos há anos.**
>
> **SLASH**

DUFF Izzy, Axl e eu éramos do tipo "É isso aí, vamos fazer. Vamos pegar a estrada. Vamos fazer esse negócio". Tracii Guns e Rob Gardner estavam mais preocupados com onde iríamos ficar hospedados e como chegaríamos até lá. Na última hora, eles ficaram com medo de fazer a turnê no noroeste do país. Izzy, Axl e eu simplesmente não nos importávamos. Quando pularam fora, pedimos a Slash e a Steven que fizessem parte da banda, e o Troubadour foi nossa primeira apresentação como uma banda.

SLASH Rob Gardner não queria fazer; ele tinha medo de ir. Liguei para Steven. Ele apareceu e tivemos um dia de ensaio. Era mesmo pura sinergia. Era como se tocássemos juntos há anos.

STEVEN ADLER Acho que Tracii Guns e Rob Gardner não queriam fazer aqueles shows lá no norte. Então Slash me ligou e disse, "Temos dois shows em aberto, quer fazê-los? Um é no Troubadour e vamos ao Oregon e a Seattle para fazer os demais". E eu disse, "Claro que sim". Os outros dois caras não tiveram coragem, e nós tivemos.

DUFF O primeiro dia de ensaio que fizemos, com a formação de cinco caras, foi em um estúdio em Silverlake. Tocar os primeiros acordes foi como se um trovão ecoasse na sala; como um relâmpago que tivesse acertado aquele espaço. Aquele dia provavelmente foi o dia mais importante na vida de nós cinco, como instrumentistas e como músicos. Definitivamente foi o auge, porque foi quando todos nós entendemos que havia se solidificado. Era a melhor banda que qualquer um de nós estava prestes a se tornar.

AXL: "Muito obrigado a todos por estarem aqui hoje à noite, somos o Guns N' Roses."

SLASH (para o público): "Cheguem aqui mais próximo do palco. Movam suas bundas!"

AXL: "É isso aí, esta é 'Think About You.'"

AXL: "Esta é uma canção sobre a mudança para Los Angeles. Esta é uma canção chamada 'Move to the City'."

AXL: (antes de "Don't Cry"): "Vamos diminuir um pouco o ritmo."

AXL: "Esta canção é o nosso tema, 'Nice Boys Don't Play Rock N' Roll'."

AXL: "Esta se chama 'Back off Bitch.'"

AXL: (No meio de "Anything Goes"): "Gostaria de pedir um minuto para apresentar os membros do Guns N' Roses: na guitarra, aqui, Mr. Izzy Stradlin; no baixo, Mr. Duff Rose; na bateria, Mr. Steven Adler; e na guitarra solo, Slash. Este é o Guns N' Roses, senhoras e senhores."

AXL: "Esta é a última canção, pessoal. Espero que se lembrem disso, 'Heartbreak Hotel'".

PRIMEIRO SHOW 6 de junho de 1985 - TROUBADOUR

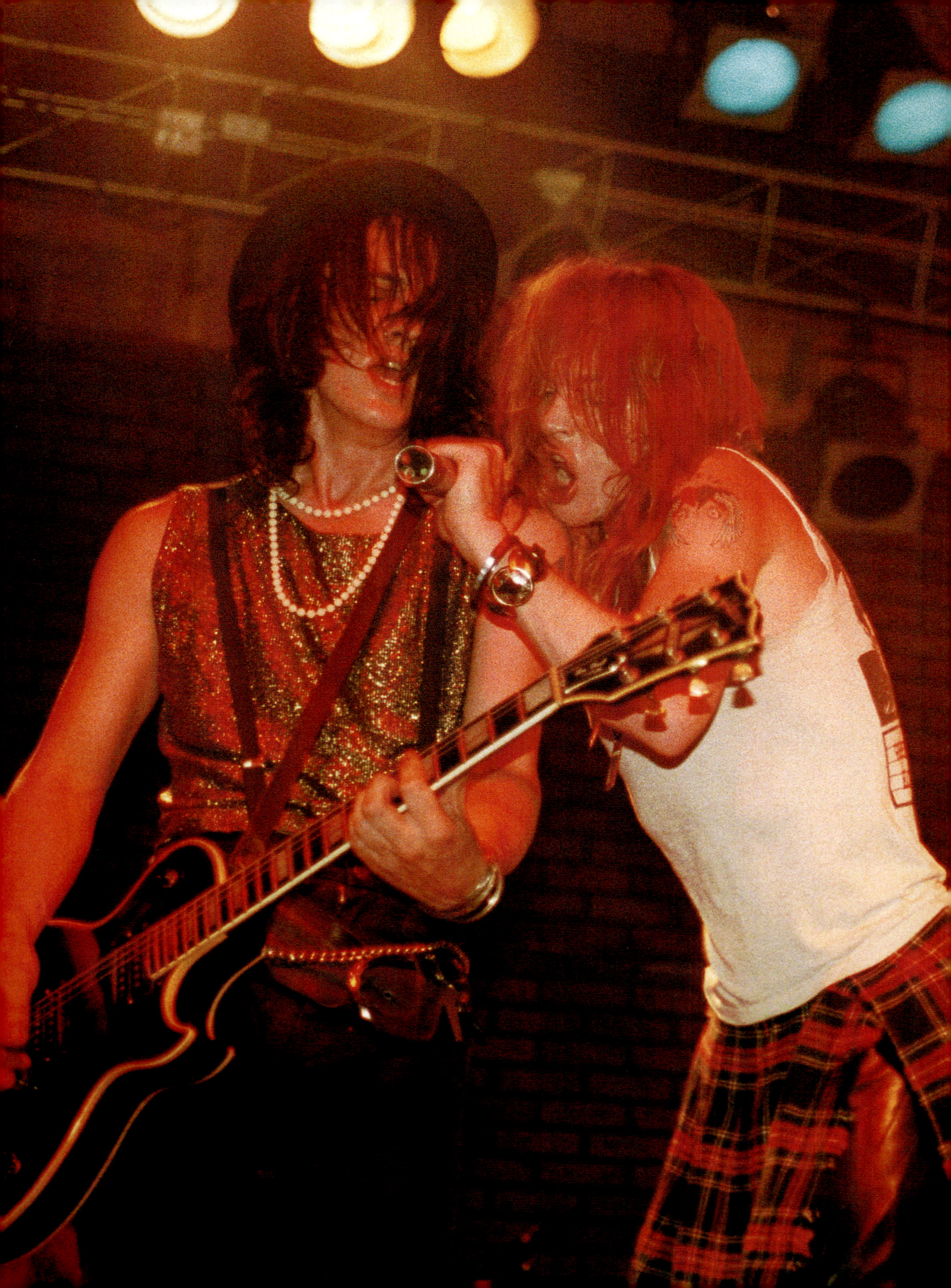

Reckless
Shadow of Your Love
Jumpin' Jack Flash
Think About You
Move to the City
Don't Cry
Nice Boys
Back Off Bitch
Anything Goes
Heartbreak Hotel

PRIMEIRO SHOW 6 de junho de 1985 – TROUBADOUR

HELL TOUR SEATTLE

SLASH Foi apenas uma conversa de alguns dias e que em seguida se tornou uma realidade – de repente, estávamos indo para Seattle. Fizemos o show no Troubadour, arrumamos as bagagens no Oldsmobile e no U-Haul e partimos. Éramos Duff, Izzy, Axl, Steven e eu, e fomos rumo à turnê no noroeste do país, de Seattle e Oregon.

DUFF Não era apenas Seattle – era uma turnê por toda a costa oeste, começando em Seattle e descendo. Havia Portland; havia Eugene; havia um show em Sacramento; e havia um show em San Francisco. Eu já tinha feito esta turnê com uma banda de punk rock, então eu conhecia os clubes e os donos dos clubes, e fui eu quem agendou esta turnê. Alguns dias depois de nossa primeira apresentação no Troubadour, estávamos tocando em nosso primeiro show na costa oeste, na turnê "Hell Tour", como foi apelidada mais tarde.

SLASH Duff havia nos agendado em todos os clubes que ele conhecia, da época que tocava com outras bandas, como a The Fastbacks. Então, ele agendou shows em Sacramento, dois shows em Oregon e outros dois em Seattle. Chegamos a ir até Fresno, quando o carro quebrou.

STEVEN ADLER Estávamos no carro de Danny Birall e tínhamos um U-Hall, e seu carro quebrou. Estávamos determinados que isso não nos impediria de fazer qualquer show.

DANNY BIRALL Eu roubei o cartão de gasolina de minha mãe para podermos chegar até lá. O carro era um Pontiac Catalina 1977 verde. Naquela época, era um carro resistente e funcionava bem, mas eu era muito jovem e provavelmente confiei demais ao carregá-lo com sete pessoas, mais o U-Haul, achando que chegaria até Seattle. Eu me lembro de discutir com todos. Eu queria sair da cidade de manhã cedo, mas ninguém conseguia ficar pronto. Demorou muito para fazer o pessoal se mexer. Quando finalmente saímos de Los Angeles, as coisas pareciam ir muito bem. Naquele momento, todos estavam felizes; todos estavam animados. Havia as inevitáveis discussões para decidir o que ia ser tocado no toca-fitas.

Quando chegávamos a Grapevine, houve um problema. A caixa de câmbio começou a falhar enquanto subíamos as colinas. Eu não disse nada, mas sabia que aquilo seria um problema. Finalmente, a caixa de câmbio falhou e não engatava. Estávamos encrencados; realmente encrencados. Não havia nada ao nosso redor, e ninguém parava para ajudar. Eu tinha um cartão da Triple-A para o guincho, mas não havia um telefone por perto.

Descobrimos que o carro funcionava quando não havia ninguém dentro. Imagine, lá estava eu dirigindo de 8 a 16 quilômetros por hora, que era o máximo que o carro alcançava sem que o câmbio falhasse, e a banda caminhando logo atrás. Foi assim durante quilômetros. Eu fiquei impressionado com quanto eles caminharam. Em um determinado ponto, chegaram ao máximo. Chegaram ao ponto do "Foda-se!". Então, eles pegaram suas guitarras do U-Haul, deixaram todo o equipamento, os amplificadores e tudo mais, e decidiram que iriam pedir carona.

SLASH Pegamos as guitarras do U-Haul, dissemos aos caras que acompanhavam a banda para arrumarem o carro e nos encontrarem em Seattle. Nós deixaríamos todas as outras apresentações de lado porque sabíamos que demoraria muito até chegar lá. Então, pegamos as guitarras e ficamos no acostamento, quando finalmente conseguimos carona em um caminhão. Conhecendo nosso estilo visual, tente nos imaginar no acostamento com estojos de guitarras pedindo carona. Faz aquele filme "A Morte Pede Carona" parecer um conto da carochinha. Viajamos com esse cara com todos enfiados na cabine não sei por quantos quilômetros. Essa foi a primeira vez em que me vi exposto a alguém que vivia na velocidade.

> Era apenas uma conversa uns dias antes e que em seguida se tornou uma realidade – de repente estávamos indo para Seattle.
> **SLASH**

STEVEN ADLER Eu perguntei a todos aqueles caminhoneiros se eles podiam nos dar uma carona até Seattle. E eu consegui encontrar um caminhoneiro que disse, "Claro, não há problema". Então deixamos todas as coisas, exceto as guitarras, meu saco de dormir, e subimos no caminhão de 18 rodas.

SLASH Parávamos aqui e ali, mas não tínhamos dinheiro, então íamos até esses pedaços de terra que se encontram à beira da estrada onde as pessoas mantêm algumas plantações e roubávamos comida – cebolas, cenouras e coisas do gênero. Finalmente, cansávamos de um caminhoneiro e voltávamos para a rodovia para pedir carona novamente.

DUFF Estávamos comendo cebola das plantações perto de Bakersfield, na beira da Interestadual Cinco (I-5), porque estávamos com fome. Estar ali era muito legal. Um velho fazendeiro mexicano nos ofereceu uma carona em sua pequena picape, e todos nós subimos na carroceria. A picape estava tão deteriorada e precária que a carroceria começou a bater nos pneus traseiros. Começou a sair fumaça, e ele disse, "Sinto muito, mas não posso mais levá-los, rapazes". Ficamos parados na I-5 no meio do nada.

STEVEN ADLER Um cara mexicano e seu filho nos deram carona. Não fomos mais do que uns seis metros, porque a picape dele era baixa e éramos tão pesados na carroceria que começou a raspar os pneus e estava soltando fumaça. Ele nos levou até Medford, Oregon. Estávamos de novo na rodovia pedindo carona, quando duas garotas hippies nos apanharam.

SLASH Continuávamos avançando devagar em nossa jornada até Seattle. Duas garotas nos pegaram e nos colocaram atrás. Não era um caminhão; era uma espécie de picape com uma cabine que cobria a carroceria. Nós nos empilhamos lá atrás, e elas nos levaram até Oregon. De lá, um dos nossos amigos de Seattle foi nos buscar. Ele nos levou à casa de um cara chamado Donner, que era um grande amigo de Duff, e caímos na farra como uns alucinados. No dia seguinte, aparecemos no local para tocar, usamos o equipamento da Fastbacks e fizemos nosso primeiro show. O clube não queria nos pagar por algum motivo, então encurralamos o gerente em seu próprio escritório, trancamos a porta e o ameaçamos a ponto de acabar com a vida dele. Então, fomos pagos. Pegamos uma carona com um dos amigos de Duff, que nos levou de volta a Los Angeles.

STEVEN ADLER Não foi um inferno, foi muito divertido – foi demais, excitante, foi uma experiência. E, de fato, acabamos fazendo um show decente.

DUFF Quando voltamos da Hell Tour, daquela experiência compartilhada, descobrimos que protegíamos uns aos outros. **Naquele momento, descobrimos que éramos uma banda**. Estávamos prontos para encarar L.A. Finalmente, todos nós tínhamos uma banda sólida, e isso era muito importante. Era muito importante para o credo do Guns N' Roses. Éramos como uma pequena família. Éramos como uma pequena gangue de cinco músicos. Tínhamos uns aos outros.

SLASH Quando há algo que possivelmente pode dar errado, acaba dando errado; sobreviver a isso e de fato conseguir chegar até Seattle para fazer nosso primeiro show, não conheço ninguém que pudesse ter lidado com isso, e tivemos o melhor momento de nossas vidas.

"Aquela viagem realmente cimentou a camaradagem entre nós cinco, e foi isso; aquilo simplesmente serviu de exemplo para tudo."

SLASH

Esta foto foi tirada no Canter's Deli logo após a banda retornar de Seattle. Eles precisavam de novas fotos para panfletos e publicidade.

12 de junho de 1985 – Canter's Deli

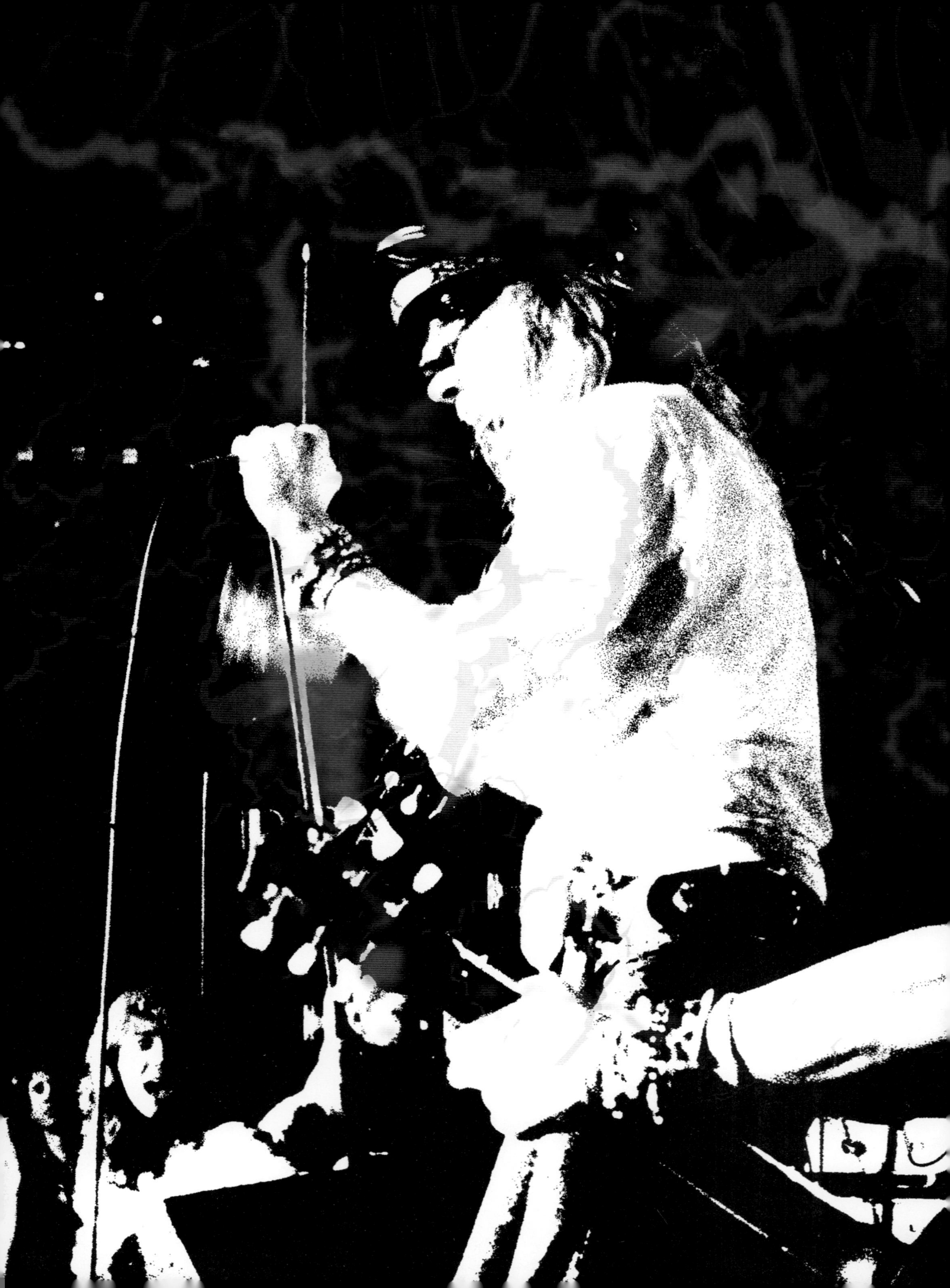

WELCOME TO THE JUNGLE

"Tudo era diversão; festejar, beber, estar no palco na Sunset Strip, expor sua banda na noitada e fazer com que as pessoas soubessem quem você era."

RON SCHNEIDER

Como Um Relâmpago Atingindo o Local

Originais, perigosos, rebeldes, ferozes, transcendentes; qualquer que fossem as qualidades que descreviam a música e o comportamento da recém-consolidada Guns N' Roses, eles ainda tinham de tocar de acordo com as regras da Sunset Strip, como qualquer outra banda. Nos anos 1980, a Sunset Strip era um ecossistema micromusical próspero e repleto de roqueiros do estilo glam ao punk; todos tentando fisgar um público, descolar um contrato com uma gravadora e desfrutar a recompensa dos prazeres bacanais do mesmo modo que seus predecessores do rock n' roll. A Strip (que ofereceu seu nome a uma rua em Las Vegas) consistia em um pequeno círculo de espaços musicais reconhecidos, tanto na própria Sunset Boulevard ou adjacente, cada um deles operado por empresários excêntricos. Eles controlavam os domínios de seus clubes como minimafiosos; personalidades idiossincráticas que tinham o poder de favorecer uma banda ou bani-la de acordo com suas excentricidades. Se o poder que tinham para fazer uma banda nova ter sucesso ou acabar com ela era algo real ou imaginário, coletivamente, eles foram responsáveis pelo lançamento das maiores bandas de rock n' roll do século XX. Eles exibiam suas reivindicações à fama com fotos autografadas, suvenires e ingressos adornando as paredes de seus clubes, e desfrutando da popularidade que tudo isso trazia a eles.

Apesar de os donos de clubes sempre conseguirem ganhar dinheiro com a sedenta multidão que lotava as noites de sexta-feira e sábado, eles perdiam dinheiro durante a semana. Logo, o conceito pay-to-play (pague para tocar) foi introduzido nos anos 1980: uma política de seguro para cobrir os custos da operação durante o período ocioso. Isso exigia que as bandas designadas para tocar durante a semana coletassem uma taxa mínima da entrada vendendo ingressos adiantados para seus próprios shows. Assim, os donos dos clubes transferiam o risco financeiro da operação do clube para a banda, tirando vantagem das condições favoráveis de oferta e demanda. Quanto mais ingressos eram vendidos, mais favores eram conquistados, e um espaço privilegiado para a formação da banda era garantido semanalmente. No entanto, se a banda causasse problemas e gerasse mais custos do que os proprietários haviam antecipado, a entrada em uma lista negra era quase sempre garantida. Isso podia acontecer graças à destruição de camarins, brigas de bares ou agressão a clientes. Se a banda era banida em um número razoável de clubes, ela poderia dar adeus ao sonho de conseguir um contrato com uma gravadora.

Era tanto uma arte quanto uma luta promover uma apresentação no clube, especialmente no que se referia à panfletagem. Slash e Axl passavam pela Sunset Strip pregando panfletos em cada poste que encontravam, cobrindo aqueles das bandas rivais no processo. Distribuíam entradas como doces nas ruas para qualquer um que cruzasse seu caminho, em uma tentativa de conseguir o valor mínimo para tocar. Quando não atingiam a meta, os amigos da banda (como Marc Canter) apareciam do lado de fora dos clubes na noite do show vendendo ingressos um a um. Quando isso não dava certo, alguém dava um jeito de fazer uma vaquinha para juntar o restante do valor que faltava, ou a banda não poderia tocar. Se você estava em busca de um sonho, esses eram os clubes que você tinha para tocar.

> No final das contas, fomos aceitos como sendo destrutivos, porém lucrativos.
> SLASH

STEVE DARROW No que se refere a tocar nos clubes, os locais principais que almejávamos eram os clubes na Sunset Strip ou o Troubadour. O Troubadour era o lugar que tínhamos de tocar para termos sucesso e sermos conhecidos. Distribuíamos os panfletos, dizendo, "Tome, venha ver nossa banda daqui a três semanas, no Troubadour, na terça-feira. Gostaria de comprar um ingresso?" E a maioria das pessoas respondia, "Bem, eu não sei se poderei ir". E nós dizíamos, "Bem, você apenas compra um ingresso, e assim terá certeza de que irá". Era uma batalha. Se era uma banda nova sem um grupo grande de seguidores e quisesse agendar um show em um clube, teria de enfrentar esta hierarquia passo a passo. Você nunca tem noção disso tudo até que tente se infiltrar nos clubes e conseguir ter acesso aos proprietários. Então, os proprietários introduziam o chamado "pay-to-play".

MARC CANTER Este foi o apogeu da sacanagem do conceito "pay-to-play", com o qual os promoters de Los Angeles faziam com que as próprias bandas bancassem o risco financeiro de seus shows, seja assumindo o compromisso de vender uma certa quantidade de seus próprios ingressos ou simplesmente tendo de tirar a quantia exigida do próprio bolso. Essencialmente, eles forçavam os músicos a assumir riscos que na realidade eram, antes de qualquer coisa, de responsabilidade dos próprios *promoters* de clubes.

STEVE DARROW Veja como funcionava: você enviava um pacote com sua fita demo, aguardava cerca de duas semanas, e, se eles o contatavam, encaixavam-no para tocar em uma terça-feira à noite às 19h30, com outras cinco bandas depois da sua. O sistema "pay-to-play" exigia que você levasse 50 pessoas, e cada uma dessas 50 deveria comprar duas bebidas. Se a pessoa não tivesse idade suficiente para consumir, ela deveria comprar um ingresso no valor equivalente a duas bebidas. Era mais do que um garoto de 17 anos conseguia desembolsar.

RON SCHNEIDER Qualquer valor acima de cem ingressos era seu. Quanto mais pessoas você levava ao clube em uma terça-feira à noite, mais poder você demonstrava ao clube que você poderia levar um público maior. Quanto mais pessoas você atraía, mais bebidas eles vendiam, o que significava que você ganharia mais dinheiro. Em vez de encerrar o show às 23h45 em uma quinta-feira à noite, você começava a subir o degrau da escada e passava para uma sexta-feira ou sábado à noite. Havia uma motivação explícita para levar mais gente ao show: atingir o horário nobre.

VICKY HAMILTON Era o esquema "pay-to-play", era óbvio que o *promoter* do clube queria a banda que atraísse o maior público e "as garotas mais sexy nos shows", como Bill Gazzari disse uma vez.

SLASH O Guns N' Roses passou um período de "pay-to-play" por algum tempo, no início. Eu trabalhava em uma banca de revistas na esquina da Fairfax com a Melrose, e quando recebia os ingressos, eu os distribuía ao maior número de pessoas possível. Nunca precisamos pagar por um de nossos shows, mas divulgávamos a todos. Eu era muito bom nisso porque eu estava trabalhando em um lugar onde mantinha contato com muitos clientes todos os dias. Eu era um membro da banda muito inquieto quando o assunto era promoção e gerenciamento, porque na verdade eu nunca dormia. Comigo era 24 horas e sete dias, todos os dias! E essa era uma boa qualidade para se ter.

MARC CANTER Slash estava trabalhando na banca de revistas Centerfold Newsstand, na Fairfax, esquina com a Melrose. Pouco tempo depois, ele foi demitido por conduzir negócios da banda no horário de serviço.

RON SCHNEIDER A competição na época era enorme. Você saía andando e distribuindo panfletos. Eram sete dias por semana, 24 horas por dia. Na quarta-feira à noite às 23h30 não significava que você já estava em casa, na cama. Você tinha de estar lá fora panfletando. Era assim que se fazia. Você colava um panfleto na Strip e, em seguida, vinha outra banda e colava bem em cima de seu panfleto. Grandes rivalidades entre as bandas brotavam, terminando em brigas na Strip ou em algum drama.

CHRIS WEBER Para garantir os shows seguintes, você tinha de atrair o público. É aí que entram as garotas. Você distribuía os panfletos à noite toda e flertava com as garotas. Você dizia, "Venha se encontrar comigo no show e a gente sai depois do show e, ó, aproveita e traga cinco ou dez amigas contigo". E elas apareciam. Elas vinham de carro de San Diego ou Riverside apenas para sair com um jovem roqueiro sem grana que, basicamente, repetia a mesma frase para outras dez ou 20 garotas. Se você e todos seus parceiros de banda fizessem a mesma coisa, conseguiriam um público, e outro show. Panfleto e flerte; você tinha de ser consistente.

SLASH Tivemos de fazer isso até nos tornarmos uma grande atração, a ponto de não precisar ter de fazer isso jamais. Logo, aquelas pessoas às quais costumávamos distribuir os ingressos passaram a querer fazer parte da lista de convidados. Então, acabamos com uma enorme lista de convidados para um show no Roxy, mas pagamos a grana do *promoter*.

STEVE DARROW Então, você começava a subir a escada. E, no final das contas, se continuava vendendo ingressos e atraindo pessoas, eles o colocavam no horário nobre da segunda ou terça-feira, que era melhor do que nada, mas não deixava de ser uma segunda ou terça-feira. Depois de tudo isso, você olhava para trás e via outras quatro bandas novas abaixo de você competindo por seu espaço. Era muito trabalho.

DUFF Havia muita politicagem no Troubadour. Havia uma mulher mais velha que comandava o Troubadour, e ela tinha o poder de bani-lo. Aquela mulher não era do tipo que alguém quisesse se meter com ela. Você tinha de estar sempre de bem com ela. O Whisky estava fechado naquela época, e o único lugar que tínhamos para tocar no Strip era o Roxy, e os shows eram poucos e de vez em quando. Os shows no Roxy eram mais legítimos comparados com o Troubadour, onde sempre dávamos um jeito de conseguir um espaço – nem sempre no fim de semana à noite, mas uma segunda ou terça-feira. No Troubadour, tínhamos de pagar pela iluminação e pelo equipamento de som, e isso era um roubo.

STEVE DARROW Se quisesse ter um camarim, você teria de pagar mais 30 dólares; se quisesse usar o iluminador, você teria de pagar outros 30. Era o mesmo que comprar um carro cheio de problemas que esconderam de você. Essencialmente, a oferta e a demanda eram suficientes para que os clubes continuassem operando dessa maneira.

SLASH Bem no início, fazíamos nossas estripulias como banda e chegávamos a ser um pouco ofensivos com os proprietários dos clubes. Definitivamente não fomos mais convidados de volta para os shows, porque não havia um motivo viável para que nos convidassem outra vez. Era provável que eles gastassem mais com a gente por perto. Mas, no final, viramos a mesa nesse quesito. Começamos a atrair um grupo de seguidores, assim eles não tinham como nos ignorar. **No final das contas, fomos aceitos como sendo destrutivos, porém lucrativos**.

Welcome to the Jungle

VERMELHO Pontos de referência

VERDE Shows

Este mapa é interativo em enhancedbooks.com

rainbow bar & grill
whiskey a go go
vicky's apartment
apartment assigned by geffen
the roxy
gazzarri's
gil turners - liquor
geffen
tower video
stair well
central / viper room
West Hollywood
Santa Monica
Sunset Blvd
centerfold newstand
fairfax high school
canters deli
troubadour
West Hollywood Park
Melrose Ave
N Doheny Dr
N Palm Dr
N Santa Monica Blvd
Robertson Blvd
N San Vicente Blvd
N La Cienega Blvd
N Crescent Heights Blvd
N Fairfax Ave
Beverly Blvd
Cedars-Sinai Medical Center
Beverly Center
Burton Way
W 3rd St
madam wong's west
Wilshire Blvd
S Beverly Dr
S Doheny Dr
S Robertson Blvd
W Olympic Blvd
San Vicente Blvd
Loma Vista Dr
Canters
FAIRFAX
OPEN ALL NIGHT
Canters
RESTAURANT
BAKERY
DELICATESSEN

THE HOLLYWOOD E

JUNGLE
SUNSET STRIP

- gardner studio
- fortress / programmers studio
- club lingerie
- raji's
- stardust
- hell house
- shamrock studio
- pasha studio
- mars studio — 1.5m
- st. andrews – DOPE SPOT — 1 block
- madam wong's east — 5m
- kfc - slash steals marc's bike

Mapa dos Clubes

ROCKHARD ATTR. PRESENTS

GUNS 'N' ROSES
FRI. JUNE 28
STARDUST BALLROOM
AT SUNSET & WILTON
SHOWTIME: **8:00pm**
w/ THE UNFORGIVEN
THE JONESES
& LONDON

DIAMONDS IN THE ROUGH AT THE STARDUST BALLROOM
FRIDAY JUNE 28th
Featuring ELEKTRA RECORDING ARTIST
THE UNFORGIVEN
JONESES
PLUS SPECIAL GUESTS **LONDON** and **GUNS & ROSES**
Showtime 7:30
Tickets Available at Ticketmaster & Box Office Day of Show.
BROUGHT TO YOU BY ROCK HARD ATTRACTIONS
PRODUCED BY VICKY HAMILTON
5612 Sunset Blvd
1 Blk. West of Western Ave

ROCK HARD ATTRACTIONS proudly presents
THE UNFORGIVEN
THE JONES
plus special guests
LONDON
GUNS AND ROSES
FRIDAY, JUNE 28th
STARDUST BALLROOM
DOORS OPEN AT 7:00
TICKETS AT TICKETMASTER
MAP
CONCERT INFO (818) 785-3785

STARDUST
28 DE JUNHO DE 1985

Na lista de apresentação com as quatro bandas, GNR era a última, o que significava que subiriam primeiro ao palco. Essa era a posição menos desejada.

SET-LIST:
Reckless
Shadow of Your Love
Jumpin' Jack Flash
Think About You
Move to the City
Don't Cry
Nice Boys
Back Off Bitch
Mama Kin
Anything Goes
Heartbreak Hotel

Esta foi a primeira vez em que a banda tocou seu *cover* de "Mama Kin".

Slash vendeu a maioria dos ingressos para este show sozinho, o que significava 50 entradas por US$ 6 cada.

AXL: "Gostaria de dar as boas-vindas a todos presentes. Somos o Guns N' Roses. E esta se chama 'Shadow of Your Love'."

AXL: "Gostaria de dar as boas-vindas a Desi. Esta é 'Jumpin' Jack Flash.'"

AXL: "Temos um show no próximo dia 4 de julho, no Wong's East, e no Troubadour, no dia 20 de julho, com Jetboy and the Joneses. Esta se chama 'Think About You'."

O sistema de som falhou um pouco antes de "Don't Cry".

90 Welcome to the Jungle

28 de junho de 1985 • STARDUST 91

SLASH: (antes de tocar "D[on't] Cry") "Ei, este lugar tem bar[...] invadindo o sistema de som. [...] taria de agradecer a cada um [de] vocês que batalharam com a g[...] para comprar as entradas antecipa[da]mente, isso foi muito legal."

AXL: "Esta canção vai para aquele [que] tem alguém que não para de pegar no [...]. Esta é 'Back Off Bitch'."

AXL: "Vamos ver se alguém conhece [...] 'Anything Goes'."

AXL: "Gostaríamos de tomar um mi[nuto] para apresentar a banda. Na guitarra, Izzy Stradlin. No baixo, Mr. Duff R[ose]. Na bateria, Steven Adler. E na guita[rra], Slash."

AXL: Última canção, pessoal.

AXL: (Depois de "Heartbreak Hot[el]") "Muito obrigado. Tenham uma puta no[...]

As primeiras fotos do Guns N' Roses nos bastidores foram todas tiradas por Jack Lue.

92 Welcome to the Jungle

28 de junho de 1985 — STARDUST 93

Set-list:

Reckless

Shadow od Your Love

Jumpin' Jack

4 DE JULHO DE 1985

MADAME WONG'S EAST

Flash

Think About You

Move to the City

Don't Cry

Nice Boys

Back Off Bitch

Mama Kin

Anything Goes

Heartbreak Hotel

Poucas pessoas apareceram neste show, e a banda se atrasou para subir ao palco.

SLASH: (depois de "Reckless") "Pessoal, vocês têm de vir aqui para a frente. Não fiquem sentados aí, porra. Movam suas bundas."

AXL: "Não conseguimos ver vocês, pessoal, por causa das luzes. Nem sabemos se vocês estão aí. Somos o Guns N' Roses. Gostaria de agradecer vocês por terem vindo neste feriado de 4 de julho."

IZZY: (Depois de "Jumpin' Jack Flash") "Gostam dessa, né. Venham para a frente se divertir conosco."

AXL: "Esta canção é para aquele que se cansou do lugar em que vivia e que se mudou para a cidade grande, como L.A. Esta se chama 'Move to the City'."

AXL: "Temos uma música lenta para vocês. Esta vai para todas as garotas que estão aqui na plateia hoje à noite. Ela se chama 'Don't Cry Tonight'."

AXL: "Vocês querem rock n' roll? O que foi isso? (anunciando) 'Nice Boys Don't Play Rock N' Roll'."

AXL: "Muito obrigado, mesmo. Obrigado por terem vindo."

AXL: "Esta é o 'Heartbreak Hotel'."

SLASH: "Não."

AXL: "Está certo, esta é a última canção. Vamos mandar para vocês, 'Anything Goes'."

DUFF: "Muito obrigado, boa-noite."

AXL: "Muito obrigado."

Em seguida, eles tocaram "Heartbreak Hotel", mas chegaram apenas a três quartos da música, quando o sonoplasta desligou o sistema de som. A banda já tinha ultrapassado o tempo designado. Mas eles não pararam. Eles continuaram e terminaram a canção sem o sistema de som.

Essa foi a última vez em que a banda tocou no Madame Wong's East.

4 de julho de 1985 – MADAME WONG'S EAST

turned LA band, have released a single, "How Do You Like Your Love" on Plug n' Socket Records. The group is helped along by members of **The Textones**, **The Droogs**, and the **Dwight Twilley Band**. Plug n' Socket is located at P.O. Box DH, Van Nuys, CA 91412-1520.

are making their first trip West this summer, promoting their PVC album, *Outta The Nest*. Dates include July 4 at the Lingerie and July 6 at the Cavern (an all-ages show).

Sixty-Nine wrapped up their video shoot of "Tearin' My Heart," produced by David

TROUBA

DOUG WESTON'S World Famous Troubadour
9081 S...

FRI. JULY 5	CAMPAGNE RUDE SLIDER — KRYS • JEM • ...
SAT. JULY 6	DECLINE • THE JERKS SAVANT • DE COSTE
7/7	CONTENDER • IAN STRANGE • GRINDER
7/9	DAYSLEEPER • LE COUNT • ARSENEK
7/10	IRISH • FINE LINE • SYLUM
7/11	ROK STEENROD • GRATITUDE D C SPARKS
FRI. JULY 12	CHANEL 3 / LEAVING TRAINS JESTERS OF DESTINY • LIONS & GHOSTS
SAT. JULY 13	ROCKNE NARATA • ALL...
7/14	RODAN • REDRUM • ...
7/16	RICK MOSES • HER... CHRISTIAN ST...
7/17	PARIS TOIZ • SUSPECT • ...
7/18	BFD • MASQUE • WANTE...
FRI. JULY 19	HELLION THE CLAW • SNA...
SAT. JULY 20	JONESES GUNS 'N ROSES • JET BOY
7/21	MARGOT FLAX • STRIKER ELECTRIC EELS
7/22	BLACKSHEEP • THE USHERS
7/23	JONAS GRUMBY • NO BIG DEAL BLACK PATTY
7/24	KNIGHTMARE II • L A DIAMOND TANGENT
7/25	ST. VALENTINE DEFIANT • DARK ANGEL
FRI. JULY 26	ONEXCEL NEON CROSS • FLASH BARRACA...
SAT. JULY 27	LEATHERWOLF STIFF • LAAZ ROCKIT

UPCOMING: 8/2 HANS NAUGHTY 8/3 ABATTOIR
8/9 WARRANT 8/10 ANTIX

EVERY SUN. – THUR. AFTER 12AM
ALL DRINKS HALF PRICE – FRONT BAR ONLY

...in San Diego. The Basement Coffeehouse, a poetry and folk space, at 1226 N. Alvarado in downtown LA is celebrating its fifth year with a birthday party on July 20 at 8 pm. Performing will be Mila Salta, William Mala, Linda ..on, Rick Kirk, Chris Lovdahl, Doc Holland, Eric Caboor and David Kauffman, John Walsh and Littleman. Call (213) 484-8214.

these pages, plus two other bands from Texas, **The Effect** and **Net Wt.**, are set to appear July 7 at Gazzarri's.

How's your memory for song titles that have to do with earthly beings or objects? Let's see, there's "Stairway To Heaven," "Lucky Star" and ...for more titles check the ad for Orion's *The H...*

---

doug weston's Troubadour
9081 Santa Monica Blvd 276 6168
Presents **GUNS N' ROSES**
DATE: 7/20 TIME: 8:30 PM
NO AGE LIMIT • ONE DRINK MINIMUM ENFORCED AT BOX OFFICE
GENERAL ADMISSION $6.50 / WITH THIS TICKET $4.50
$2.00 DISCOUNT WITH THIS TICKET
PARKING ACROSS THE STREET

Hollyw... Los An...

gospel/pop, ..ve David Kauffm... Rick Valentin... ...chael Wellive... writer/guitarist ...

THE BEVER... 9404 Wilshire... (213) 27... ...Reunion... Mayfiel... ...pm... ber... as... Tony... eddie... /Mi... Th...

..OT Broxton... Village. (213... Phuntaine. 7/... pm 7/11: ...

...llywood/

...st Brume Brigham have left **Network** to form **Nasque**. This new band also features drummer **Ross Cristao**, formerly with **Thrust**. Also in the lineup is guitarist **Dale Fine**. The band debuts at the Troubadour on July 18.

Milestone have finished a...

HOUSE. ...2... Hollywood. (213) 413-9111. 7/6: Rick Spadoni, singer/guitarist, Pepe Hill, blues singer/guitarist, Lorin Paulsen, comedy, Don Mar, singer-songwriter/guitarist. 7/13: Ruth Hurtz, singer/songwriter, guitar/piano, John Fowler, singer/songwriter/guitarist, Kathleen Doyle, comedy, The Waybacks, folk duo. 7/20: Base-...

...DOUR

"Welcome to the Jungle" foi ...este show.

20 de julho de 1985 - TROUBADOUR 97

SLASH: "'Welcome to the Jungle' é uma introdução ao Guns N' Roses. Essa foi a primeira canção em que Axl escreveu a letra e me ajudou a compor. Eu fiz o riff."

AXL: "Eu considero esta canção como sendo a mais representativa. Eu escrevi a letra em Seattle. É uma cidade grande, mas ao mesmo tempo ainda é uma cidade pequena comparada com L.A. O visual por lá é bem mais rural. Escrevi o que L.A. parecia para mim. Se alguém chega à cidade em busca de algo, encontrará aquilo que quiser."

IZZY: "Tem a ver com as ruas de Hollywood: fiel à realidade."[2]

Set-list:
Reckless
Shadow of Your Love
Welcome to the Jungle
Jumpin' Jack Flash
Think About You
Move to the City
Don't Cry
Nice Boys
Back Off Bitch
Mama Kin
Anything Goes
Heartbreak Hotel

2. Reimpresso de Geffen Press Kit.

FOTO POR JACK LUE

Antes de a banda subir ao palco, alguém na plateia gritou, "Fresh from detox!" ("Direto do Centro de Desintoxicação!"). Essa era uma referência ao panfleto da banda para esse show.

AXL: Somos o Guns N' Roses, pessoal!

A banda arrebentou com "Reckless". Durante "Nice Boys Don't Play Rock N' Roll", uma dançarina de *striptease* surgiu da plateia, subiu ao palco e começou a dançar.

AXL: "Isso não foi uma surpresa? Foi uma surpresa para mim."

AXL: "Gostaria de agradecer a todos por virem aqui. Temos Jetboy and the Joneses em breve depois desta. Esta é uma canção antiga, 'Jumpin Jack Flash'."

AXL: "Gostaria de agradecer a algumas pessoas. Gostaria de agradecer a Marc Canter, Jack Lue; gostaria de agradecer a Chris Amouroux. Agradecer a Wendy e a Fiona, e todo o pessoal que nos auxilia nessa jornada. E a Barbie. É isso aí, esta se chama 'Don't Cry Tonight'."

AXL: "Aproveitem o intervalo para respirar um pouco. Vocês gostam de Aerosmith? Vocês realmente gostam de Aerosmith? Que tal ouvir uma do primeiro álbum do Aerosmith? Temos 'Mama Kin'."

AXL: "Esta canção é o nosso tema. Você consegue fazer aquilo que quiser, certo? 'Anything Goes'."

AXL: (durante "Anything Goes") "Gostaria de pedir um minuto de sua atenção para apresentar os membros da banda. Deste lado do palco, na Les Paul, Mr. Izzy Stradlin. No baixo, atrás de mim, Mr. Michael Duff Rose. Na bateria, com o belo rosto, Mr. Steven Adler; e, na guitarra, à esquerda no palco, o primeiro e único, Slash."

AXL: "Somos o Guns N' Roses. Obrigado. Boa-noite."

SLASH: "Obrigado pra caralho!"

A foto em destaque no panfleto do show do dia 20 de julho foi tirada por Jack Lue. Aparece na contracapa do primeiro lançamento da banda, o compacto duplo "Live Like A Suicide", que foi lançado no Natal de 1986. Foi tirada durante uma sessão de fotos no beco que fica atrás do Canter's Deli, semanas antes deste show.

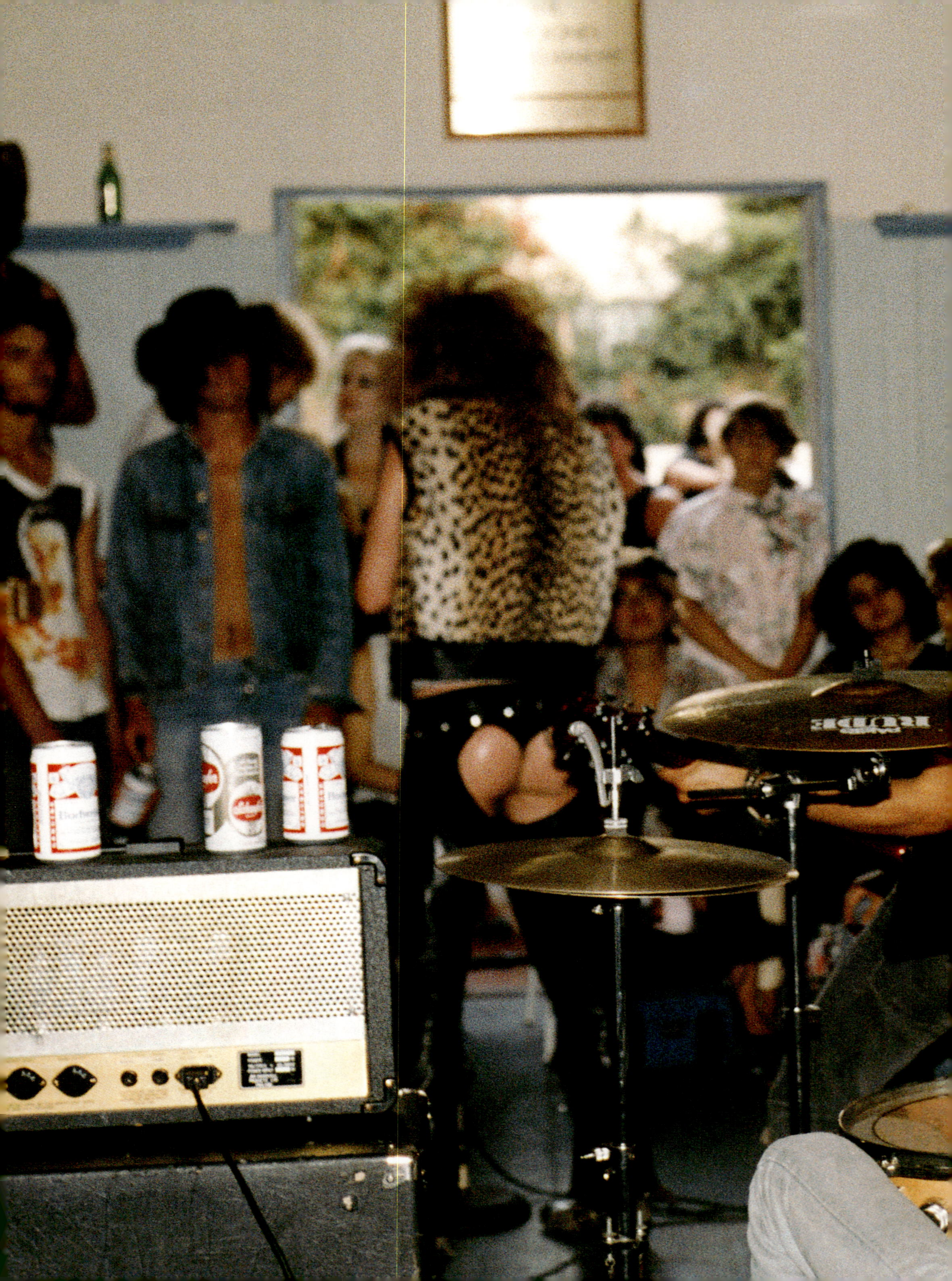

FESTA NA REPÚBLICA DE ESTUDANTES NA UCLA

21 DE JULHO DE 1985

21 de julho de 1985 – Festa na República de Estudantes na UCLA

SET-LIST:

Welcome to the Jungle
Move to the City
Jumpin' Jack Flash
Reckless
Think About You
Nice Boys
Back Off Bitch
Don't Cry
Mama Kin
Anything Goes
Heartbreak Hotel

Na noite seguinte em que tocaram no Troubadour, a banda foi chamada para tocar em uma república de estudantes da UCLA (Universidade da Califórnia — Los Angeles) com poucas horas de antecedência. "Welcome to the Jungle" foi tocada em um ritmo um pouco mais lento do que a versão que aparece em *Appetite for Destruction*.

DUFF: Eu me lembro tocando nessa república de estudantes. Tocamos em troca de cerveja e 30 dólares. Não me lembro como aconteceu. Era um evento bizarro que fizemos e acabamos nos divertindo muito porque havia muita cerveja. Tentávamos nos encontrar e acertar nossas músicas. Tocá-las para pessoas na mira do revólver ajudava no processo de composição. Éramos uma banda. **Era por isso que estávamos lá.**

21 de julho de 1985 – Festa na República de Estudantes na UCLA

THE 'SEANCE'
26 DE JULHO DE 1985

Depois deste show, Axl me pediu para convencer Slash a não ficar bêbado antes de uma apresentação.

A lição que Axl aprendeu foi: não faça um show às 2h30 da madrugada, a menos que queira tocar com um Slash totalmente de cara cheia. Slash não estava tocando à altura naquela noite, e o show foi atrapalhado por problemas técnicos e de ordem químico-recreacional!

SLASH: "Estamos tento um pouco de dificuldade para conseguir extrair qualquer tipo de som neste espaço de merda. Sejam pacientes com a gente."

AXL: "Bem-vindos à selva de merda."

AXL: "Obrigado a todos por aguentarem neste teto de zinco."

AXL: "Que merda está acontecendo com essa bateria. Tudo bem, esta se chama 'Think About You'."

Quando a banda começou a tocar "Move to the City", o calor estava insuportável.

AXL: "Tudo bem, está uma merda de forno aqui. Enquanto queimamos, enquanto todos cozinham, nós vamos tocar uma música lenta. Esta canção se chama 'Don't Cry Tonight'."

AXL: "São exatamente três da madrugada. Esta canção é chamada – eu vou dedicá-la a uma situação recente – esta canção se chama 'Back Off Bitch'."

Axl dedicou "Back Off Bitch" a Slash, visivelmente irritado com seu estado extremamente deplorável naquela noite.

AXL: (referindo-se a "Anything Goes"): "É como se fosse o nosso tema. O refrão é assim, 'four times my way, anything goes tonight' ('quatro vezes do meu jeito, o que rolar hoje à noite'). Foda-se se você se sente do mesmo jeito, grite do jeito que quiser."

Depois de "Mama Kin", Izzy começou a tocar a introdução de "Shadow of Your Love", mas acabaram tocando "Anything Goes", terminando o show com "Heartbreak Hotel".

AXL: Esta é a última canção, foda-se tudo isso!

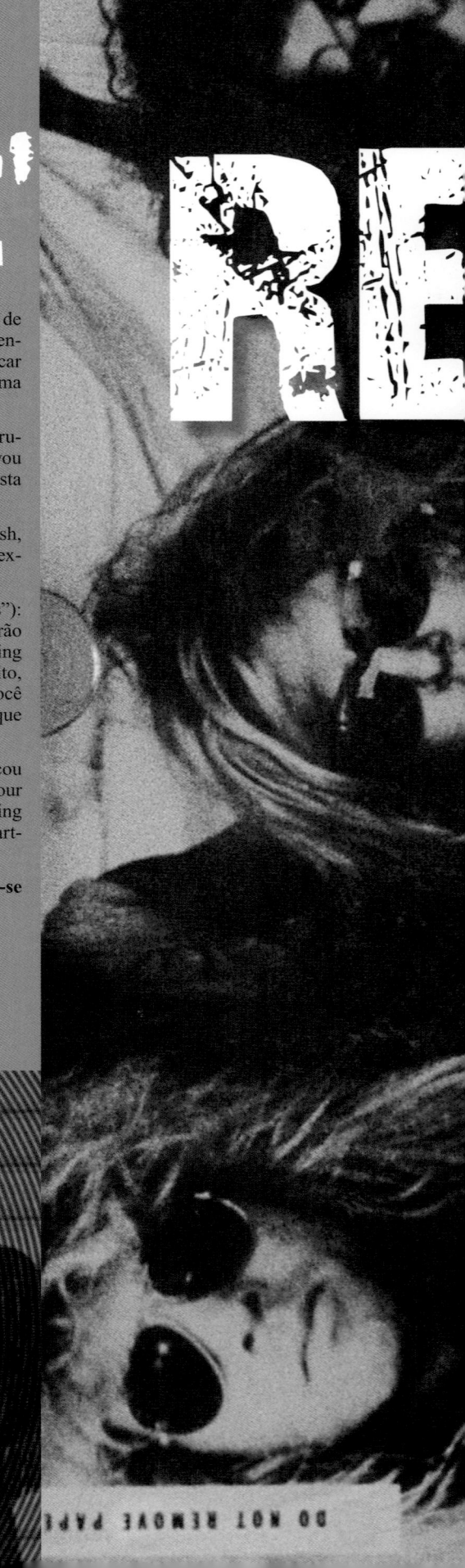

Improvises blues lines
Reckless
Shadow of Your Love
Welcome to the Jungle
Jumpin' Jack Flash
Think About You
Move to the City
Don't Cry
Nice Boys
Back Off Bitch
Mama Kin
Anything Goes
Heartbreak Hotel

RECKLESS

NÓS CINCO FOMOS AO SUNSET GRILL E DIVIDIMOS UM CHEESEBURGER — CORTAMOS EM CINCO PEDAÇOS
STEVEN ADLER

O Guns N' Roses parecia mais ter órfãos do que artistas profissionais; forasteiros e fugitivos que encontraram santuário na música.
Viver à margem da sobrevivência em Hollywood não era fácil, mas era divertido. Eles se defendiam com o básico de comida e abrigo nas ruas, e juntavam os trocos de amigos quando precisavam consertar seus instrumentos. Axl dormia debaixo da escada atrás de seu trabalho de salário-mínimo na Tower Video. Slash e Steven tinham sorte quando conseguiam uma cama e *fast-food* com suas namoradas ocasionais. Entretanto, os sanduíches de pastrami eram por conta da casa no Canter's Deli, e as drogas e as bebidas vinham de graça, já que todos queriam cair na farra com a banda.

Para a maioria das pessoas, a demanda daquele estilo de vida era demais para lidar; nada era previsível, todo era instinto. Mas, para o Guns N' Roses e outros músicos que iam para o tudo ou nada, era precisamente essa impulsividade, guiada pela necessidade de sobrevivência, que revigorava suas vidas e suas músicas.

Sobrevivência significava literalmente conseguir a próxima apresentação. Compor, ensaiar, apresentar-se; eles eram como crianças encantadas com o brinquedo. A criança, ao se voltar apenas a sua atividade, não tem consciência de que precisa comer, mesmo quando é chamada para comer. Tocar música era a fonte de sua subsistência. Refeição ou um lugar para dormir era algo que apenas acontecia. A coisa que realmente importava era a música e se divertir.

Eles desenvolveram um espírito duro e uma pele grossa, não permitindo que nada os impedisse de tocar. Apesar de estômagos vazios, ressacas homéricas e até ossos quebrados, o show continuava e eles se tornavam melhores músicos, descobrindo os caminhos para tocar rodeados por suas dores.

CHRIS TORRES Eu não tinha isso dentro de mim. Eu ainda estava no ensino médio e lá estava em pé até as duas ou três da madrugada com esses caras, e ainda tentando conseguir meu diploma. Ter êxito como cantor não era minha prioridade. Eu estava me divertindo e curtindo a vida, mas tinha outras ideias em mente. Para mim, quem tinha atitude era Axl. Sabia que não trazia isso dentro de mim quando fui ver Slash e os demais no período em que moraram no apartamento de Gardner. Estavam sentados em uma sala onde ensaiavam e aparentavam bem chapados do que parecia ser heroína. Mas, cara, quando ensaiavam era sangue, suor, lágrimas e coração, e vi o sacrifício que era. Eles viviam para a música. Quando vi aquilo, percebi que não conseguiria viver daquele jeito. Foi quando notei que a coisa não era para mim, embora ainda estivesse em uma banda. Quão bruto e real eles eram. Sua música representava o jeito que eles viviam.

> Você tinha de arrumar um emprego, por mais que odiasse trabalhar. Meu Deus! Trabalhar? De jeito nenhum!
> **RON SCHNEIDER**

RON SCHNEIDER Você tinha de viver sua vida. Tinha de comer pão de forma e sanduíches de queijo, ou teria de ir ao supermercado e roubar comida para se alimentar. Você dependia de um monte de pessoas para ajudá-lo a passar por aquilo e apenas sobreviver. Tinha de arrumar um emprego, por mais que odiasse trabalhar. Meu Deus! Trabalhar? De jeito nenhum! Pedia às pessoas dinheiro emprestado para fazer os panfletos. Tinha de fazer o que fosse necessário. Se quiser chamar de "pagando os pecados", era isso que tínhamos de fazer para obter êxito; conseguir o bilhete premiado. Então, havia pessoas como Marc Canter ao redor, alimentando-nos ou comprando cordas de guitarra, paletas ou baquetas de bateria.

MICHELLE YOUNG Os cinco rapazes eram moradores de rua. Eles não tinham nada. Mal tinham o que comer. Mas tinham a música, instrumentos e um palco, e era tudo de que precisavam. Eles eram tão seguros em relação ao que estavam fazendo e confiantes neles mesmos.

WILLIE BASSE Todos nós desejávamos a mesma coisa e estávamos dispostos a fazer qualquer coisa para alcançar o sucesso no rock n' roll, e acho que, se pudesse tirar alguma coisa daquele período, seria o estado de espírito e o coração que todos dividíamos juntos. Todos corriam atrás. Era uma questão de vencer ou morrer no rock n' roll. Tudo o que nos importava era a música, lotar os clubes e viver aquela vida musical. Não acho que percebíamos isso, mas éramos extremamente dedicados. Não existia a vida, apenas a música.

ROBERT JOHN A arte e a música eram prioridades com esta banda, bem antes da festa. Eles eram sérios naquilo que estavam fazendo. Viviam o estilo de vida, mas não eram o estilo de vida. Eles o criavam à medida que viviam.

SLASH Éramos todos moleques de rua. Individualmente, éramos todos rebeldes, mas coletivamente éramos uma força que não podia ser ignorada. Tínhamos um jeito aleatório de lidar com as situações. A sobrevivência no início do Guns N' Roses consistia em pequenas batalhas aqui e ali, muitas garotas realmente legais, alguns biscates e a luta pela sobrevivência. Tudo tinha sempre a ver com a próxima apresentação, e seja lá o que que tínhamos de fazer para nos mantermos com a cabeça fora d'água até o show seguinte, conseguíamos. Tocávamos o máximo de eventos sucessivos na medida do possível. Era apenas questão de conseguir encontrar um lugar para deitar a cabeça entre os shows.

PAMELA MANNING Os rapazes estavam atravessando momentos muito difíceis, na maioria das vezes lutando para sobreviver e indo de um lugar a outro. Eles precisavam apenas de um lugar para dormir.

RON SCHNEIDER Alguns tinham namoradas que cuidavam deles. Se você conhecesse uma garota e ela o levasse para casa, dormisse com você, o alimentasse e talvez o deixasse lavar suas roupas ou tomar um banho, você teria conseguido algo grande.

STEVEN ADLER Se não tivéssemos um lugar para dormir naquela noite, tínhamos o local de ensaio para dormir; com baratas e tudo. Não nos importávamos. Era assim. Era tudo o que queríamos fazer.

DESI CRAFT Izzy tinha conseguido. Nós nos acomodamos em um pequeno apartamento. Quanto ao resto dos membros da banda, não podia dizer exatamente o que faziam durante a noite, mas com certeza era uma batalha. Guardávamos todo o equipamento em nosso apartamento; uma enorme pilha de baterias, guitarras e tudo mais.

SLASH Um de nós acabava tendo sorte suficiente de encontrar um lugar para dormir, enquanto o resto de nós ficava escondido atrás das moitas. Quando diziam "sim", aparecíamos correndo e, quando dávamos conta, todos os cinco já estavam lá dentro e tinham de lidar com todos nós. Íamos a muitas festas porque aguentávamos ficar acordados a noite toda. Não era tanto pelo fato de ter um teto sobre nossas cabeças, apenas um lugar para ir e se divertir. Havia várias namoradas e dava para encontrar um pouco de paz e sossego com elas por um segundo e, em seguida, retornava-se à rua outra vez.

A polícia estava atrás de mim e de Axl por algo que realmente não fizemos, então perguntei a Vicky se poderíamos dormir na casa dela. Vicky dividia com Jennifer Hamilton um apartamento de um dormitório em uma travessa da Sunset Boulevard, e foi ali que eu e Axl moramos por algum tempo. Ficava logo do outro lado da rua do Whisky. Izzy, Duff e Steve Davam com suas variadas namoradas. Vicky era demais; ela era como uma grande matrona anfitriã.

VICKY HAMILTON Slash me ligou e disse, "Você se importaria se Axl dormisse em seu sofá por algumas noites, porque aconteceu algo e a polícia está atrás dele?". E eu tinha acabado de conseguir um novo apartamento na Clark Street e fiquei um pouco hesitante em deixá-lo ficar, mas permiti que viesse, e o que era para ser alguns dias, acabou se prolongando por vários meses. Morar com Guns N' Roses provavelmente foi a melhor época da minha vida e, definitivamente, a pior também. A parte mais engraçada de morar com eles era o fato de que "Welcome to the Jungle" tocava na secretária eletrônica e tocava bem na parte em que Axl grita, "Welcome to the jungle, you're going to die", e vivia tocando constantemente, 24 horas por dia e sete dias por semana. Até hoje, quando eu ouço esta parte da canção, sinto arrepios. A polícia bateu à minha porta duas vezes, apontando as lanternas em meu quarto para saber o que estava acontecendo. Havia sempre uma enorme quantidade de tietes e pessoas fazendo festa em minha sala. Eu fazia barricadas em um dos quartos do apartamento para fugir daquilo tudo.

STEVEN ADLER Axl e eu brigamos no dia em que nos mudamos do apartamento de Vicky, e destruímos o apartamento, seus móveis e o corredor. Axl atirou um extintor de incêndio em cima da mesinha de centro feita de vidro, e destruiu todo o apartamento.

STEVE DARROW Nenhum de nós tinha realmente um trabalho fixo naquela época. Comecei a trabalhar para o L.A. Weekly, que soava mais importante do que era. Basicamente, eu era um garoto de entregas com um Dodge Van 1966 e conseguia transportar um monte de jornal. Eu os distribuía por toda Hollywood. Fiz isso algumas vezes e, então, percebi que era muito trabalho para se fazer sozinho. Muitos dos outros entregadores tinham filhos que os ajudavam ou tinham assistentes. Então, chamei Izzy, porque ele estava sempre procurando uma maneira de ganhar cinco dólares.

DUFF Eu fazia vendas pelo telefone para uns húngaros mafiosos. Tinha medo de pedir demissão daquele emprego porque trabalhava lá desde o primeiro dia em que me mudei para Hollywood. Fiquei até o dia em que conseguimos o contrato com a gravadora. Estávamos nos virando da melhor forma possível, criando as melhores situações que podíamos conseguir para nós.

MICHELLE YOUNG Eu costumava arranjar dinheiro e drogas para alimentar seus vícios. Meu pai sempre me dava dinheiro, então eu os alimentava e cuidava deles. Eu costumava aparecer com cocaína ou Quaaludes, ou seja lá o que tinha. O que era meu, era deles. Dava caronas. Levava Axl a vários shows, porque ele não tinha carro. Coloquei-os dentro de minha casa. Fazia basicamente o que as outras garotas faziam, exceto que eu não era uma *stripper*. Nossos pais não eram muito presentes, e nossos amigos se tornaram nossa família. Eu sabia o que eles estavam fazendo. Estava apoiando uma boa causa. Estava ajudando a sustentar esses rapazes porque acreditava em sua música e acreditava neles como indivíduos.

DESI CRAFT Estávamos vendendo drogas para sustentar a banda. Uma de nossas clientes era Althea Flynt. Isso era algo que tinha de varrer para debaixo do carpete, porque sua irmã sempre nos dizia que se Larry descobrisse quem é que lhe vendia heroína, ele os mataria. Era sempre eu quem tinha de ir até a casa entregar o bagulho, porque era mulher e menos ameaçadora, mas eu morria de medo. Eu tinha 18 anos de idade e entrava naquela mansão enorme com seguranças sabendo que havia um cara maluco em uma cadeira de rodas que não tinha nada a perder se atirasse em alguém.

MIKE CLINK Ver a banda era amá-la, porque eles eram tão cheios de energia e tão selvagens no palco. Não havia nada tão explosivo que alguém tivesse visto surgir do cenário musical de L.A. ou mesmo em qualquer outro lugar.

VICKY HAMILTON Havia algo de perigoso na performance, quando íamos vê-los tocar ao vivo. Você nunca estava segura se acabaria no meio de um tumulto ou se Axl pularia do palco e estrangularia alguém. Eles acrescentavam um pouco de perigo à mistura, e era àquilo que os garotos reagiam. Você não queria ficar com os olhos abertos, mas não aguentava e queria assistir.

MARC CANTER Slash era como um monstro; você podia colocar duas garrafas de bebida em suas mãos e vendá-lo que ele ainda conseguia dar um jeito e tocar sua parte perfeitamente. Slash fez um show com um dedo esquerdo deslocado, um dedo muito importante, e quando eu ainda ouço aqueles shows, percebo que não há sequer um erro. Não importa os demônios que o possuam, ele ainda dava um jeito de fazer a coisa acontecer. Você não conseguiria nocauteá-lo.

Axl e o fotógrafo Robert John nos bastidores depois de um show no Troubadour, no dia 28 de fevereiro de 1986.

Reckless
Welcome to the Jungle
Jumpin' Jack Flash
Think About You
Move to the City
Don't Cry
American Band
Grand Funk
Railroad
Back Off Bitch
Anything Goes
Heartbreak Hotel

TROPIC CONCERTS AND
7 ELEVEN PRESENT

A SPECIAL EVENT FOR
JERRY'S KIDS

STARRING

POISON
RUBY SLIPPERS
THE JONESES
MARY POPPINZ
GUNS 'N' ROSES

AND VERY SPECIAL
CELEBRITY GUESTS

STARDUST BALLROOM
FRIDAY, AUGUST 30, 1985
BACKSTAGE PASS

Tropic Concerts & **7 ELEVEN**

Present

**POISON - JONESES - RUBY SLIPPERS
MARY POPPINS - GUN'S & ROSES**

AND VERY SPECIAL GUEST!

A spectacular night of "GLITTER-GLAM and ROCK."
As Hollywood and "ROCK-n-ROLL" rally to show there
support with a special * DRESS TO KILL PARTY *.

A very special event for

"JERRY'S   KIDS"

Entre aqueles que compareceram estavam David Lee Roth e Bret Michaels, do Poison.

A expressão no rosto de Bret Michaels era uma mistura de espanto e vergonha quando Guns N' Roses fez seu cover de "American Band", visto que o Poison havia tocado a mesma canção mais cedo naquela noite, em sua própria apresentação. Axl havia também mudado a letra quase no final: "We're coming to your town, we're going to fuck around", em vez de "party down".

Os costumeiros problemas de som cortaram a parte:

SLASH: (depois de "American Band") "Estou sem microfone e sem monitor. Obrigado."

SONOPLASTA DO STARDUST: "Senhoras e senhores, o novo Hollywood Stardust Ballroom agora está fechado. Por favor, peguem as saídas mais próximas."

Apesar deste aviso explícito, a banda começou a tocar "Heartbreak Hotel", mas foi interrompida no meio da canção, quando o sistema de som foi desligado.

É importante ressaltar que a banda estava tentando de forma ativa criar sua primeira fita demo naquela época. Um cara chamado Raz Cue, que ajudava o L.A. Guns, estava ajudando a financiar a demo. Eu contribuí no final com 150 dólares para finalizar a mixagem.

30 de agosto de 1985 – STARDUST BALLROOM

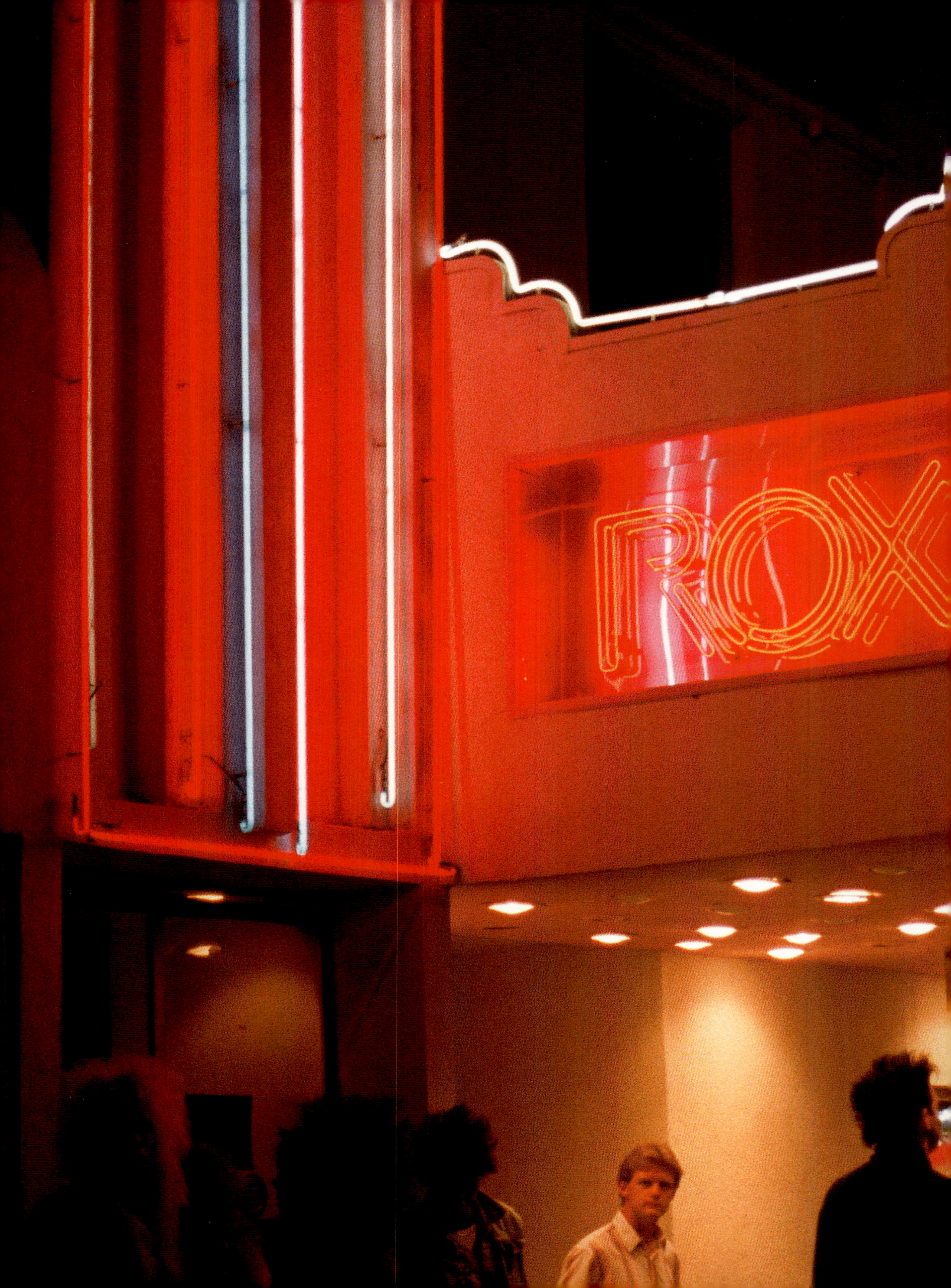
ROX

31 DE AGOSTO DE 1985

Acabei tentando vender 17 ingressos do lado de fora do clube na noite do show e, enquanto a banda estava agendada para subir ao palco, eu oferecia as entradas por um preço abaixo da bilheteria. Foi exigido que eles vendessem cem ingressos adiantados para este show, uma soma considerável para uma banda que ia apenas abrir o evento.

Nestas páginas, fotos de Jack Lue, exceto no alto à direita.

```
Reckless
Shadow of Your Love
Welcome to the Jungle
Jumpin' Jack Flash
Anything Goes
Heartbreak Hotel
```

A banda ficou satisfeita com o número de pessoas que compareceram, e eles terminaram o *set-list* dentro do tempo designado. Eles sabiam que não podiam pisar na bola com o Roxy tentando prolongar a lista de canções, como fizeram no Madame Wong's East e no Stardust, porque se tratava de um lugar de primeira linha e queriam poder tocar lá novamente no futuro.

DUFF: "É isso aí, vamos fazer."

AXL: "Esta se chama 'Shadow of Your Love'. (depois de 'Welcome to the Jungle') Muito obrigado. Ei, gostei disso; grande público por aqui hoje. Está realmente acontecendo. É isso aí, somos o Guns N' Roses. Temos um show no próximo dia 20 de setembro, no Troubadour. Esse é com Ruby Slippers, e no dia 28 de setembro, no Street Scene. Muita gente vai estar lá; Poison. É isso aí, esta é 'Jumpin' Jack Flash'."

Axl dedicou "Welcome to the Jungle" a todos que estava se mudando para L.A. Slash quebrou uma corda da guitarra que estava tocando, fazendo com que desafinasse. Substituiu por sua B.C. Rich Mockingbird – a primeira guitarra de verdade que ele teve e que adquiriu em 1980. Quebrou também uma corda da Mockingbird durante "Jumpin' Jack Flash", mas a guitarra continuou afinada, e ele conseguiu terminar o *set-list* com ela.

SLASH: "Aguenta aí, cara, estamos no tom."

DUFF: "Temos apenas dez minutos, que canção devemos tocar?"

AXL: "Vocês querem ouvir 'Anything Goes'?"

SLASH: "Porra! Façam algum barulho."

AXL: (durante "Anything Goes") "Gostaria de tomar um minuto de sua atenção para apresentar os membros da banda. Na guitarra, à minha direita, Mr. Izzy Stradlin. No baixo, Mr. Duff Rose. Na bateria, bem lá no fundo, Mr. Steven Adler. E na guitarra, à minha esquerda, o cavalheiro aqui, este é Slash."

DUFF: (antes de "Heartbreak Hotel") "É isso aí, cara, esta é nossa última canção, sinto muito. Eles nos cortaram."

AXL: "Muito obrigado mesmo, pessoal. Rock n' roll, obrigado. Boa-noite."

31 de agosto de 1985 • THE ROXY

Slash com seu pai, Tony Hudson, nos bastidores do show no Roxy.

31 de agosto de 1985 – THE ROXY

DOUG WESTON'S World Famous
Troubadour
9081 SANTA MONICA BLVD., L.A. 276-6168

FRI. SEPT. 6	**BROKEN HOMES** 7th GRADE
SAT. SEPT. 7	**ALISIN** VOYEUR • LA GUNS
9/8	SLAVEN • RED RUM DRUNKEN DOGS
9/9	ARSENIK • TRANCE TANK BURIAL
9/10	WORLD SITIZENZ • LOVE CULT HOPE
9/11	DREAM SUITE DETROIT • RAGGED LACE
9/12	GAUNTLET • VELOCITY
FRI. SEPT. 13	*BAD BOYS GIVE GOOD LUCK* **THE JONESES** MARY POPPINZ • PARIS TOYZ
SAT. SEPT. 14	**JADED LADY** NRG • ALLEY BRAT
9/15	AIRBOURNE
9/17	MICKEY KNIGHT HOLLYWOOD HOPSCOTCH SAMARIN
9/18	DAVID SWANSON & RTE. 66
9/19	**NETWORK** MYSTERY • ALIENS
FRI. SEPT. 20	**RUBY SLIPPERS** GUNS 'N' ROSES • SWEET REVENGE
SAT. SEPT. 21	*FAREWELL PARTY* **WITCH • SNAIR** RUFFIANS

UPCOMING: POISON IN ROCKTOBER

EVERY SUN. – THUR. AFTER 12AM
ALL DRINKS HALF PRICE — FRONT BAR ONLY
LADIES FREE EVERY TUES., HOT FOOD NIGHTLY,
BOOKING: TUES. – FRI., 2 – 6 PM
276-1158

doug weston's
Troubadour
9081 Santa Monica Blvd 276 6168

Presents

GUNS N' ROSES

DATE Fri 9/20 TIME 10 PM

$2.00 DISCOUNT WITH THIS TICKET

PARKING ACROSS THE STREET

NO AGE LIMIT
ONE DRINK MINIMUM
ENFORCED AT BOX OFFICE

GENERAL ADMISSION $6.50
WITH THIS TICKET $4.50

20 de setembro de 1985 – TROUBADOUR

> Não é muito, mas é o melhor que eu posso fazer. Esta canção vai para Barbie. Ela se chama "Rocket Queen".
>
> AXL

"Rocket Queen" foi tocada pela primeira vez nesse show, e na época a banda já estava atraindo "seguidores", um público que vinha especificamente para vê-los.

MC DO TROUBADOUR: "Estão cansados de porcaria? Agora é hora de mexerem suas bundas. Guns N' Roses!"

A vibração foi grande nessa noite. A banda e a multidão estavam no pique para cair na farra.

AXL: "Esta próxima canção é uma antiga do Rolling Stones. Gostaria de apresentar Desi, minha maravilhosa dançarina. Esta é 'Jumpin' Jack Flash.'"

SLASH: "Vocês têm de me dar um segundo. Tenho de afinar esta merda."

AXL: "Temos muitas dedicatórias para fazer hoje à noite, esta canção se chama 'Think About You'. Um dos meus melhores amigos está aqui hoje à noite. Temos o Street Scene no próximo final de semana começando mais cedo. Acho que é no dia 28 às 5h30. Há um palco para o rock e um palco para o roll. Estamos no roll."

IZZY: "Obrigado, Muito obrigado. Amo vocês. Esta se chama 'Move to the City'."

DUFF: "Muito obrigado mesmo, galera, vocês são muito legais."

SLASH: "É isso aí, ouçam! Quero aproveitar este momento para dedicar uma canção a alguém. Há pouco tempo, nós fizemos um show no Stardust Ballroom. Era para ser um show beneficente. Era para a distrofia muscular, e alguém que comandava o show fugiu com o dinheiro. Eu gostaria de dedicar esta canção a uma... uma garota, que estava no show, e que realmente ficou desapontada com o que aconteceu. Então esta se chama 'Don't Cry'."

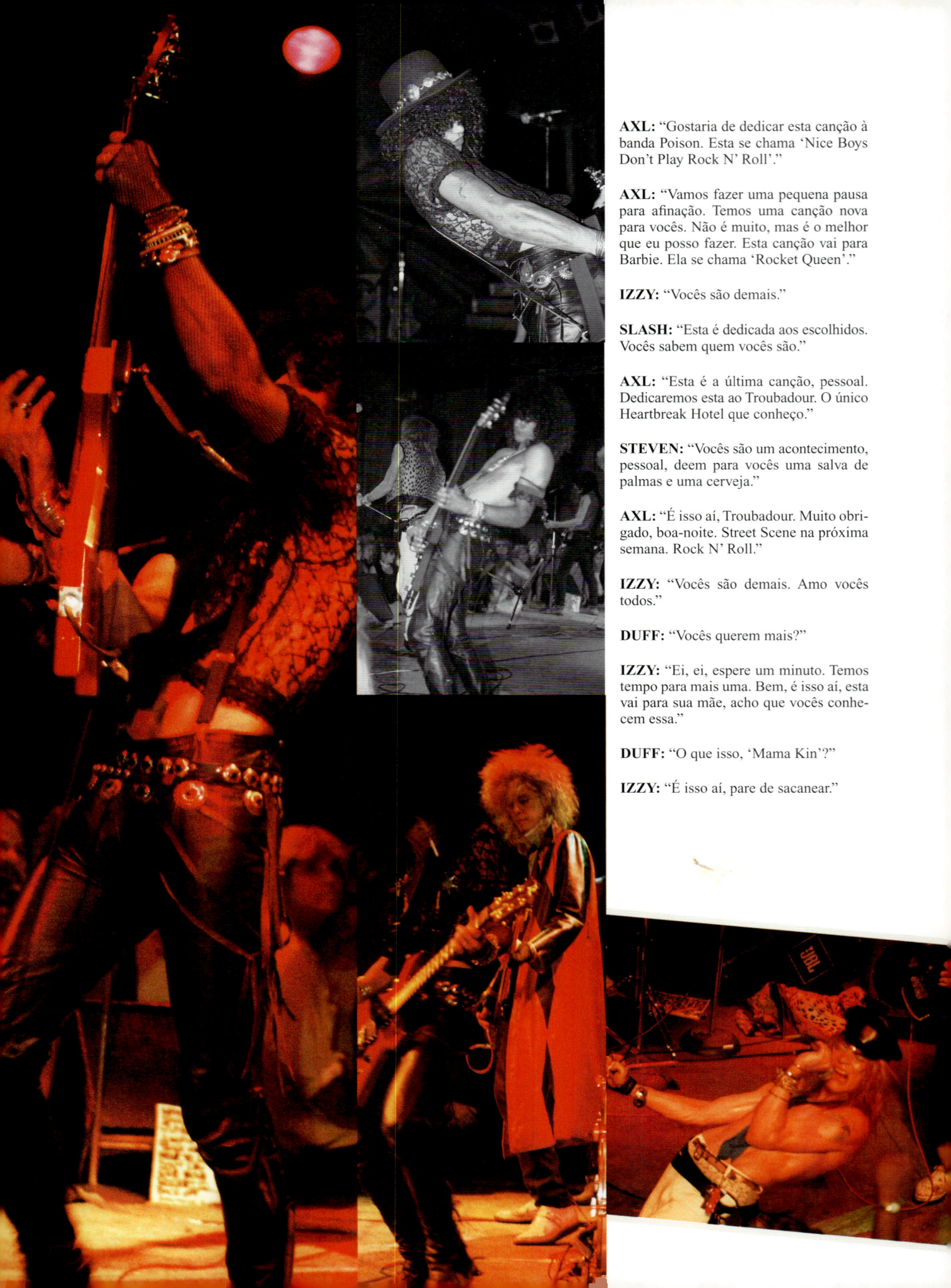

AXL: "Gostaria de dedicar esta canção à banda Poison. Esta se chama 'Nice Boys Don't Play Rock N' Roll'."

AXL: "Vamos fazer uma pequena pausa para afinação. Temos uma canção nova para vocês. Não é muito, mas é o melhor que eu posso fazer. Esta canção vai para Barbie. Ela se chama 'Rocket Queen'."

IZZY: "Vocês são demais."

SLASH: "Esta é dedicada aos escolhidos. Vocês sabem quem vocês são."

AXL: "Esta é a última canção, pessoal. Dedicaremos esta ao Troubadour. O único Heartbreak Hotel que conheço."

STEVEN: "Vocês são um acontecimento, pessoal, deem para vocês uma salva de palmas e uma cerveja."

AXL: "É isso aí, Troubadour. Muito obrigado, boa-noite. Street Scene na próxima semana. Rock N' Roll."

IZZY: "Vocês são demais. Amo vocês todos."

DUFF: "Vocês querem mais?"

IZZY: "Ei, ei, espere um minuto. Temos tempo para mais uma. Bem, é isso aí, esta vai para sua mãe, acho que vocês conhecem essa."

DUFF: "O que isso, 'Mama Kin'?"

IZZY: "É isso aí, pare de sacanear."

20 de setembro de 1985 · TROUBADOUR

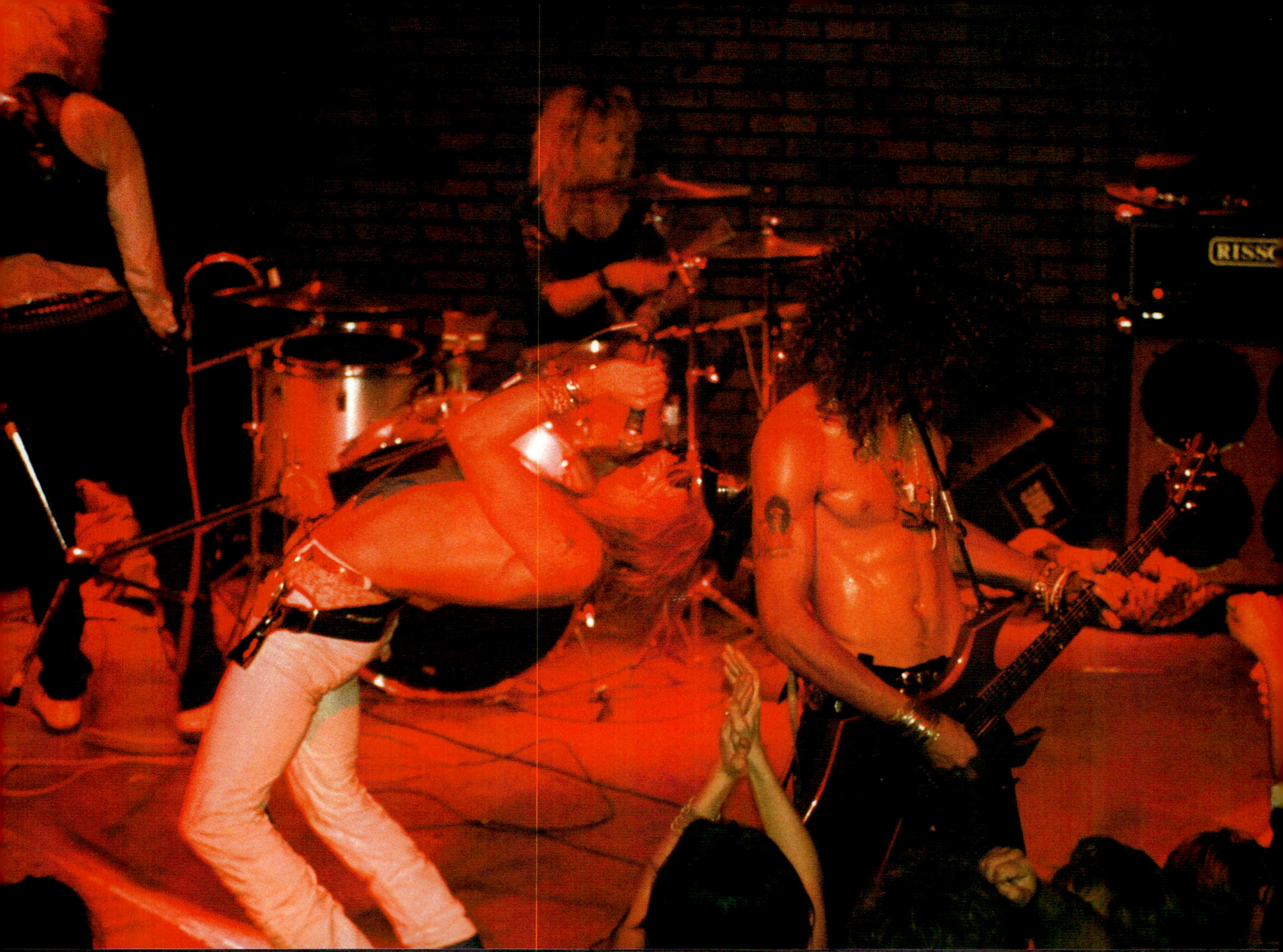

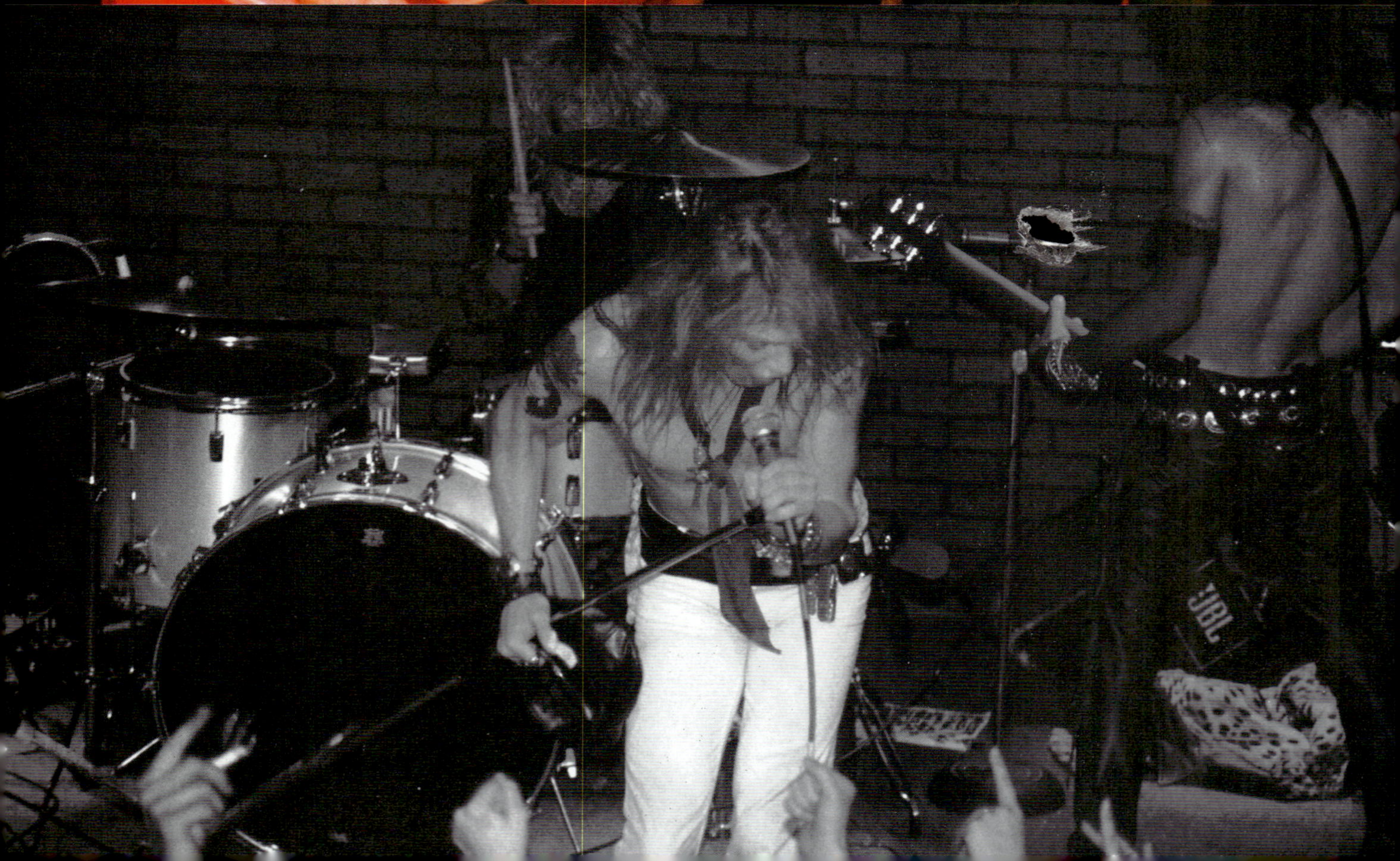
JBL

Reckless
Shadow of Your Love
Welcome to the Jungle
Jumpin' Jack Flash
Think About
Move to the City
Don't Cry

FOTO: JACK LUE

20 de setembro de 1985

126 Welcome to the Jungle

Nice Boys
Rocket Queen
Back Off Bitch
Heartbreak Hotel
Anything Goes
Mama Kin

20 de setembro de 1985 – TROUBADOUR

ROCKET QUEEN

Eles eram belos.
Eles estavam envolvidos
com drogas e viviam nus.
MICHELLE YOUNG

Foto cortesia de Adriana Durgan

ROCKET QUEEN 129

Adriana Durgan

Pamela Manning

Foto cortesia de Ron Schneider.

Contact sheet de um ensaio fotográfico antigo de Adriana Durgan.

Guns N' Roses e as dançarinas de *striptease* de Hollywood; o derradeiro exemplo de atração animal e relacionamentos simbióticos.

Saudadas pelas serenatas, seduzidas pelos garotos e sempre prontas para a festa, as damas amavam ter seus namorados estrelas do rock ao redor. Para a banda, as dançarinas de *striptease* dos clubes noturnos de Hollywood eram literalmente anjos disfarçados. Essas benfeitoras traziam o dinheiro suado, dispunham de apartamentos e tinham as geladeiras repletas de comida e cerveja, isto é, antes de os rapazes chegarem. As *strippers* financiavam a banda e seus sonhos. Sexo, drogas e uma cama para dormir, sem contar uma limusine ocasional depois de um show, eram todas as vantagens fornecidas pelas deusas da Sunset Strip.

Elas não eram prostitutas ou mulheres fáceis. Eram extremamente independentes, vivendo de acordo com seus próprios termos e ganhando seus sustentos de forma legítima. Para o Guns N' Roses, as *strippers* agiam como defensoras e torcedoras, sempre os ajudando a promover os shows e subindo ao palco para animar a apresentação.

Juntos, viviam como estrelas e celebridades que imaginavam ser, e era muito mais real do que o estilo de vida que no final alcançariam.

ADRIANA SMITH Possuíamos o dinheiro porque tínhamos os corpos e as atitudes. Éramos a versão feminina do Guns N' Roses. Se Guns N' Roses tivessem xoxotas, eles seriam nós. Tínhamos um emprego que não exigia muito trabalho. Saíamos a tempo para festejar e era o que fazíamos. Éramos independentes; éramos selvagens; éramos impulsivas e livres. E éramos jovens! Sempre dávamos festas em nossa casa. Era como se fosse um lugar onde você podia tirar toda sua roupa e pular na piscina.

RON SCHNEIDER Era demais! Essas garotas tinham grana, e grana significava bebida. Eu era chamado de "serviço de taxi das garotas". Eu tinha um carro e podia levá-las ao trabalho e depois buscá-las, e elas me pagavam para fazer isso. Elas eram minhas melhores amigas. Elas me amavam e eu as amava. Também tinham apartamentos. Imagine aqueles apartamentos cheios de ursinhos de pelúcia pendurados pelos lacinhos em um canto, com um "X" preto nos olhos feito de fita isolante, uma caixa de areia para gato que ficava meses sem ser trocada, pratos sujos na pia com uma coleção de garrafas de Jim Beam vazias e mais garrafas espalhadas pelo apartamento todo, graças aos seus namorados futuras estrelas do rock. Adorávamos frequentar suas casas e pular da sacada direto para a piscina. E se estivesse transando com uma delas, podia dormir na cama, enquanto os demais tinham de dormir no chão. Isso significava que não dormiria sobre o estojo da guitarra ou debaixo da bateria, ou mesmo no carro de alguém. Se você se dava bem com as *strippers*, você teria um lugar para dormir. Envolver-se com elas era a chave.

SLASH As *strippers* foram nosso sustento durante muito tempo. Dormíamos nas casas das *strippers*, e era onde descolávamos uma grana extra.

VICKY HAMILTON As garotas eram uma espécie de enfermeiras para os rapazes da banda. Os garotos eram como cães de estimação perdidos que alguém abandonava no veterinário. Elas queriam alimentá-los e ajudá-los. Eram muito generosas com os garotos da banda porque elas ganhavam muito dinheiro.

ADRIANA SMITH Não tínhamos velhos ricos com muita grana nos cartões de crédito, como também não nos sujeitávamos ao estilo de vida de L.A., indo atrás de alguém que cuidasse de nós. Não queríamos isso! Não queríamos dever nada a ninguém. Queríamos viver nossa própria vida, e mesmo que tenhamos sido um pouco vadias, não éramos putas e não cobrávamos para fazer sexo. Éramos apenas nós mesmas. Éramos garotas normais. E aí surgiam esses grandes fracassados, mas eles eram divertidos. Amávamos demais esses caras! Era triste quando você se apaixonava por um deles, por exemplo, como aconteceu comigo em relação a Steven Adler, porque ele partiu meu coração inúmeras vezes. Eles eram nossos amigos e nossa família.

DESI CRAFT Eu era coreógrafa e costumava dançar em vídeos musicais, mas tive de me tornar uma dançarina de *striptease* menor de idade. Tive de arrumar uma identidade falsa para manter a banda respirando, para manter as coisas andando. Não era realmente uma experiência agradável, mas eu acreditava na banda. Acreditava no que via e ouvia. Eu sempre dançava com "Jumpin' Jack Flash", do Rolling Stones; tocava tamborim e, basicamente, fazia *striptease*. Vestia botas de couro altas e apertadas, meias arrastão, um pequeno top e roupas de dançarina de *striptease*. Quando eu surgia no palco, a multidão incentivava. Eu me lembro de uma vez em que tocamos em uma feira ao ar livre e os palcos não estavam presos no chão. Quando subi ao palco e despi meu longo casaco de leopardo, dava para sentir o palco se mover enquanto as pessoas empurravam para olhar mais de perto. Foi muito assustador; estávamos prestes a ser encurralados por cerca de 5 mil pessoas. Nenhuma banda usava *strippers* como parte da apresentação, e isso acabou atraindo rebanhos de pessoas. As pessoas queriam nossos pôsteres. Então, Axl começou a ficar enciumado porque não estava conseguindo receber a atenção devida. Foi uma experiência e tanto. Éramos felizes. Eu podia ter sido uma garota jovem, estúpida e ignorante, mas não fui. Sabia muito bem o que queria, e queria ajudar a banda a fazer sucesso e ficar ao lado de Izzy. Eu era apaixonada por ele.

RON SCHNEIDER Não era como se estivéssemos tirando vantagem de todo mundo. Elas também queriam viver aquele estilo de vida.

VICKY HAMILTON Como *manager*, era interessante para mim, porque começava a conhecê-las pelo primeiro nome. Era do tipo, "Ei Lois, ei Barbie", e as bandas olhavam para mim assim, "como é que você conhece essas garotas?". Eu dizia, "Vocês acham que são a única banda com quem essas garotas saem?". Essas garotas compravam até limusines para levá-los aos shows. Era pura insanidade.

PAMELA JACKSON Os rapazes eram lindos e era divertido tê-los por perto. Eles iam ao extremo.

Adriana e outra stripper nos bastidores.

Izzy & Adriana

RON SCHNEIDER Eventualmente, elas sempre davam um jeito de subir ao palco.

SLASH Havia alguns efeitos de entretenimento que fazíamos para dar mais brilho ao show. Tivemos a ideia de colocar algumas *strippers* no palco para dançar a música "Rocket Queen" em algumas apresentações. Essas garotas se mexiam bem. Guns N' Roses era uma banda de rock n' roll, mas fazíamos um tipo de show mais animado, tentando incorporar elementos maliciosos com os quais nos sentíamos confortáveis para dar um brilho maior ao show. E era isso que nos fazia sentir confortáveis, e as pessoas pareciam gostar disso, era uma forma de romper barreiras com a média das bandas de clube. Pamela era maravilhosa. Ela era muito animada e fazia um excelente trabalho.

PAMELA JACKSON Eu era apenas uma dançarina, e estávamos lá para entreter, do mesmo modo que a banda. Fazíamos loucuras. Axl era uma pessoa legal com quem trabalhar. Ele era tão centrado quando cantava, do jeito que só ele consegue. E então a banda simplesmente o acompanhava tocando cada vez mais alto. Em seguida, começávamos a nos encaixar com a música e, quando nos dávamos conta, as pessoas já estavam uivando e gritando. Era muito divertido.

ADRIANA SMITH Alguém havia roubado nossos trajes momentos antes de subir ao palco. Subimos assim mesmo vestindo camisetas e calcinhas, enquanto Axl tentava cobrir meus seios com fita isolante, mas eu fiquei muito envergonhada. Apenas subíamos ao palco e dançávamos.

Adriana

PAMELA Axl e eu costumávamos fingir que fazíamos sexo no palco. Começávamos nos roçando, em seguida uivávamos e sempre dava certo na cena de sexo. Eu me lembro da multidão uivando e, é claro, queríamos que a multidão gritasse mais alto. Subíamos ao palco e garantíamos que a multidão gritasse. Éramos líderes de torcida.

ADRIANA DURGAN Não tenho por que fechar a porta para o meu passado, mas preciso me manter de cabeça erguida e pensar que foi lindo, porque realmente foi. Aqueles foram os melhores dias de minha vida. Foram momentos jovens e inocentes. Eu não tinha responsabilidade alguma; nenhum de nós tinha. Era uma época bonita. Não tinha como ter sido melhor. Trago minhas memórias e minhas experiências daquela época e, minha nossa, que sorte eu tive de ter vivido aquela época. É muito triste que hoje estejamos todos tão distantes.

Pamela Manning

teve, Gaby, Slash e Adriana

Slash, Desi e Clyde
Foto cortesia de Desi

DESI

ROCKET QUEEN

ÁLBUM DE FOTOS DE ADRIANA

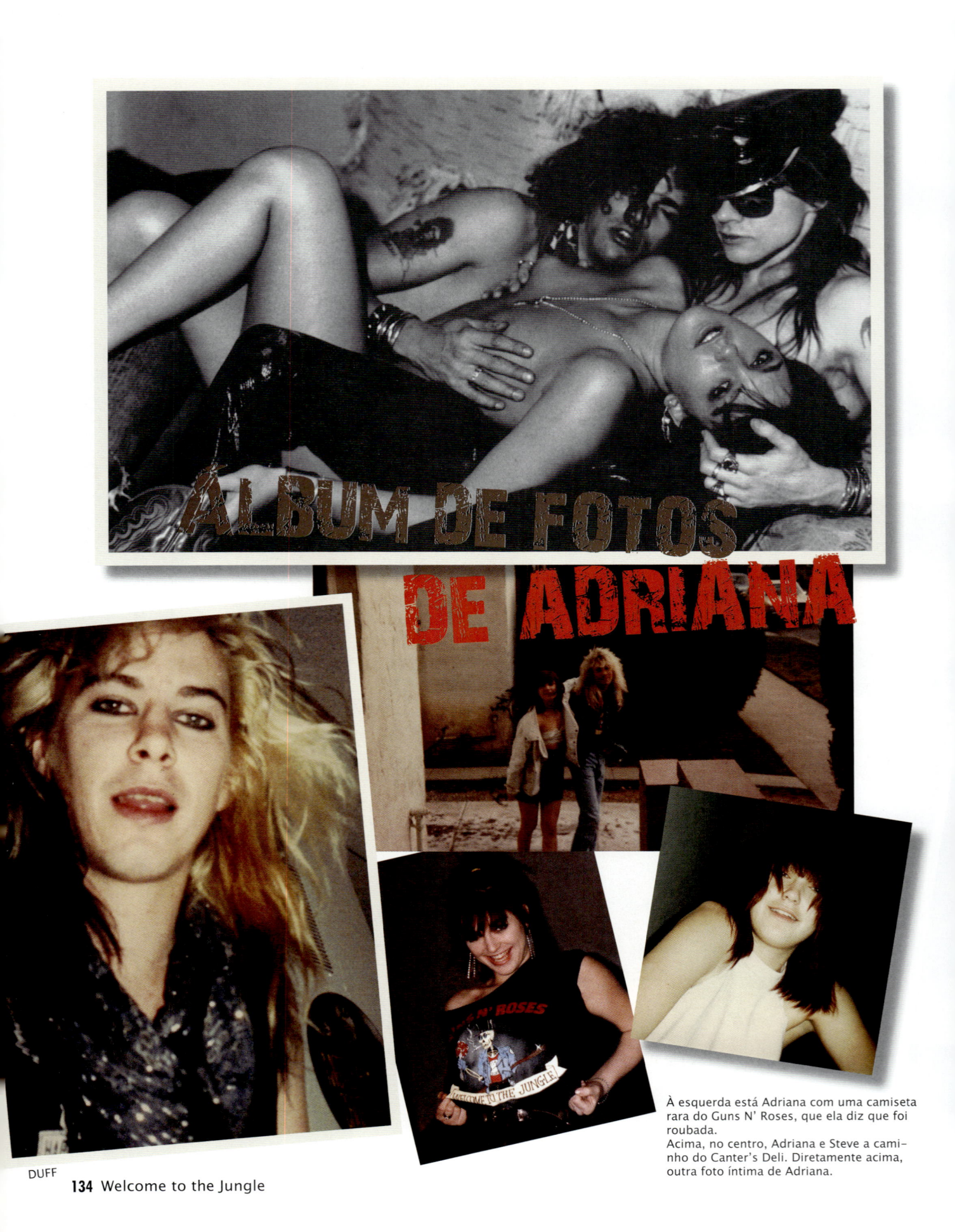

À esquerda está Adriana com uma camiseta rara do Guns N' Roses, que ela diz que foi roubada.
Acima, no centro, Adriana e Steve a caminho do Canter's Deli. Diretamente acima, outra foto íntima de Adriana.

Sentido horário, no alto, à esquerda: Steve e Adriana, Steve, Adriana e Steve, Izzy, Foto de modelo de Adriana, Axl no hotel ao telefone com Slash, em primeiro plano..

Foto do centro: Duff, Steve e Marilyn.

ÁLBUM DE FOTOS DE ADRIANA

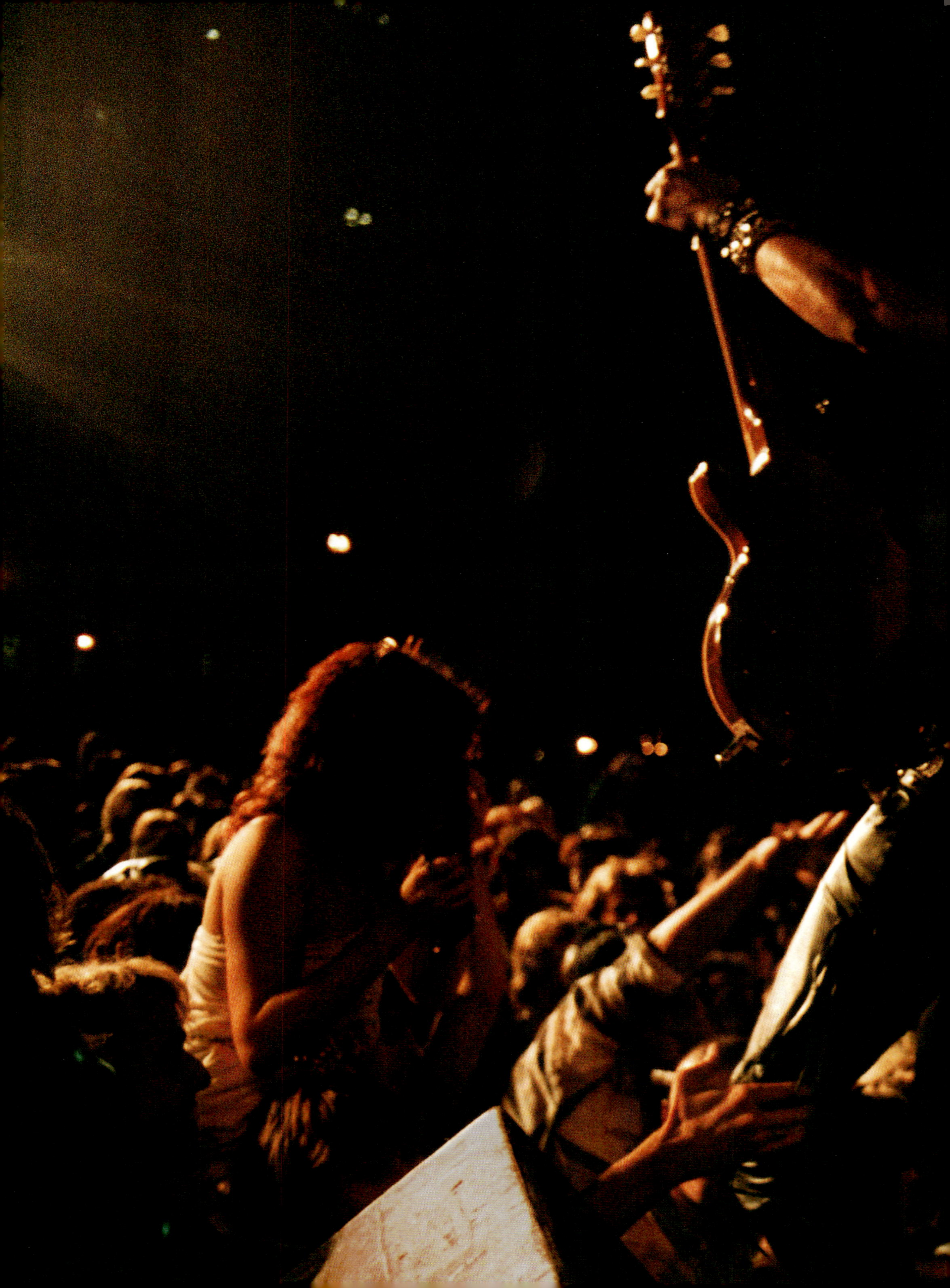

S

And you're a
very sexy girl
    Very hard to please
You can taste the
  bright lights
But you won't
    get there for free
In the jungle
Welcome to the Jungle

Este foi um enorme festival ao ar livre gratuito patrocinado pela cidade de Los Angeles. O Guns N' Roses estava agendado para tocar às 17h30, e a banda punk Social Distortion subiria ao palco logo depois deles.

O festival todo seguia atrasado, e os nativos punks estavam ficando inquietos. O Guns N' Roses não subiria ao palco até as 20 horas e, embora os punks, muitos deles representando alguns dos elementos mais pesados da cultura punk de L.A., ainda aguardassem sua banda, a maioria fora atraída pela brutalidade do Guns N' Roses, apesar de alguns deles decidirem cuspir no Slash. Eles começaram a pular e desfrutar do show. O evento foi marcado por problemas técnicos.

SLASH: "Somos o Guns N' Roses."

DUFF: "Esta canção se chama 'Reckless'."

AXL: "É isso aí, gostaríamos de agradecer por estarem aqui no Street Scene. Estamos felizes por finalmente poder tocar aqui. Esta canção vai para L.A. Ela se chama 'Welcome to the Jungle'."

Durante metade da canção, Slash teve sérios problemas de conexão na guitarra.

AXL: "Desculpe por estas dificuldades técnicas. Quantas pessoas aqui gostam do Rolling Stones? Gostaria de apresentar Desi, nossa maravilhosa dançarina, esta é 'Jumpin' Jack Flash'."

SLASH: "Vocês são maravilhosos, e eu nem precisei tomar banho hoje de manhã."

AXL: "Esta canção se chama 'Shadow of Your Love'. Esta vai para todos os filhos da mãe que estão por aí."

Reckless Welcome to the Jungle Jumpin' Jack Flash

Think About You   Shadow of Your Love   Heartbreak Hotel

Este foi o festival
do cuspe. Eu fiquei
no lado do palco
onde um verdadeiro
exército de cuspidores
filhos da puta estava
durante todo o show,
e cuspimos uns nos
outros.

SLASH

28 de setembro de 1985 - 8th ANNUAL L.A. STREET SCENE

AXL: "'Heartbreak Hotel', quantos de vocês gostam de Elvis Presley?"

SLASH: "Sei que estes caras aqui na frente o amam. Aposto que vocês aqui na frente, quando chegarem em casa, vão se masturbar hoje à noite pensando na gente, não vão?"

AXL: "É isso aí, esta é 'Heartbreak Hotel'."

SLASH: "Tocaremos também no Country Club, então economizem suas salivas, seus merdas."

AXL: "Tocaremos no dia 18 no Country Club. Somos o Guns N' Roses. Boa-noite."

Esta foi a primeira aparição pública de Slash tocando uma Les Paul. Adquirida no Guitarr R Us, pertencia originalmente a Steve Hunter, que tocava com Alice Cooper e em outras bandas renomadas.

28 de setembro de 1985 – 8th ANNUAL L.A. STREET SCENE

TROU BAD OUR

10 DE OUTUBRO DE 1985

Primeira apresentação pública de "Paradise City!"

10 de outubro de 1985 – TROUBADOUR

Take me down to the paradise city
Where the grass is green
And the girls are pretty
Take me home
Oh, won't you please take me home

Este show surgiu de última hora; o GNR foi chamado para substituir o L.A. Guns, que havia cancelado na tarde deste show de quinta-feira à noite.

10 de outubro de 1985 – TROUBADOUR

Anything Goes

Heartbreak Hotel

Mama Kin

(Take Me Home To) Paradise City

Este é o *set-list* parcial das últimas quatro canções tocadas

10 de outubro de 1985 – TROUBADOUR

"Minha mãe fez esta calça de couro. A melhor calça de couro que eu já tive e que troquei por uma cheirada!"

SLASH

Foto de Slash tirada por Jack Lue.

"Take Me Home to The Paradise City", como a canção era chamada no início.

AXL: "Muito obrigado, esta próxima canção é nova, 'Take Me home to the Paradise City'."

DUFF: "Acabamos de escrevê-la em um dia, é isso aí."

SLASH: "Esta canção tem cerca de meia hora de idade."

MARC O verso anterior a "tell me who you're gonna believe" ("diga-me em quem você vai acreditar") tinha uma letra diferente, que eventualmente acabou incluída no álbum. Nessa canção, Duff cantava a maioria do vocal principal no final, enquanto Axl preenchia com o vocal de fundo.

DUFF: "Os acordes do 'Paradise City' fui eu quem colocou na canção, quando me mudei pela primeira vez para L.A., quando não conhecia ninguém e me sentia um pouco para baixo. Então, isso surgiu como uma espécie de busca por algo."

SLASH: "As melhores canções que compomos são na base da colaboração. A melhor maneira de fazer isso é ter a banda toda reunida ouvindo as ideias dos demais e juntando tudo para fazer algo que todos gostem de tocar."

DUFF: "Se uma pessoa traz uma canção a esta banda, ela sempre acaba sendo estuprada pelos outros quatro. Sempre acaba sendo alterada para se ajustar ao Guns N' Roses como grupo."

AXL: "Os versos têm mais a ver com o estar na selva; o refrão é como se estivéssemos de volta ao meio oeste ou em algum lugar. Isso me lembra quando eu era um garoto que olhava para o céu azul e dizia, 'uau, o que significa tudo isso? Tudo é tão grande lá fora'. Tudo era mais inocente. Há partes na canção que têm mais a ver com a saudade de casa. E quando comecei a colocar as camadas de meus vocais (coloquei cinco faixas nela), parecia que tinha uma influência irlandesa ou escocesa. Uma das coisas mais estranhas é que tive a sensação de que ela se daria muito bem na Europa."[3]

---

3. Reimpresso do Geffen Press Kit.

I'm a hard case that's
tough to beat
I'm your charity case
so buy something to eat
I'll pay you at another
time
Take it to the end of
the line
Rags to riches
Or so they say
You gotta
Keep pushin' for the
fortune and fame
You know it's, it's all
a gamble
When it's just a game
You treat it like a
capitol crime
Everybody doin' their time
Strapped in the chair
of the city's gas

10 de outubro de 1985 – TROUBADOUR

COUNTRY CLUB

18 DE OUTUBRO DE 1985

A banda recebeu cerca de 200 dólares pelo show. Quatro anos depois dessa data, o GNR fez o primeiro de quatro shows no L.A. Coliseum abrindo para os Rolling Stones, tendo recebido 1 milhão de dólares pelas apresentações.

Slash olhou para a multidão esparsa e disse, "Dá para ver que muitas pessoas foram ver AC/DC hoje à noite".

10 de outubro de 1985 – COUNTRY CLUB   153

Fotos do rosto de Axl feitas por Jack Lue.

A banda tocou um *set-list* muito longo neste show que contou com pouca gente. O Country Club tinha uma capacidade generosa de cerca de 2.500 pessoas, que foi arruinada naquela noite pela água que invadiu todo o palco.

Nos bastidores, Axl me disse "que a água estava fodendo tudo. No início do show, o palco estava coberto de água. Estava dando um duro danado lá em cima!"

SLASH: "Gostaria de dedicar esta próxima canção aos poucos seletos que estão por aí. Cada um de vocês sabe o que esta canção significa, e àqueles a quem esta canção se refere, sabem que é sobre eles. Esta se chama 'Back Off Bitch'."

AXL: "Gostaria de dedicar esta próxima canção a uma amiga minha que acabou de voltar de uma longa viagem. Esta canção se chama 'Rocket Queen'."

18 de outubro de 1985 – COUNTRY CLUB

Foto de Jack Lue

Jack Lue nos bastidores com Slash e Ste[ven]

AXL: "Isto é Elvis."

AXL: (depois de "Heartbreak Hotel") "Somos o Guns N' Roses, dia 31 de outubro, festa de Halloween com Kerry Doll. Muito obrigado, boa-noite."

AXL: "Querem algo mais? Vocês gostam do Aerosmith? Esta canção se chama 'Mama Kin'."

AXL: "Esta é uma novinha em folha, é chamada de 'Paradise City'. Espero que vocês curtam."

AXL: (depois de "Paradise City") "Muito obrigado, boa-noite."

156 Welcome to the Jungle

Reckless
Shadow of Your Love
Welcome to the Jungle
Jumpin' Jack Flash
Think About You
Move to the City
Don't Cry
Nice Boys
Rocket Queen
Back Off Bitch
Anything Goes
Heartbreak Hotel
Mama Kin
Paradise City

18 de outubro de 1985 – Country Club

YOU'RE

Os anos 1980 foram uma década de subgêneros flamboyants do rock n' roll em busca de um futuro. Hair metal, heavy metal, sleaze rock, punk rock e glam metal foram apenas alguns derivativos do rock n' roll que surgiram do cenário dos clubes de Hollywood naquela época.

Apesar de o Guns N' Roses negar qualquer tentativa de ser categorizado, eles modelavam sua música e seu visual de algumas bandas influentes que expressavam características conhecidas como *glam rock*. Cabelo com permanente, denim apertado, calças de lycra e bandanas eram características associadas ao *glam rock* com as quais o Guns N' Roses mais se parecia durante a época que tocava nos clubes, sendo que Izzy copiava seu visual e som diretamente do grupo finlandês Hanoi Rocks.

O que distinguia o Guns N' Roses de outras bandas era a insistência de que a música vinha em primeiro lugar. Enquanto várias outras bandas naquela época usavam o estilo de vida hedonista e a maquiagem para atrair uma base de fãs, a música jamais iria além de seus subgêneros em particular. O Guns N' Roses revigorou o rock n' roll com uma fusão de punk e blues que apelava a uma ampla gama de entusiastas do rock que ultrapassava as fronteiras da Sunset Strip. Punks, metaleiros e até fãs de música pop do Top 40 abraçaram a banda de maneira igual. Eles se tornariam a ponte que ligaria a próxima geração de artistas do rock, desde as inovadas apresentações dos anos 1970 e 1980, tais como Led Zeppelin, Aerosmith e Van Halen.

MARC CANTER Naquela época, a indústria fonográfica estava praticamente morta. Havia aquela coisa da *new wave*, o punk tinha acabado e o rock pesado já estava por fora. Havia ainda um pouco de *heavy metal*, mas não era lá grande coisa. Ratt foi considerada a banda de *heavy metal* do ano. Aerosmith tinha acabado de voltar a tocar juntos, mas não tinha gravado um disco ainda. Eu me lembro dirigindo na Sunset Boulevard, em 1981 ou 1982, e não importava de qual clube você se aproximasse, os punks estavam em todas as ruas. Se você passava pelo Oki Dog, em Santa Monica, acabaria sendo agredido. Todo mundo parecia que tinha passado seis horas arrumando os cabelos e o visual como se estivesse pronto para matá-lo. Então, eles simplesmente desapareceram um ano depois. Todos sumiram e não havia sobrado nenhum deles. A música morreu.

SLASH Éramos como a antítese do que estava acontecendo em Hollywood naquela época e nos sentíamos enojados com o cenário glam e tudo aquilo que estava acontecendo nos anos 1980, tipo MTV e Tears For Fears. Aquilo nos motivava a aguentar firme naquilo que fazíamos. Quando chegamos ao cenário de L.A., pegamos pesado de um jeito que ninguém estava fazendo, e as pessoas passaram a se identificar com a honestidade

Do vagabundo da rua à recatada executiva, todos se identificavam com sua música

MICHELLE YOUNG

da banda. Era colorida o suficiente, pesada o suficiente e honesta, e pessoas de todos os tipos de estilo de vida diferentes curtiam a banda. Tínhamos pessoas que eram de gêneros diferentes vindo nos ver, do punk ao *heavy metal*, inclusive o pessoal *new wave* e glam. Começamos a fazer um grande barulho e nos tornamos a melhor banda de L.A. Era o Poison e nós, e nós odiávamos o Poison, e isso acabou colocando mais lenha na nossa fogueira também. Odiávamos tanto o Poison que passávamos muito tempo em turnê por diferentes clubes em Los Angeles somente para fechar as portas do Poison. Havia muitas variáveis no que diz respeito ao que cada um da banda se interessava, mas havia um denominador comum. Tinha de ser emocionalmente expressivo. Seja lá o que for que estivéssemos tocando, tinha de ter um significado. Tínhamos de ter sentimento, e isso era uma regra que não precisava ser dita. Ser categorizado e classificado como qualquer coisa que não

CRAZY

fosse o termo amplo do rock n' roll era muito complicado e muito insignificante, e isso nos colocava contra a parede.

VICKY HAMILTON A personalidade que a banda adquiriu foi algo que aconteceu naturalmente e nunca realmente mudou. Eles sempre tiveram uma ideia do que eram. Obviamente, seus estilos mudaram um pouco, mas, quando eu penso em Slash, ele não mudou nada desde o dia em que o conheci.

DUFF Não sentíamos como se estivéssemos fazendo pose. Não sentíamos como se pertencêssemos a L.A. e ao cenário musical que estava rolando naquela época. Acho que este sentimento era justificável quando fazíamos shows com bandas de punk rock e de metal, ou com ninguém. Tocávamos no Madame Wong's East, que era praticamente um clube punk rock na época.

RON SCHNEIDER Tudo que consigo pensar é no cabelo comprido. Era assim que era. Não havia mais bandas de metal tocando na Sunset Strip, e Motley Crue, Ratt, Great White, Dokken e algumas outras haviam acabado de se mudar de L.A. Eram todas bandas de cabeludos com um som alto e muita maquiagem. E Poison era mais uma dessas bandas; um rock sem personalidade com belos visuais.

Eles pareciam garotas. De fato, os rapazes que distribuíam panfletos para os shows eram mais bonitos do que a maioria das garotas que frequentavam a Sunset Strip. Eram apenas belos garotos tentando ser estrelas do rock. GNR era a banda mais poderosa que circulava pela Sunset Strip. Eles eram considerados uma banda glam, porque Axl tinha feito permanente no cabelo, Duff também tinha feito permanente, e alguns deles estavam usando maquiagem, mas a música era pesada e isso lhes dava credibilidade e "culhões". Eles eram fortes, enquanto todas as bandas ao redor eram fracas.

MICHELLE YOUNG Eles não precisavam vestir aquelas roupas glamourosas, usar toda aquela maquiagem ou fazer permanente no cabelo. Eles não eram do tipo de colocar batom, meias-calças e parecerem iguais para promover a banda. Quando era permitido, eles faziam isso quando subiam ao palco, mas não andavam por aí daquele jeito. Eles saíam por aí com os cabelos lisos, fita isolante nas botas, fita isolante nas calças, jeans rasgados e com o que dispunham para cobrir seus corpos.

> Então, eles fizeram o que o coração dizia e que era a coisa certa, seja para alcançar o sucesso ou não.
>
> **MARC CANTER**

MARC CANTER Logo a indústria fonográfica precisava de um grande pé na bunda, e então surgem esses rapazes para provar que, "Isto é o que vamos fazer. Fomos influenciados pela música dos anos 1960 e 1970, e vamos fazer nossa própria versão dela. É isso o que queremos fazer, e não vamos cair no que está em voga agora". Então, eles fizeram o que o coração dizia e que era a coisa certa, seja para alcançar o sucesso ou não. Era na música que eles acreditavam. E qualquer pessoa que ia assistir àqueles shows via isso. Algumas bandas podiam ter o visual, mas não tinham o som e não tinham a capacidade de composição musical. Guns N' Roses representava a mistura perfeita que fazia com que você se sentisse bem quando os ouvia. Todos os cinco rapazes estavam arrebentando.

ROBERT JOHN No caso do Guns N' Roses, era uma questão de talento natural. Eles eram a única banda que eu tinha visto que não fora planejada passo a passo desde o início. Há um talento bruto natural? Tem a ver com estilo de vida? Se alguém possuía um talento natural, certamente poderia alcançar qualquer objetivo com ele. Esses rapazes fizeram o que fizeram do jeito que queriam fazer e funcionou.

DUFF Sabíamos que tínhamos uma banda. E ela seria a banda que todos nós sonhamos. Era uma banda que todos nós tivemos de atravessar nossas jornadas musicais separados para chegar até ela. As músicas que compúnhamos eram de forma absoluta a coisa mais importante, e tínhamos a mente voltada às melhores bandas de grande estirpe, como Led Zeppelin.

MICHELLE YOUNG Do vagabundo da rua à recatada executiva, todos se identificavam com sua música.

PRIMEIRO ENSAIO FOTOGRÁFICO

Em outubro de 1985, a banda se reuniu novamente diante da câmera de Jack Lue e tirou uma série de fotos coloridas e em branco e preto.

Outubro de 1985 – PRIMEIRO ENSAIO FOTOGRÁFICO – Axl

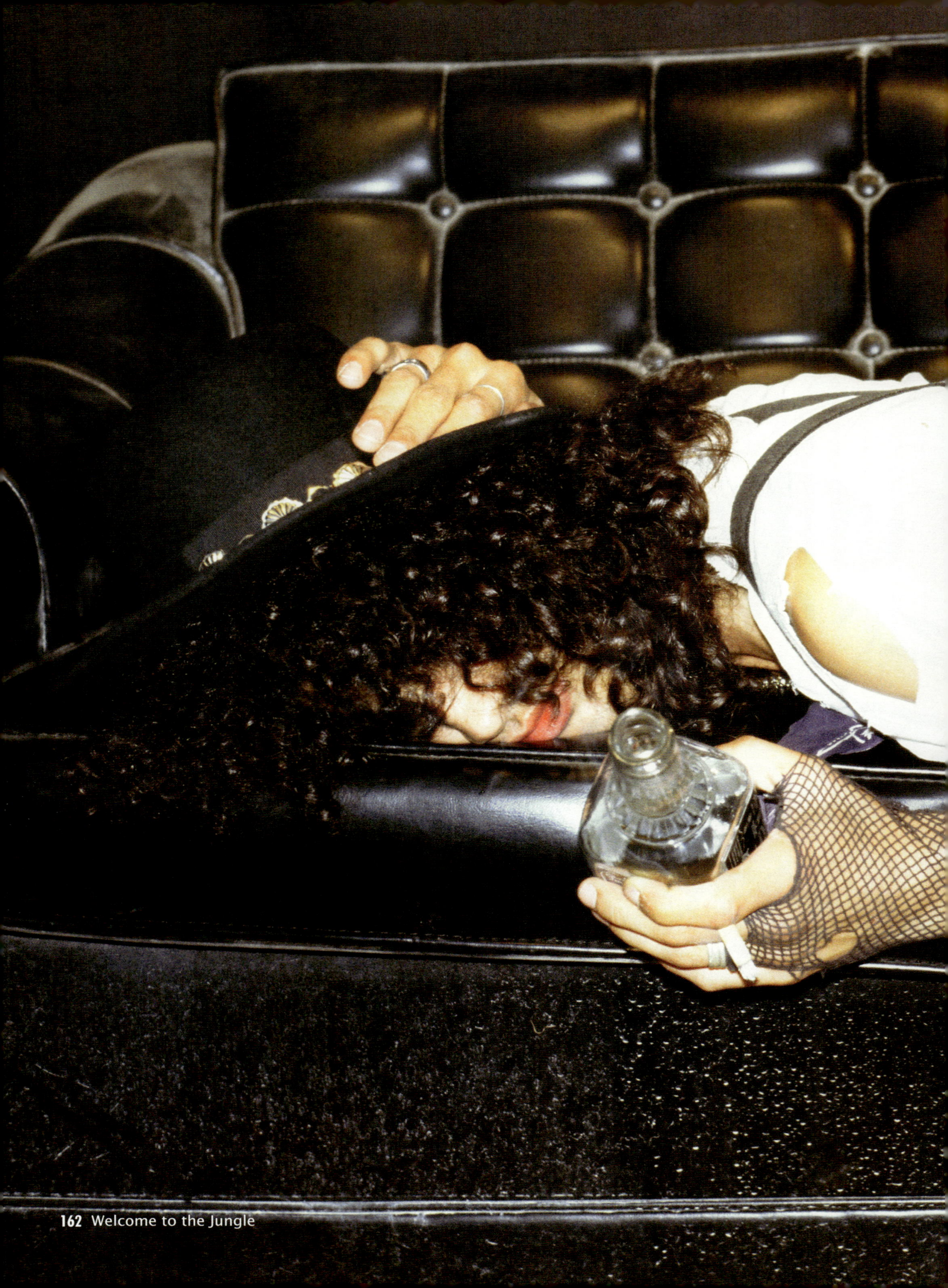

Outubro de 1985 – PRIMEIRO ENSAIO FOTOGRÁFICO – Slash

164 Welcome to the Jungle

Outubro de 1985 – PRIMEIRO ENSAIO FOTOGRÁFICO – Steven 165

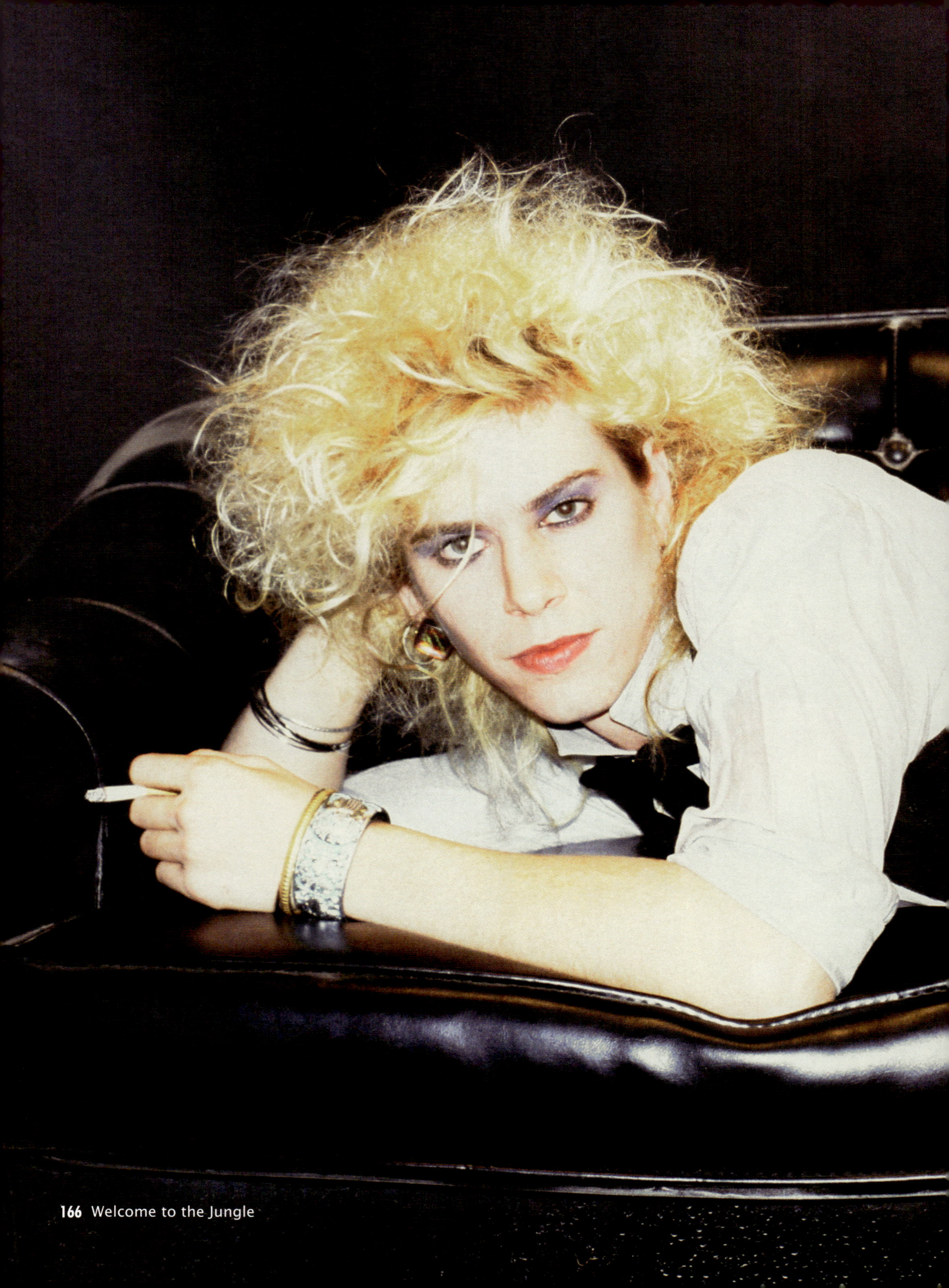

Outubro de 1985 – PRIMEIRO ENSAIO FOTOGRÁFICO – Duff

168 Welcome to the Jungle

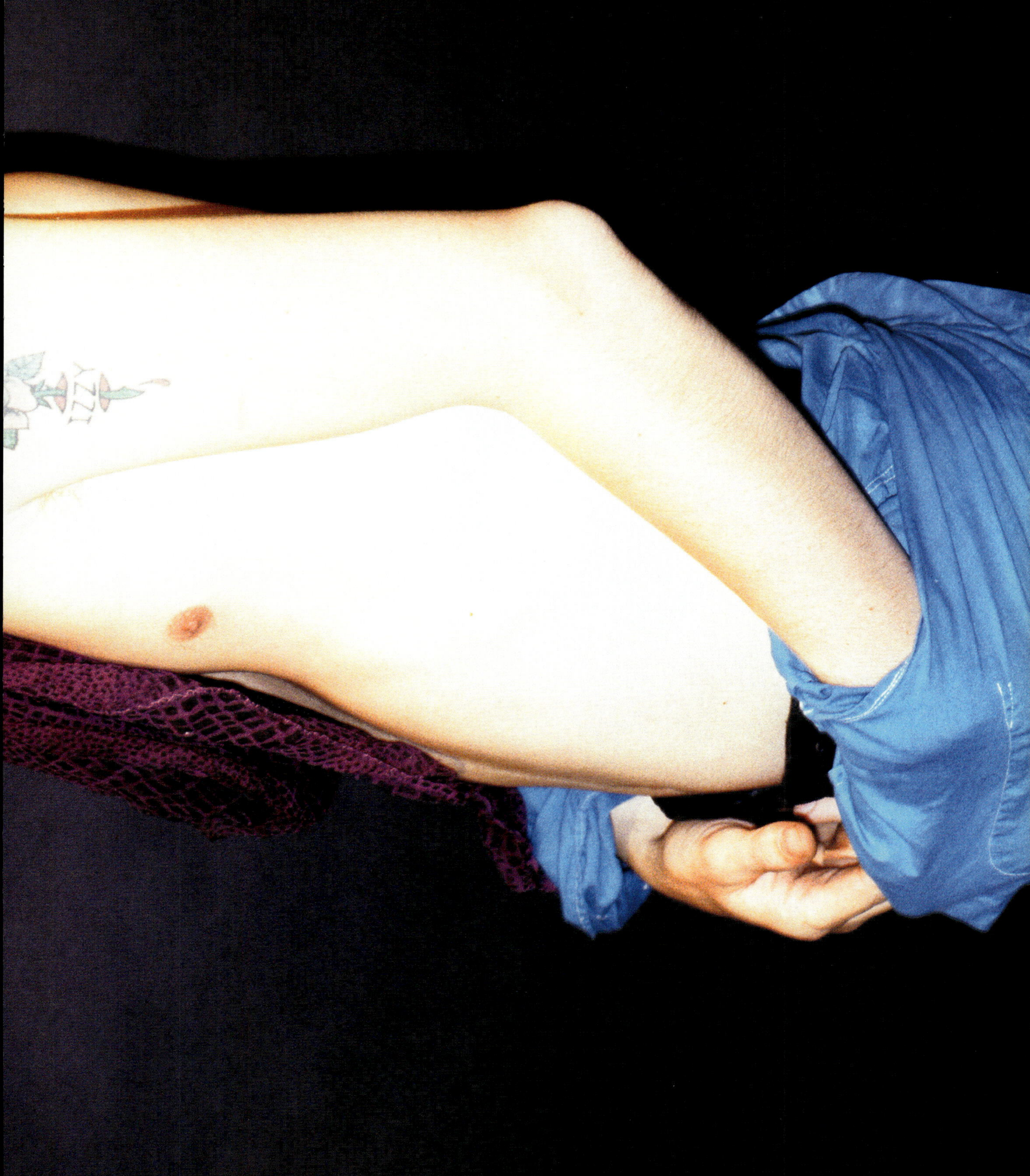

O verdadeiro "Spaghetti Incident"?

Outubro de 1985 – ENSAIO FOTOGRÁFICO **171**

Panfleto criado por Duff

RADIO CITY
OCT 31, 10:00 PM
HALLOWEEN EVE

31 outubro de 1985 – RADIO CITY **173**

Radio City

Fri. Oct.	4	**THE SCARECROWS** THE CITADEL • THE SOCIETY PERGUSLY PARK FORM. BAMBOO CARNIVAL
Sat. Oct.	5	**L.A. GUNS** SCREEM • SIXTEEN
Fri. Oct.	11	**CATHEDRAL OF TEARS** LOVE 'N' TERROR • BLEEDING HEARTS
Sat. Oct.	12	**SLAVEN • DE BEST**
Thur. Oct.	17	**THE J. WALKERS** • U. SKWAD
Fri. Oct.	18	**ENTICER** • SILENT PARTNER
Sat. Oct.	19	**BLITZKRIEG** GREG LEON INVASION
EVERY MONDAY		**MONDAY NITE FOOTBALL** 25¢ HOT DOGS, DOLLAR BEERS, 16 FT. TV SCREEN
COMING SOON	10/25 10/31	JET BOY • TAZ DOLL • GUNS 'N' ROSES • SUICIDE KINGS

Radio City

TICKETMASTER

BOOKINGS (714) 826-7001 • MARS BLACK • 2:30 – 5:30PM M – F
KNOTT & BALL RD, ANAHEIM (714) 826-7000

NIGHTBEAT

Though all five members of Guns 'N Roses were injured in a recent car crash, they've vowed not to cancel any club dates. The band (pictured here previous to the crash—we think) will play at Radio City October 31 with Doll

31 outubro de 1985 – RADIO CITY

NOITE DE HALLOWEEN
DESI, GATA COM
CHICOTE
FOTO JACK LUE

A banda discutiu de novo com os funcionários do clube nesta festa de Halloween em Aneheim, cidade onde fica a Disneylândia. Esse era o mesmo clube para o qual eu havia levado Slash para fazer um teste para o Poison cerca de um ano antes.

IZZY: "O que está acontecendo em Orange County? Hein?"

DUFF: "Somos o Guns N' Roses, se é que vocês já não sabem. Esta se chama 'Reckless'."

AXL: "Para esta próxima canção, gostaria de apresentar a Desi aqui no palco, nossa dançarina. Esta se chama 'Jumpin' Jack Flash'."

AXL: "Agora vamos para 'Move to the City'."

AXL: "Somos o Guns N' Roses. Gostaria de agradecer a todos por virem aqui nesta noite de Halloween. Tenham um feliz Halloween. Nossos próximos shows vão ocorrer no Troubadour, no dia 26, com a banda Kix, de Nova York, e com Feline, no dia 22 de novembro. É isso aí, esta canção se chama 'Don't Cry'."

O maior ponto de desavença era quando tocavam de novo na ferida – discussões quanto a continuar tocando depois que o sonoplasta achava certo desligar o som.

MC (sinalizando da cabine que era a última canção): "Mais uma!"

AXL: "O que significa isso, mais uma merda. Esta canção se chama 'Rocket Queen'."

AXL: "É isso aí, o cara do som está tendo um ataque histérico. O que vocês acham?"

DUFF: "Temos mais uma para tocar."

A música da fita cassete continuava tocando ao fundo e já havia passado um minuto com a banda no palco se recusando a sair. Finalmente, a música da fita cassete parou e a banda tocou "Heartbreak Hotel".

AXL: "Esta filha da puta se chama 'Heartbreak Hotel'."

AXL: (depois de "Heartbreak Hotel") "Guns N' Roses, no dia 22 de novembro, no Troubadour, com Kix e Feline. Espero que todos possam ir, obrigado por virem aqui hoje à noite."

O clube tinha feito um vídeo da apresentação e o ofereceu à banda como sendo o pagamento. Slash, que cuidava dos negócios da banda, insistiu em receber em dinheiro.

O Radio City foi destruído por um incêndio pouco depois deste show.

31 outubro de 1985 - RADIO CITY

Foto tirada dos bastidores enquanto a banda se preparava para tocar ao vivo.

TROUBADOUR
22 DE NOVEMBRO DE 1985

Este show marcou a primeira apresentação do Guns N' Roses com casa lotada.

22 de novembro de 1985 – TROUBADOUR

doug weston's
Troubadour
presents

GUNS N ROSES

FELINE

KIX

Tavern

O pedal da bateria de Steven quebrou quando a banda começava a tocar "Mama Kin", e eles simplesmente pararam de tocar por um instante enquanto Axl falava à plateia sobre o atraso temporário, em função de dificuldades técnicas. Izzy começou a fazer uma base na guitarra enquanto Slash o acompanhava fazendo alguns solos. Axl falou para a plateia que a canção inacabada se chamava "Indiana Ain't My Kind Of Town" e soltou alguns vocais, alguns foram improvisados na hora. Mesmo sem o pedal da bateria funcionando, a banda tocou "Heartbreak Hotel" antes de sair do palco.

Axl se mostrava visivelmente satisfeito com o grande público: estava entusiasmado e cheio de energia durante todo o show, graças às muitas pessoas que compareceram.

AXL: "Temos gente pra caralho hoje à noite aqui. Somos o Guns N' Roses."

AXL: "Hollywood, esta é a capital da droga do mundo. 'Welcome to the Jungle'."

AXL: "Gostaria de agradecer a todos que apareceram aqui hoje. Se já estiveram antes em um show do Guns N' Roses, sabem então qual vai ser a próxima. Gostaria de apresentar nossa dançarina Desi. Esta é uma canção dos Rolling Stones conhecida como 'Jumpin' Jack Flash'."

AXL: "Vai rolar uma festa hoje à noite em (anuncia o endereço). Esta se chama 'Move to the City'."

AXL: "Gostaríamos de fazer um agradecimento especial a Marc Canter, pela superabundância de ajuda que tem nos proporcionado. Esta canção se chama 'Don't Cry'."

Eu tinha acabado de cobrir o custo de 250 dólares do banner do Guns N' Roses desenhado por Slash, que foi estreado nesse show.

AXL: "Esta é dedicada a todas as pessoas que acham que esta banda é mal comportada. Esta se chama 'Nice Boys Don't Play Rock N' Roll'."

AXL: "Esta é uma canção realmente bela. Vai para aqueles que têm alguém que não os deixa em paz, que enche demais o saco; esta canção se chama 'Back Off Bitch'."

Dividindo o palco com a stripper, Barbie, uma amiga de Axl, dançava "Rocket Queen", que havia sido composta para ela e falava sobre ela.

22 de novembro de 1985 – TROUBADOUR 183

AXL: "Vamos fazer um cover para vocês. Acho que vocês gostam do Aerosmith. Que tal um pouco do sabor de 'Mama Kin'?"

AXL: "Temos um pequeno atraso por conta de dificuldades técnicas."

Vicky Hamilton foi a esse show e ficou muito impressionada com a apresentação e a grande atração que proporcionaram ao clube – eles haviam lotado seu primeiro show como atração principal – que ela acabou oferecendo seus serviços como *manager*. Ela tinha muita experiência gerenciando bandas desconhecidas e possuía um grande histórico no assunto. Ela fora parcialmente responsável por levantar as carreiras de bandas importantes como Motley Crue, Poison, Stryper e muitas outras. Slash a havia conhecido um ano antes, quando fora fazer um teste para o Poison, que ela gerenciava na época. Apesar de Slash ter decidido que não tinha interesse em se unir ao Poison, ele considerava Vicky uma pessoa muito interessante e sabia que ela era uma jogadora pesada no cenário de clubes de Hollywood.

A banda se reuniu com Vicky e decidiu contratá-la como *manager*. Antes de Vicky, uma mulher chamada Bridgette, que havia gerenciado a banda Jetboy, com quem o Guns N' Roses tocou em vários eventos, gerenciou a banda por um breve período. Mas ela não estava conseguindo realizar muita coisa em nome deles, e o Guns N' Roses quebrou o vínculo. Por outro lado, Vicky tinha excelentes contatos para conseguir e promover os shows. Sua tarefa consistia em garantir que os shows tivessem bom som e um belo visual e, acima de tudo, que dessem dinheiro. A banda acreditava que o ponto forte de Vicky era a negociação com os clubes, mas notavam que se conseguissem um contrato com uma gravadora, ela não teria a capacidade de gerenciá-los a partir daquele momento. Coincidentemente, o selo que acabou assinando com a banda também a contratou como agente de A&R.

VICKY HAMILTON Era como se gerenciar o Guns N' Roses fosse uma progressão natural do que eu estava fazendo. Tinha acabado de passar por algo um tanto complicado com o Poison, então tinha de pensar em me envolver de novo com uma banda que ainda estivesse naquele nível.

Eu estava bem envolvida no meio do pessoal A&R naquela época. Tinha adquirido o Poison, trabalhado com Motley Crue e Striper, ou seja, estava bem familiarizada com o pessoal A&R que estava contratando aqueles tipos de bandas. Agendei alguns shows para o Guns N' Roses no Roxy e no Stardust Ballroom, e os ajudei a facilitar os shows no Troubadour. Ajudei a melhorar a qualidade dos shows para a banda. Guns N' Roses era único naquele período e muito excitante para mim.

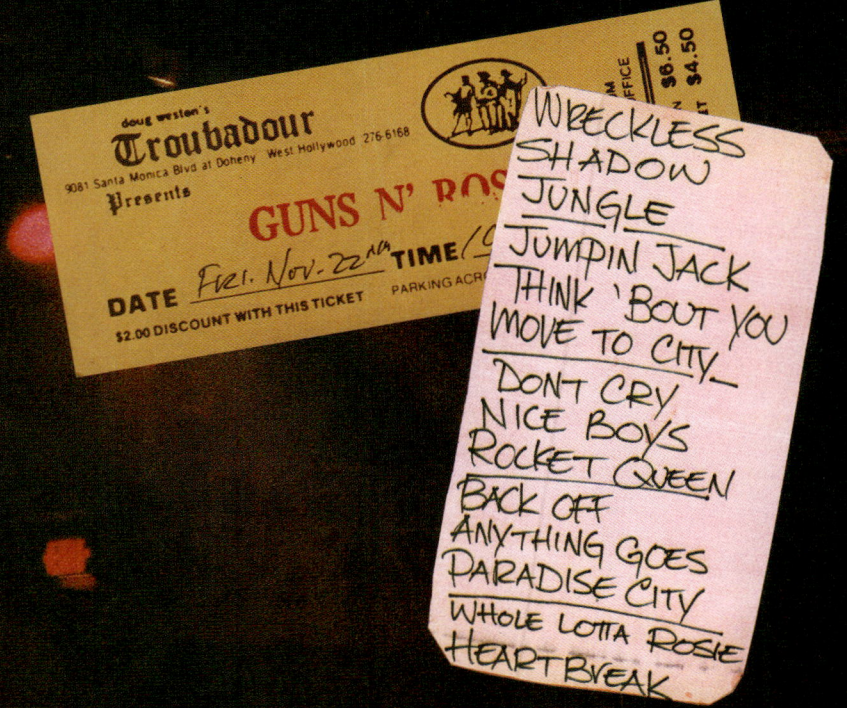

Wreckless
Shadow
Jungle
Jumpin Jack
Think 'Bout You
Move To City
Don't Cry
Nice Boys
Rocket Queen
Back Off
Anything Goes
Paradise City
Whole Lotta Rosie
Heartbreak

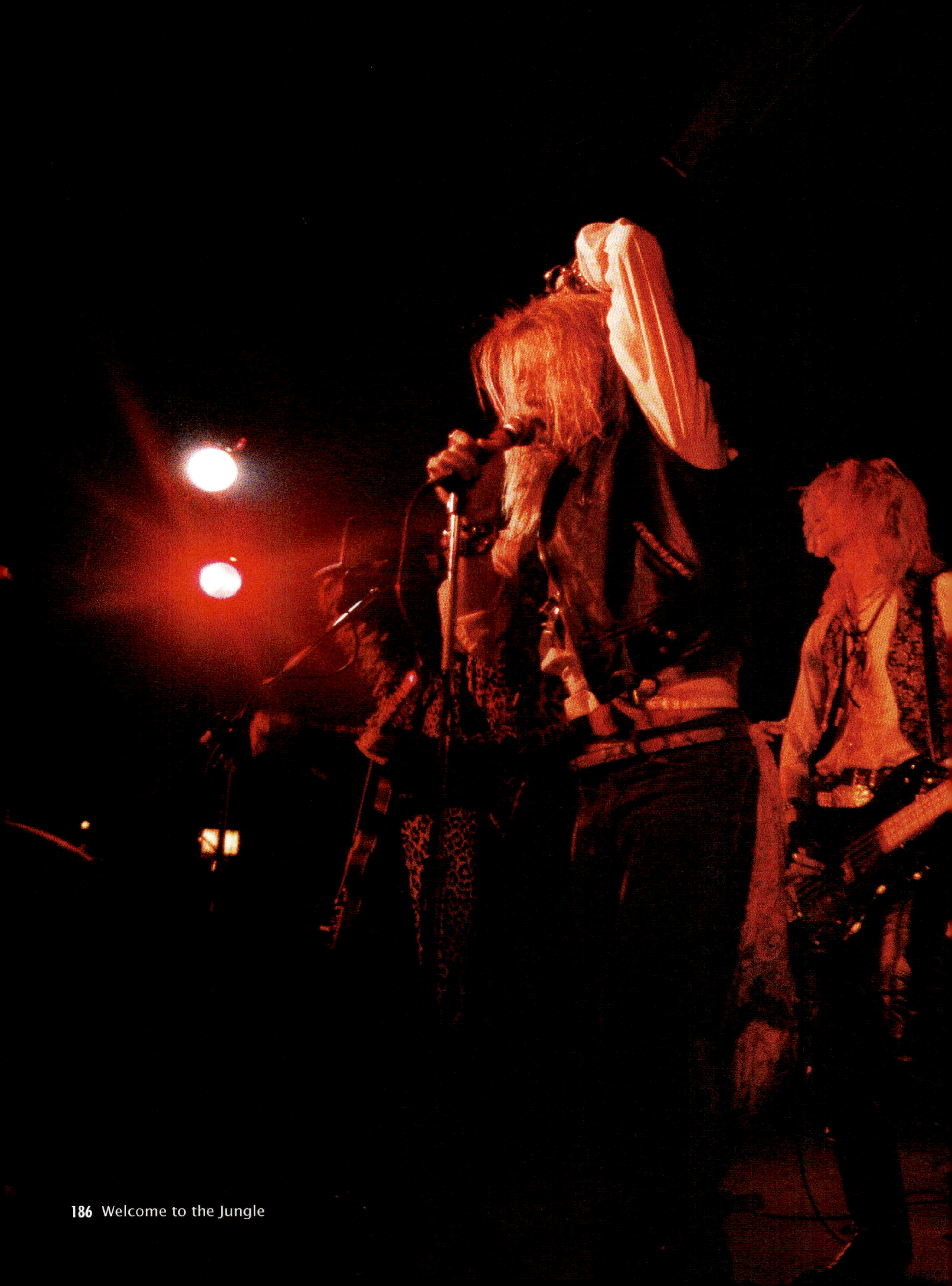

MUSIC MACHINE
20 DE DEZEMBRO DE 1985

Nightrain foi tocada publicamente pela primeira vez nessa noite.

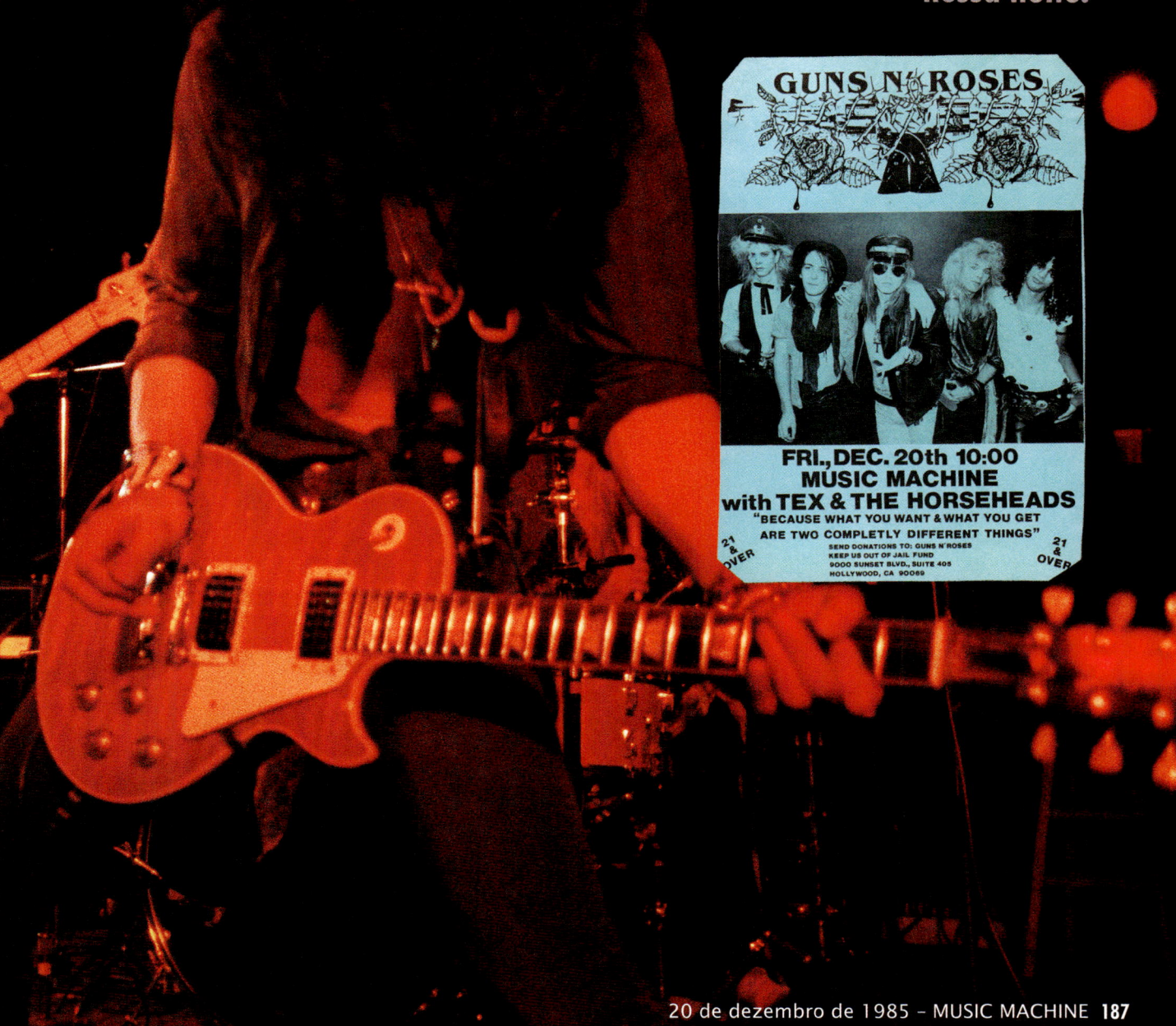

A banda estreou uma nova canção naquela noite, "Nightrain", com quase todos da banda contribuindo na introdução:

MC: "Senhoras e senhores, aplausos para Guns N' Roses."

DUFF: "É isso aí!"

AXL: "Somos o Guns N' Roses, e esta é 'Shadow of your Love'."

AXL: "Estamos aqui em Pico, no meio do nada. Bem-vindos todos ao show e 'Welcome to the Jungle'."

SLASH: "É isso aí, temos uma nova canção que acabamos de fazer durante a passagem de som. Ela se chama 'Nightrain'."

IZZY: "Ela fala sobre essa merda barata que todos bebem."

DUFF: "É sobre um famoso passatempo."

AXL: "Esta canção é dedicada àqueles que se parecem alcoólatras. Todo este show é dedicado à Debbie."

Axl tocou gaita na introdução de "Nightrain", que foi tocada muito mais lenta do que seria gravada posteriormente. A canção ainda estava sendo composta, então a letra inteira que seria gravada no álbum não foi cantada naquela noite.

AXL: "Temos um show no Troubadour no próximo dia 4 de janeiro com a banda Feline, e teremos outro convidado especial no show no próximo dia 18, no Roxy, com nada mais nada menos que a L.A. Guns. Todos esses shows são dedicados a 'Moving to the City'."

AXL: "Eu acho que muitos de vocês conhecem esta canção. Ok, esta é uma canção especial de aniversário, para Debbie. Esta canção se chama 'Don't Cry'."

AXL: "Esta canção é dedicada à cerveja Budweiser. 'Nice Boys Don't Play Rock N' Roll'."

AXL: "Há algo que queiram ouvir? Vamos mandar um pouco de 'Mama Kin' para vocês."

MC: (depois de "Mama Kin") "Última canção."

Várias pessoas na plateia começaram a pedir "Back Off Bitch!".

DUFF: "Esta se chama 'Paradise City'."

Na época desse show, a banda já tocava "Paradise City" de forma perfeita, e nessa noite a canção soou como se realmente tivesse acertado o ponto. Ela se tornaria a canção favorita da banda para encerrar os shows.

AXL: (depois de "Paradise City") "Muito obrigado. Boa-noite. Dia 4 de janeiro, no Troubadour; dia 18 de janeiro, com L.A. Guns, no Roxy.

SLASH Eu me lembro; éramos Izzy, Axl, Steven e eu andando por Hollywood e começamos a cantar "Nightrain", quando surgiu o refrão. Criamos a canção em dois dias, e acabou se tornando o grito de guerra da banda. A bebida Nightrain foi imortalizada pela canção, porque, na época em que foi escrita, era a única bebida que tínhamos dinheiro para comprar. Comprávamos garrafas de Nightrain com os poucos centavos que tínhamos e saíamos passeando por Hollywood e Sunset Strip. Isso se tornou um estilo de vida para a banda durante aquele período.

RON SCHNEIDER Nightrain era a garrafa de vinho mais barata e a pior que dava para comprar. Se você tivesse dois dólares, conseguia uma garrafa de Nightrain. A ressaca que ela dava, minha nossa. Você tomava uma garrafinha dela e já saía voando. Aí, no dia seguinte, ficava vomitando e passando mal feito um cão, o dia todo, dizendo, "Meu Deus! Por que fui beber aquilo?". Era uma boa bebida barata. É por isso que todos os bêbados da favela ainda a bebem. Ainda consigo sentir o sabor daquela merda em minha boca. Havia uma loja de bebidas bem na esquina do estúdio da Gardner Street que vendia Nightrain. Havia duas bandas naquele local. Tinha o Guns N' Roses no estúdio pequeno, e próximo a eles ficava Johnny and the Jaguars. Era a vez deles ou era a nossa. Jamais sonharíamos com Jim Beam ou Jack Daniels, apenas Nightrain.

SLASH Nightrain era o que havia de disponível comercialmente, um produto tangível que tínhamos condições de comprar. As outras coisas eram um pouco mais complicadas, mas Nightrain era uma bebida simples que podíamos conseguir com pouquíssimo dinheiro e em grande quantidade para tocar a vida. Acho que naquela época, como não tínhamos condições para comprar bebida ou comida, ele continha os suplementos alimentares suficientes para que sobrevivêssemos tomando somente aquilo.

STEVEN: "Excelente ritmo. 'Nightrain' era puro rock. Gosto especialmente do solo de guitarra. Gosto dessa parte da canção, porque eu e o Duff pegamos pesado no rock. Tem mais emoção do que uma máquina."

SLASH: "'Nightrain' é como 'Welcome to the Jungle'. Expressa muito o que a banda toda significa. Eu me lembro de quando a tocamos pela primeira vez, pegamos uma carona até o Rainbow e caminhamos até o Troubadour gritando 'Nightrain', porque era o que estávamos bebendo."

AXL: "A garrafa custava um dólar e tinha 19% de teor alcoólico. Era beber um quarto da garrafa e você apagava."

IZZY: "Estávamos no Troubadour, mas não havia ninguém, e começamos a caminhar de volta à Strip cantando durante o trajeto."

DUFF: "Estávamos morando no Gardner Street Studio, o espaço era um caixote de tão pequeno que era. Não tínhamos dinheiro, mas conseguíamos juntar um dólar e ir até a loja de bebidas onde eles vendiam esse vinho maravilhoso chamado Nightrain, que por um dólar te derrubava. Com cinco dólares você apagava mesmo. Sobrevivíamos disso."

SLASH: "Não tinha nada a ver com o fato de ser um vagabundo pulando no vagão do trem da meia-noite. Tinha mais a ver com a atitude e descrever como você se sentia enquanto estava sob o efeito da bebida. Você se sentia invencível."[4]

4. Reimpresso do Geffen Press Kit.

> Compusemos "Nightrain" caminhando na Sunset Boulevard, indo do Rainbow ao Roxy, distribuindo panfletos a caminho do Troubadour e bebendo. Estávamos todos sob o efeito de Nightrain. Custava 1,09 dólares a garrafa. Isso era tudo o que tínhamos condições de pagar.
>
> **STEVEN ADLER**

190 Welcome to the Jungle

TROUBADOUR

"My Michelle" foi executada pela primeira vez neste show, e o burburinho ao redor do GNR estava ficando mais alto e claro!

Wreckless
Shadow
Jungle
Jumpin Jack
Think Bout You
Move To City
Don't Cry
Nice Boys
Back Off
Rocket Queen
Night Train
Michele
Paradise
Anything Goes
Ma Kin
Heartbreak

Cortesia de
Carrie Small–Laskavy

4 de janeiro de 1986 – TROUBADOUR

AXL: "Eu conheci uma garota chamada Michelle, e ela se tornou uma grande amiga da banda e eu saí com ela durante algum tempo. É uma história verdadeira. Slash e outros membros da banda diziam que era muito pesado se referir à Michelle como meiga e coitadinha; ela ficaria fora de si. Escrevi esta bela canção suave sobre ela e, quando reparei na canção, percebi que realmente não se aproximava muito da realidade. Então, fiz o que achei que seria honesto. Descrever sua vida. Essa garota leva uma vida tão alucinada usando drogas, ou seja lá o que for que ela fazia na época, que você nunca saberia se ela vai estar aqui amanhã. Toda vez em que me encontrava com Michelle, eu me sentia totalmente aliviado e feliz. Depois de debater por três semanas, eu mostrei a letra para ela, e ela ficou muito feliz em saber que alguém não pintara apenas um quadro bonito. Ela amou. Era uma canção para ela de verdade, não era algo artificial."[5]

Reimpresso do Geffen Press Kit.

As plateias dos clubes de Los Angeles são notórias por sua atitude descontraída e *blasé*.

Portanto, quando uma banda surge no cenário e não apenas começa a atrair seus próprios seguidores, mas acaba animando as plateias com exibições audíveis, visíveis e repletas de entusiasmo, o boca a boca começa a se espalhar. Nasce o burburinho. É quando os homens de terno – os representantes das gravadoras com dinheiro – começam a checar os acontecimentos. O burburinho ao redor do Guns N' Roses estava ficando cada vez mais alto e claro nesse período.

A devoção da banda ao velho e bom sexo, drogas e rock n' roll estava em grande evidência nessa noite.

SLASH: "É isso aí, vamos tocar umas duas canções novas para vocês. Vamos começar com algo chamado 'Rocket Queen', nada mal para a porra do Troubadour."

AXL: "É isso aí, esta próxima canção é inédita. É dedicada aos alcoólicos anônimos. Você compra nas lojas de bebidas. Tem um teor alcoólico de 19% e é chamada Nightrain."

SLASH: "Nós ficamos excitados quando bebemos. Começamos a apertar os seios das garotas. Bem, esta vai para vocês. Alguém pode me oferecer uma porcaria de uma bebida?"

SLASH: "Façam mais barulho. Nada mal para a porra do Troubadour, hein!"

AXL: "Esta canção é dedicada à Michelle Young; esta canção se chama 'Michelle'."

Há algumas diferenças na forma com que a banda tocou esta canção naquela noite, comparada com a versão que seria tocada no álbum. A letra nos primeiros versos – até o primeiro refrão – era cantada com uma voz mais suave, mas a música mantinha a mesma velocidade. O solo era o mesmo que apareceria no disco. No geral, a canção, que ainda estava inacabada na época, se saiu muito bem.

MICHELLE YOUNG A canção não se trata de um elogio, mas todo aquele processo da minha vida naquela época foi impressionante. Eu pensava, "Ó, meu Deus, isto é maravilhoso", mas havia então ramificações ao ver uma canção sendo composta sobre você mesma. Eu sei do fundo do meu coração que faço parte da história. Vivi com eles e me sinto feliz por isso. Estou aqui e sobrevivi com muitos outros.

4 de janeiro de 1986 · TROUBADOUR

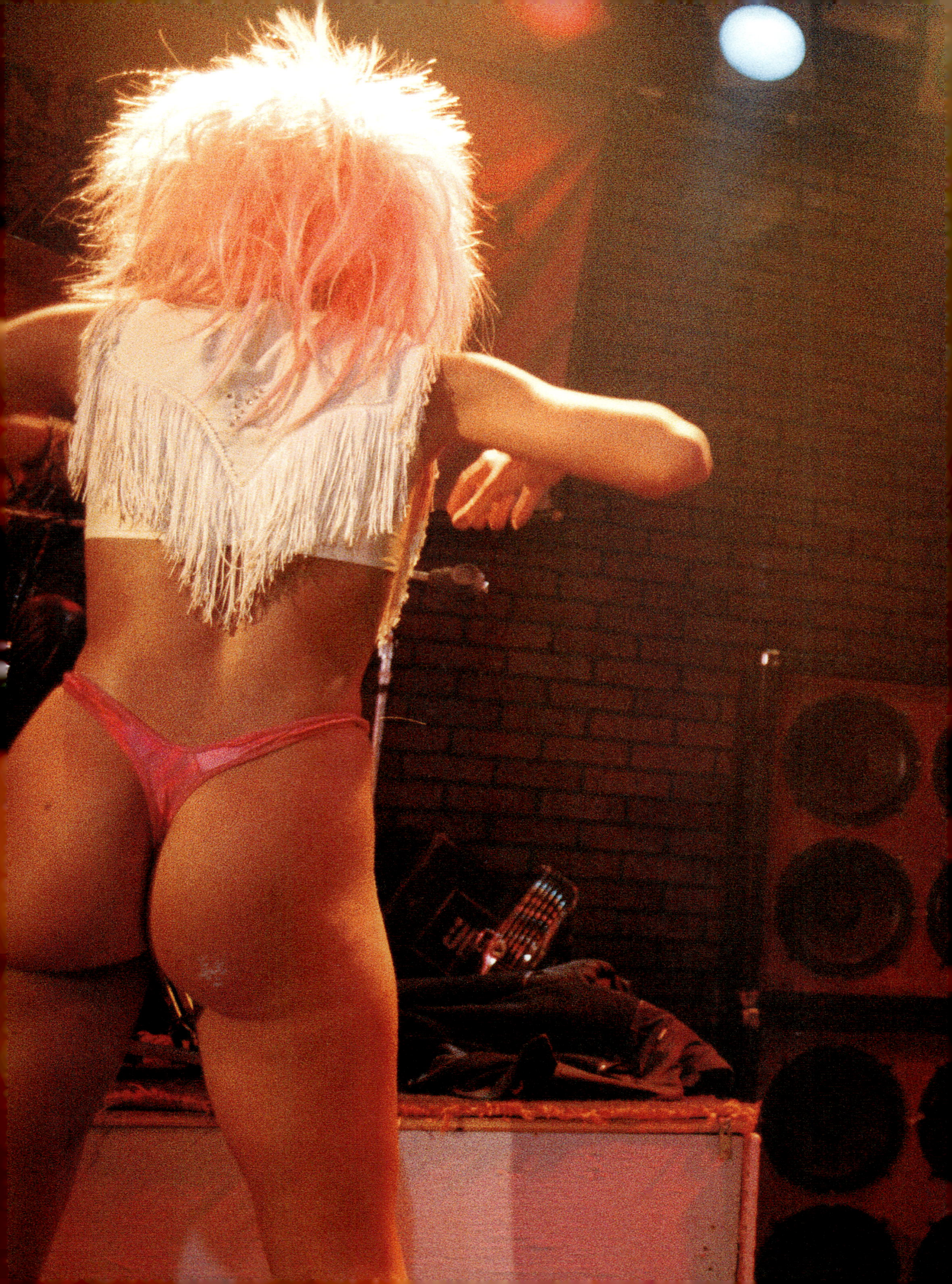

4 de janeiro de 1986 · TROUBADOUR

DOUG WESTON'S World Famous

Troubadour
9081 SANTA MONICA BLVD., L.A. 276-6168

FRI. DEC. 20	**ALLEY BRAT** TRANCE • BRITAIN
SAT. DEC. 21	**VOYEUR** NETWORK KLOCKWERK ORANGE
12/22	*JAZZ, BLUES* **JOHNNY & JOYCE** RAJ RATHOR BROOK WILLS & LOCAL COLOR
12/23-25	*HAPPY HOLIDAYS*
12/26	VENGEANCE ADRIAN • MADD RACKETT
FRI. DEC. 27	**BARBIE** RUOK • NARATA
SAT. DEC. 28	**THE JONESES** JADED LADY • MIRAJ
12/29	DURTIE BLONDE WOMBAT • JENDELL
TUE. DEC. 31	*NEW YEAR'S EVE SPECIAL* **JAG WIRE** NRG • MARGOT FLAX
1/2	RE-ACTION
FRI. JAN. 3	**THE SCAM**
SAT. JAN. 4	**GUNS N' ROSES** FELINE • AIRCRAFT
1/5	KILL • MVY
1/7	THE MOB

Your daddy works
         in porno
Now that mommy's
         not around
She used to love
         her heroine
But now she's
         underground
So you stay out late at
                  night
And you do your coke
                 for free
Drivin' your friends
                crazy
With your life's
             insanity

4 de janeiro de 1986 - TROUBADOUR

Eu preferiria que as pessoas não soubessem que essa canção é sobre mim, especialmente agora que tenho um emprego de alto nível e sou mãe. Eu me encontro ocasionalmente com pessoas que sabem que sou aquela pessoa, e eles me apresentam a outras dizendo, "Adivinha quem ela é?".

Axl anunciou que "Anything Goes" seria a última canção, mas a multidão não se contentaria.

AXL: "Tudo bem, esta é nossa última canção, vamos tocar 'Anything Goes'."

DUFF: "Esta canção é sobre sua mãe."

SLASH: "Tudo bem, ouçam, vamos tocar uma canção bem rápido antes de cair fora, e desceremos do palco um pouco mais cedo. Esta se chama 'Paradise City'."

SLASH: "Tudo bem, pessoal, é isso aí. Tudo bem, seus fodidos, 'Heartbreak Hotel'. Tenho certeza de que esta todos vocês conhecem."

4 de janeiro de 1986 - TROUBADOUR

THE ROXY
18 DE JANEIRO DE 1986

Nesta época, a banda já lotava os clubes mais importantes de Los Angeles. Este show no Roxy, na realidade, atraiu um público muito acima da capacidade, e Tom Zutaut, o agente A&R da Geffen, que acabaria assinando com eles, chegou atrasado e somente conseguiu entrar quando o show havia terminado.

18 de janeiro de 1986 – ROXY 201

GUNS N' ROSES
NEWSLETTER # 2

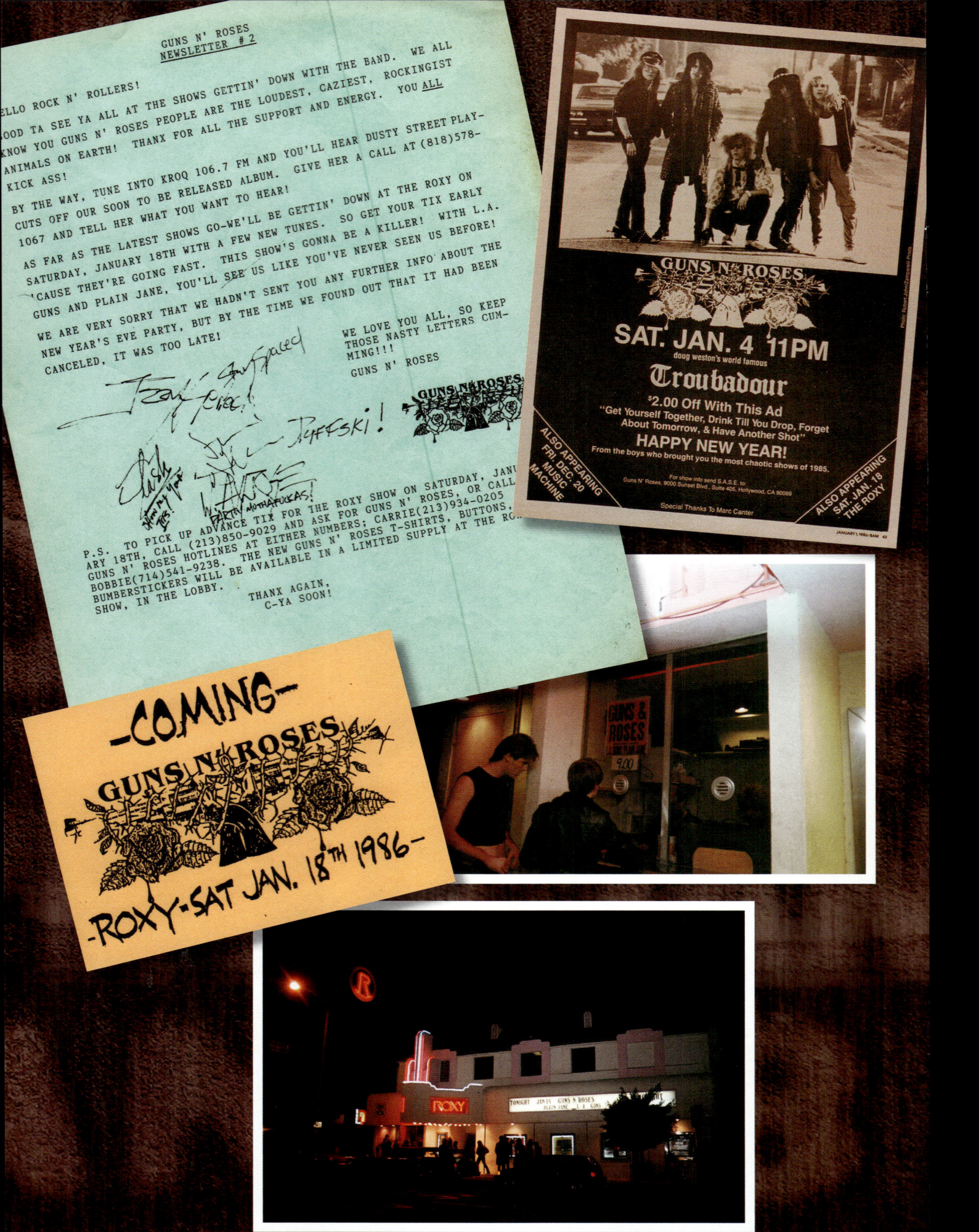

HELLO ROCK N' ROLLERS!

GOOD TA SEE YA ALL AT THE SHOWS GETTIN' DOWN WITH THE BAND. WE ALL
KNOW YOU GUNS N' ROSES PEOPLE ARE THE LOUDEST, CAZIEST, ROCKINGIST
ANIMALS ON EARTH! THANX FOR ALL THE SUPPORT AND ENERGY. YOU ALL
KICK ASS!

BY THE WAY, TUNE INTO KROQ 106.7 FM AND YOU'LL HEAR DUSTY STREET PLAY-
CUTS OFF OUR SOON TO BE RELEASED ALBUM. GIVE HER A CALL AT (818)578-
1067 AND TELL HER WHAT YOU WANT TO HEAR!

AS FAR AS THE LATEST SHOWS GO-WE'LL BE GETTIN' DOWN AT THE ROXY ON
SATURDAY, JANUARY 18TH WITH A FEW NEW TUNES. SO GET YOUR TIX EARLY
'CAUSE THEY'RE GOING FAST. THIS SHOW'S GONNA BE A KILLER! WITH L.A.
GUNS AND PLAIN JANE, YOU'LL SEE US LIKE YOU'VE NEVER SEEN US BEFORE!

WE ARE VERY SORRY THAT WE HADN'T SENT YOU ANY FURTHER INFO ABOUT THE
NEW YEAR'S EVE PARTY, BUT BY THE TIME WE FOUND OUT THAT IT HAD BEEN
CANCELED, IT WAS TOO LATE!

WE LOVE YOU ALL, SO KEEP
THOSE NASTY LETTERS CUM-
MING!!!
GUNS N' ROSES

P.S. TO PICK UP ADVANCE TIX FOR THE ROXY SHOW ON SATURDAY, JANU-
ARY 18TH, CALL (213)850-9029 AND ASK FOR GUNS N' ROSES, OR CALL
GUNS N' ROSES HOTLINES AT EITHER NUMBERS; CARRIE(213)934-0205
BOBBIE(714)541-9238. THE NEW GUNS N' ROSES T-SHIRTS, BUTTONS,
BUMBERSTICKERS WILL BE AVAILABLE IN A LIMITED SUPPLY AT THE ROXY
SHOW, IN THE LOBBY.
THANX AGAIN,
C-YA SOON!

GUNS N' ROSES

SAT. JAN. 4 11PM
doug weston's world famous
Troubadour
$2.00 Off With This Ad
"Get Yourself Together, Drink Till You Drop, Forget About Tomorrow, & Have Another Shot"
HAPPY NEW YEAR!
From the boys who brought you the most chaotic shows of 1985.

For show info send S.A.S.E. to:
Guns N' Roses, 9000 Sunset Blvd., Suite 405, Hollywood, CA 90069

ALSO APPEARING FRI DEC. 20 MUSIC MACHINE

ALSO APPEARING SAT. JAN. 18 THE ROXY

Special Thanks To Marc Canter

—COMING—
GUNS N ROSES
—ROXY—SAT JAN. 18TH 1986—

GUNS N' ROSES

SAT., JAN. 18th 10:00 p.m.

ROXY THEATER
9009 WEST SUNSET BOULEVARD · LOS ANGELES, CALIFORNIA 90069

plus L.A. GUNS & PLAIN JANE

FOR GUNS N' ROSES TICKET INFO
SEND S.A.S.E. TO: 9000 SUNSET BLVD.
HOLLYWOOD, CA 90066
or CALL 850-9029

TAKE THE NIGHT TRAIN!

PHOTO BY: ROBERT JOHN/ZAMPERELLI PROD.

Foi nesse momento que comecei a gravar os *videotapes* dos shows ao vivo da banda, e o vídeo com esta data foi primeiro gravado. A banda abriu o show tocando uma música da trilha sonora do filme *Scarface*, da cena de tiroteio que aparece próxima ao final do filme e, em seguida, foram colocados alguns minutos da trilha sonora original para tocar no sistema de som.

O clube estava lotado neste show, e a banda estava animada e em ritmo de festa.

SLASH: "Vocês conseguem fazer mais barulho do que isso, vamos lá."

AXL: "Bem-vindos ao Roxy e 'Welcome to the Jungle'."

DUFF: "Mais retorno para o baterista."

AXL: "Precisamos de mais retorno em todo o palco."

SLASH: "O que está acontecendo, Roxy? Façam mais barulho. Vamos. Espero que vocês estejam comprando nossas camisetas."

Durante a apresentação do L.A. Guns, quando começaram a tocar um *cover* do Aerosmith, "Adam's Apple", Axl subiu ao palco e cantou com Paul Black!

18 de janeiro de 1986 – ROXY

AXL: "Vocês gostam dos Rolling Stones? Temos a singela 'Jumpin' Jack Flash' para vocês."

AXL: "Gostaríamos de agradecer a Plain Jane. Gostaria que ficassem para ouvir o L.A. Guns quando acabarmos. Faremos um show no dia 3 de fevereiro, no Timbers, com o L.A. Guns, e esta canção se chama 'Move to the City'."

DUFF: "Precisamos de mais retorno para o baterista. Ele não consegue ouvir nada."

Fotos de palco deste show tiradas por Jack Lue

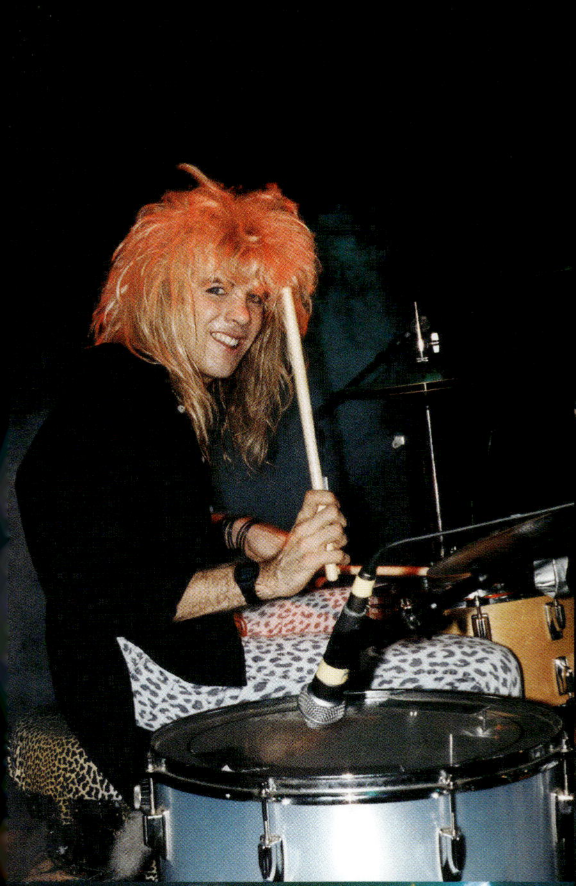

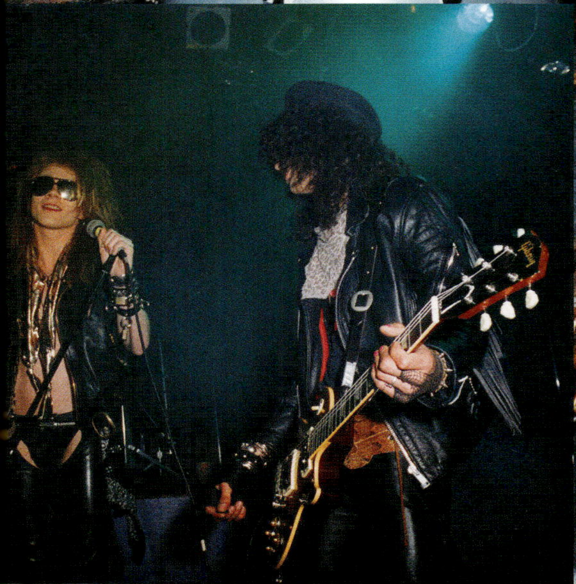

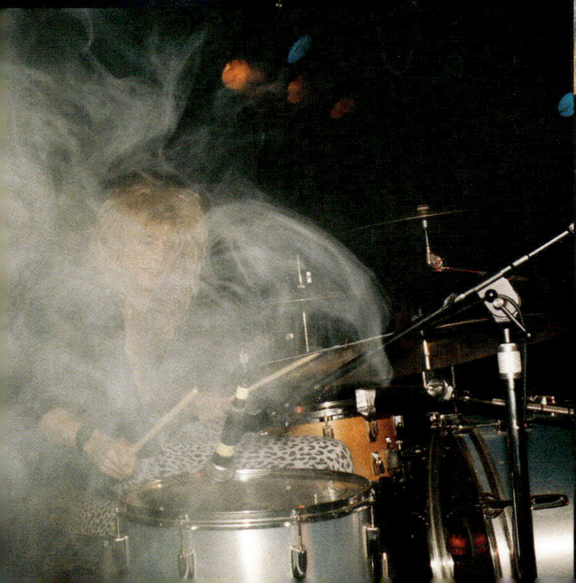

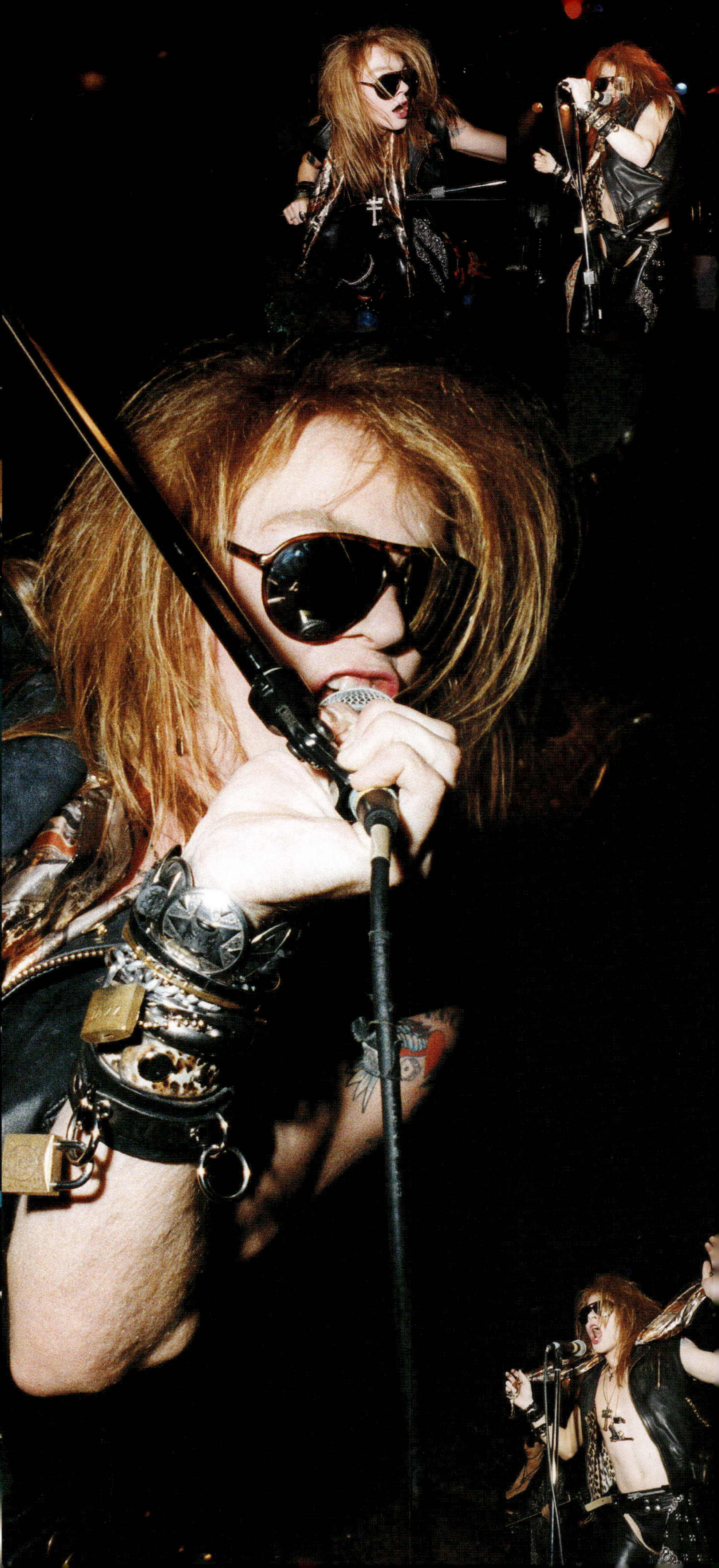

"Temos uma canção mais melodiosa para vocês, um pouco diferente. É uma canção muito suave chamada "My Michelle" para minha amiga Michelle."
AXL

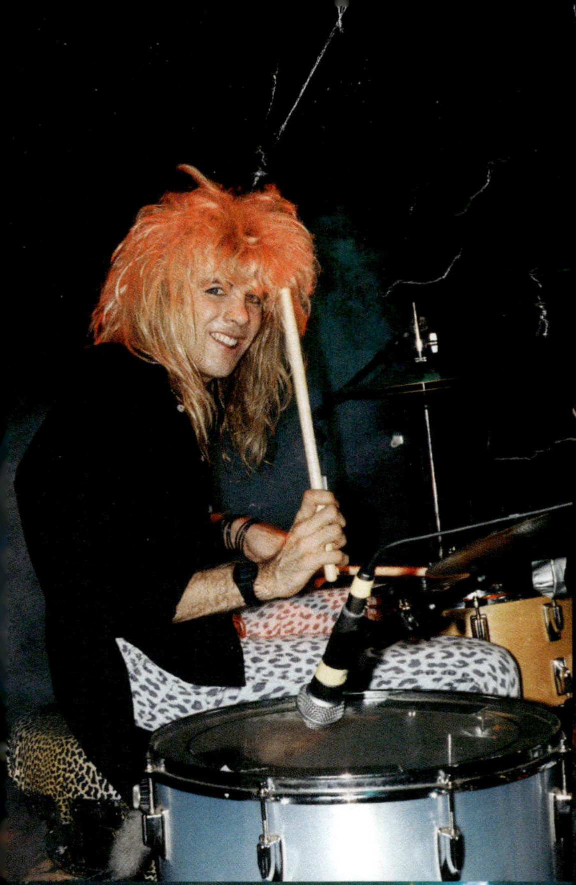
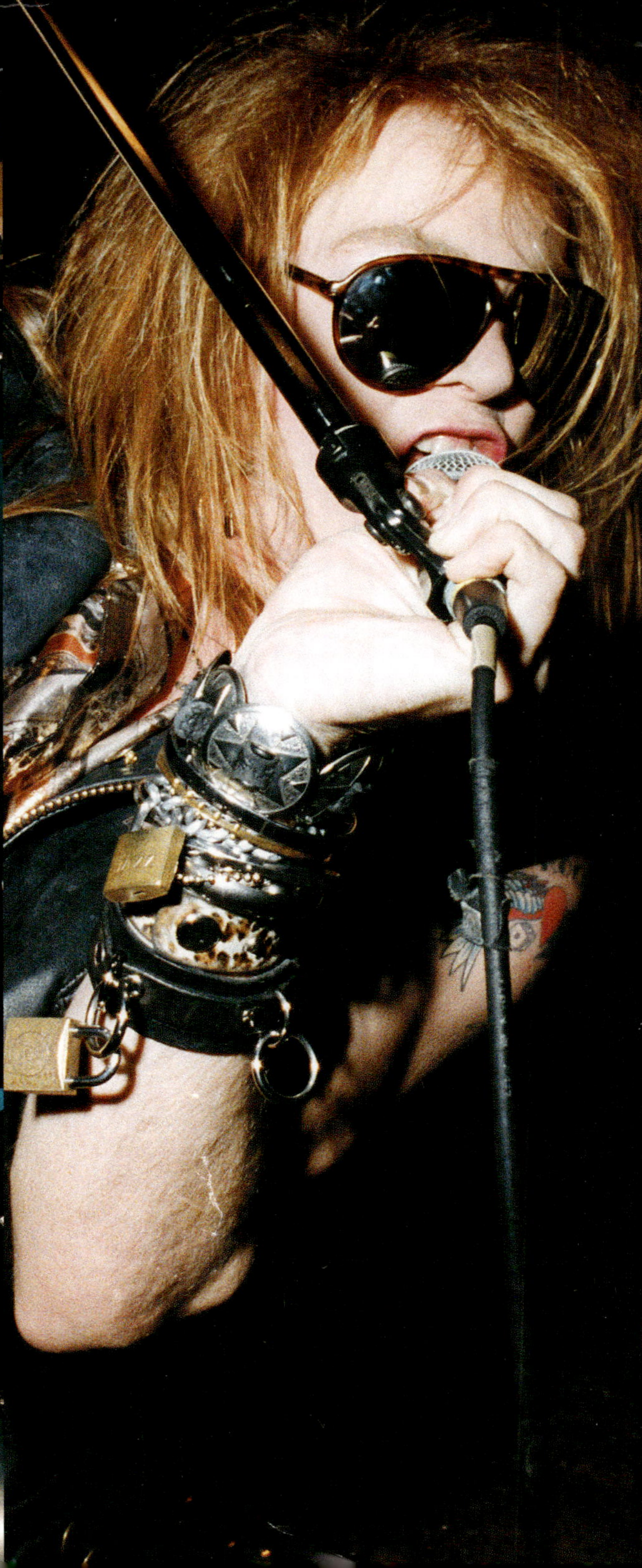
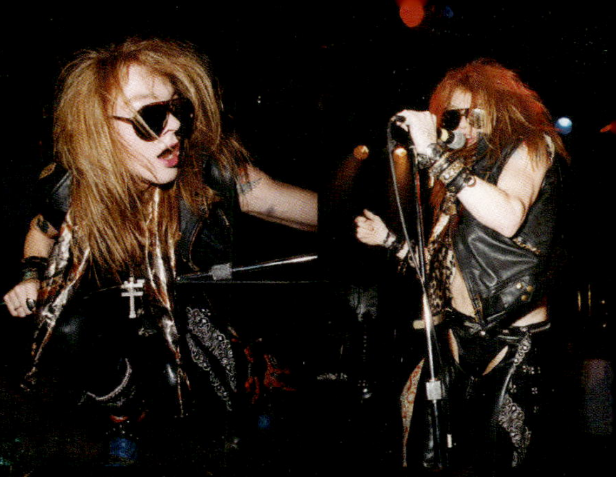
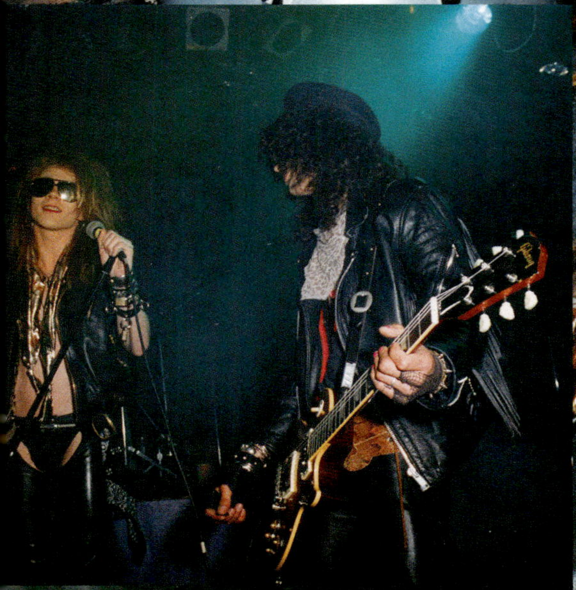
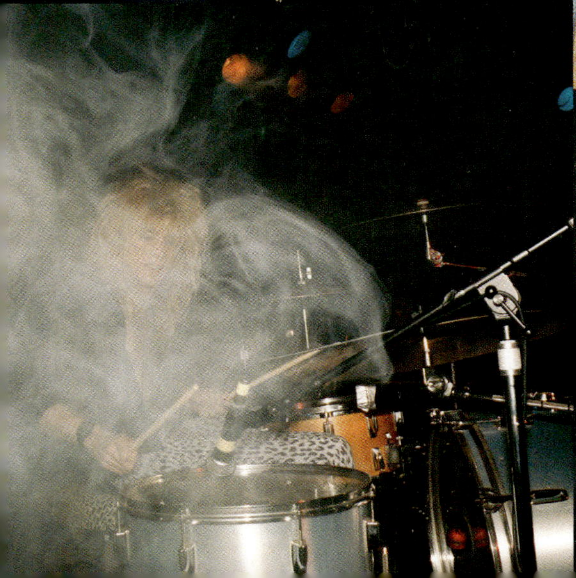
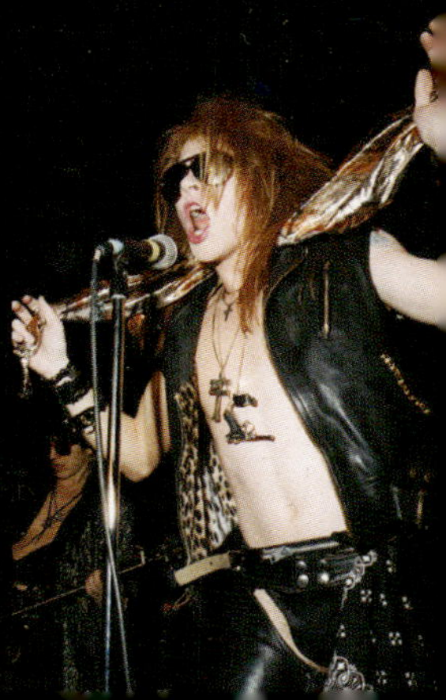

"Temos uma canção mais melodiosa para vocês, um pouco diferente. É uma canção muito suave chamada "My Michelle" para minha amiga Michelle."
AXL

AXL: "É isso aí, nosso baterista precisa de mais retorno, cara. Eu também podia usar um pouco aqui."

DUFF: "Bem que poderíamos ter uma chupeta."

AXL: "Vamos diminuir um pouco o ritmo para vocês. Esta canção se chama 'Don't Cry'."

AXL: "Temos algumas dedicatórias para esta canção. Esta vai para todas as bandas fracas."

AXL: "Esta vai para todos aquelas pessoas que enchem o saco, vocês sabem que canção é esta? O que foi? Qual é o nome desta canção? Para as garotas que pegam em seus pés, certo!"

PLATEIA: "Back Off Bitch."

SLASH: "É isso aí, esta é uma música de dança funk. Esta canção se chama 'Rocket Queen'."

Slash estava bem lubrificado e irritável, tomando goladas de uísque no palco antes de "Rocket Queen", que se destacava pelo solo de guitarra com *slide*. Jojo, o *roadie* da banda, tentava colocar o *slide* no dedo de Slash, mas ele o deixava cair. Furioso, Slash empurrou Jojo para longe. Uma garota subiu ao palco para dançar enquanto Slash continuava irritado. Ele olhou feio para ela, e Jojo a acompanhou para fora do palco, ajudado por um empurrão agressivo de Slash, que na realidade estava irritado porque o solo estava um pouco fora do tom.

18 de janeiro de 1986

DUFF: "Esta canção que compusemos fala de um tipo especial de vinho que bebemos. Chama-se 'Nightrain'."

AXL: "Temos agora outra canção melodiosa para vocês. Um pouco diferente, trata-se de uma canção muito meiga chamada 'My Michelle', para minha amiga Michelle."

Eles tocaram a canção com efeito de gelo seco.

AXL: (enquanto tentava desenrolar os lenços do pedestal do microfone) "Parece que fiquei um pouco preso nessa confusão aqui. Gostaria de agradecer a todos vocês por virem aqui esta noite. Foi uma boa surpresa. Esta canção fala sobre o lugar onde todos nós queremos ir para ter um momento de sossego. Vamos até 'Paradise City'. Vocês querem ir?"

SLASH: "Muito obrigado. Vamos lá, pessoal, quero ouvir mais alto. Porra, façam algum barulho. É isso aí, ouçam, temos mais uma canção e em seguida vamos cair fora. Esta se chama algo como 'Anything Goes'."

DUFF: "É isso aí, boa-noite."

DUFF: "Boa-noite, galera, vocês são foda demais."

AXL: "Muito obrigado, dia 1º de fevereiro, no Timbers, com L.A. Guns, a menos

Única apresentação pública da canção "Good Night Tonight"

Uma máquina de gelo seco foi usada durante "My Michelle" e "Mama Kin".

que queiram ouvir mais uma. Do jeito que eu entendi, acho que dá para contar em uma mão as pessoas nesta sala que realmente não gostam do Aerosmith. Querem ouvir 'Mama Kin'? Bom, então vão receber o que merecem."

DUFF: "Esta canção fala de sua mãe."

AXL: Esta é para lembrar as duas últimas semanas de farra no estúdio, e todas aquelas garotas meigas que pedimos para nos mostrar os seios. Esta se chama 'Goodnight Tonight'."

Duff cantou a maior parte desta última canção.

COMPOSIÇÃO MUSICAL

Early 1985 — Izzy wrote Think About You after hanging out with Alex's ex wife Valrey Kendel... Sunset & Gardner studio Alley... where is a place to sit down and... About you

> Cinco corações, cinco almas, cinco personalidades que simplesmente se fundiram e juntos se formaram, do jeito que uma banda de rock n' roll deveria ser.
>
> **STEVEN ADLER**

Paredes do estúdio cobertas por contracapas de revistas pornôs, cardápios manchados e caixas de pizzas: eram os quadros que captavam as letras do Guns N' Roses enquanto eram compostas.

Havia um fluxo natural na forma com que as canções eram compostas, no qual imperava a espontaneidade. Steven batucava um ritmo em um cinzeiro, Slash seguia a pista da batida e improvisava uma melodia, Axl pulava em cima e soltava a voz com um verso.

Eles eram uma espécie de coletividade improvável – o guerreiro, o gênio, o pensador, o rebelde e o palhaço –, que se reuniam pelo amor à música e o desejo de conquistar o cenário musical de L.A. Suas canções eram sinceras, corajosas e atrevidas, e eram inspiradas pelas conturbadas experiências às quais sobreviveram, seja com as namoradas e as drogas, ou pelas ruas de Hollywood.

Um minúsculo apartamento-estúdio em Hollywood, na Gardner Street, atrás do Guitar Center, serviu como sede para o Guns N' Roses. Lá eles ensaiavam,

Izzy escreveu "Think About You" depois de ter saído com a ex-esposa de Alex Van Halen, Valery Kendel. Ela o deixou no estúdio Sunset & Gardner Studio Alley. Izzy caminhou pelo beco, encontrou um lugar para se sentar e escreveu a canção!

MARC CANTER

dormiam, brigavam e compunham canções. As proximidades do local agiam como uma panela de pressão, forçando uma colaboração criativa que resultava em uma música explosiva. Por mais distante que uns vagavam dos outros, eles sempre acabavam de volta ao estúdio.

DUFF: Se você desfiar as partes das canções do álbum *Appetite* e perguntar quem escreveu o que, tenho certeza que você vai se deparar com cinco histórias diferentes. Você ouve claramente a influência de Izzy, o estilo de guitarra do Slash, as seções rítmicas e Axl em cima disso tudo com toda aquela sua mentalidade de "foda-se tudo". Cada um tinha suas próprias coisas, e eles colocavam isso na música. O processo de composição não era árduo ou de se arrancar os cabelos, era simplesmente algo que acontecia. Era uma extensão de nós cinco como um coletivo.

SLASH O processo de composição era um pouco mais complexo do que posso explicar. Eu escrevia algo com Duff, ou escrevia com Axl. Não havia um padrão montado para isso. Nunca havia qualquer tipo de conversa consciente sobre composição, arranjo nem sobre pontes e meio tempo, como chamam toda essa porcaria! Eu sempre tinha uma guitarra comigo, então compunha refrões o tempo todo e algo captava os ouvidos de Axl. Izzy fazia uma canção e colocava um pouco de letra que a acompanhava. Izzy era um grande compositor e era ele quem nos incitou a começar. Havia várias maneiras diferentes de fazer aquilo. Se algo soava bom, então abraçávamos aquilo e começávamos a construir a partir dali; surgia um riff, alguém vinha com outra parte, outro trazia uma nova ideia – bum – lá estava uma canção pronta. Sempre que chegava a uma ponte ou a um solo, e ouvia a mesma coisa que ouvia quando compúnhamos a canção pela primeira vez, eu tocava do jeito que a sentia. Se eu ouvisse algo diferente, acabava mudando no show seguinte; talvez uma nota aqui ou algo mais, ou acrescentava algo totalmente diferente do que estava lá quando foi composta pela primeira vez. Mas a estrutura e as partes melódicas permaneciam intactas desde o início, e isso servia como um mantra. As canções do Guns N' Roses surgiam de forma espontânea. E quando pensamos nisso, no primeiro disco que gravamos, *Live Like a Suicide*, que era o lado B do disco "Lies", havia duas canções originais e duas *covers* sem nenhum tipo de arranjo específico.

DANNY BARREL Slash compunha a música e Axl, a letra. Eles simplesmente costuravam juntos. Não estamos falando dos Beatles. Estou falando de músicos realmente brilhantes como Slash, trocando todas suas ideias em um esforço comunitário. Slash simplesmente arrancava de dentro dele esses maravilhosos acordes, construía a melodia e, em seguida, uma canção. Ele gravava em fitas cassetes comuns, passava para Axl, e este já aparecia com a letra que estava tentando costurar nas melodias de Slash.

CHRIS WEBER O processo de composição musical era muito orgânico. Eu aparecia com um refrão e mostrava para Izzy, ou vice-versa. Criávamos pelo menos duas ou três partes: o verso, o refrão, a ponte, etc. Em seguida, gravávamos de forma simples, como em um gravador de fitas com um microfone embutido, e entregávamos a fita para Axl.

> Izzy ficava bem no meio, entre Slash e eu. Musicalmente, ele ajudava a dar equilíbrio entre o punk e o hard rock.
> **DUFF**

MARC CANTER Havia palavras escritas em papéis por todo o lado: Izzy escrevia letras, Duff escrevia letras, Axl escrevia letras. Alguém pegava a guitarra e começava a tocar. Logo surgia uma canção do nada. E é por isso que os cinco rapazes viviam juntos no estúdio. Alguém pegava a guitarra, começava a tocar algo e dizia, "Vejam só esta canção que fiz". Geralmente, a canção era dilacerada em menos de cinco segundos pelos demais. Por isso que não se tratava de uma única pessoa responsável pela composição, todos colocavam um pouco de si no processo. E, embora alguém criasse a espinha dorsal de uma canção em particular, ela acabava se transformando em uma canção completamente diferente quando a banda a dava por concluída. Eu me lembro de uma parte de "Paradise City", ou de "My Michelle", que Slash deu apenas uma pequena mexida e, de repente, ela se transformou em uma canção totalmente diferente.

DUFF: "My Michelle", por exemplo, atravessou várias fases diferentes como canção. Era só meio tempo durante algum período. Nós mexíamos um pouco nas partes de transição. As pontes eram uma grande preocupação nossa. A ponte tinha de soar tão bem ou melhor que qualquer outra parte da canção, ou para que ter uma ponte? Tocávamos diferentes versões de canções durante essa época e conseguimos chegar rápido a uma versão da canção que queríamos. Mas não sabíamos como ficaria até que tocássemos diante do público. Um de nós aparecia com algo que tinha em mente, geralmente o vocal, e então nós simplesmente tocávamos ao vivo. Como aquilo funcionou com o público? Eles gostaram? Todas as nossas canções eram aprovadas de acordo com a reação que recebíamos de nosso público, tocando e experimentando as novidades durante aquela época de clubes.

SLASH Começamos a compor porque vivíamos juntos naquele tipo de experiência casual, todos nós cinco. Então, com o passar do tempo, todos os dias havia algum tipo de ideia nova, e começávamos a trabalhar nela imediatamente. E criávamos as canções de forma rápida também. "Paradise City" levou ao todo cerca de duas horas para terminar, sentados no banco traseiro de um van. No geral, tudo aconteceu muito rápido; logo, acabamos juntando um monte de material como resultado daquilo tudo.

MICHELLE YOUNG Em seu estúdio Gardner, Axl fazia muita batucada nos joelhos, estalava os dedos, batia palmas e cantava canções. Ele aparecia com algo novo e me perguntava o que eu achava. Slash surgia o tempo todo com novas canções.

PAMELA JACKSON Eu estava no estúdio de ensaio com o Guns N' Roses quando Axl apareceu com um velho toca-fitas. Eu me lembro daquele estúdio de ensaio. Era em algum lugar próximo à Sunset Boulevard. Eu me lembro de Axl; ele apertou o botão do velho toca-fitas e disse, "vocês têm que ouvir isso". Ele apertou o botão e mostrou uma simples gravação de "Welcome to the Jungle" que ele tinha feito e disse, "agora nós vamos ensaiá-la". Eles os fez escutar por algum tempo; em seguida, eles levantaram e começaram a ensaiá-la.

Axl cantou com muito afinco. Eu me lembro de ter visto seu rosto ficar corado enquanto ele cantava. Eu ficava espantada imaginando se ele teria fôlego o suficiente.

Ele simplesmente dava o máximo de si mesmo, e aquilo era incrível.

Composição musical 211

Troubadour
DOUG WESTON'S World Famous
9081 SANTA MONICA BLVD., L.A. 276-6168

FRI. FEB. 14	**L.A. GUNS** CHERRY BOMB • SHANGHAI	
SAT. FEB. 15	**BRITAIN** CROSSBOW NARATA • FELONY	
2/16	POP ROCK NITE **AMERICAN KIDZ** AVION • FRONT RUNNER	
2/18	THE DAVE HELLIG • ANDROMEDA BLACK JACK	
2/19	SNOW WHITE • DEFENDER	
2/20	METRO • DEFIANT FX FORMERLY DETENTE	
FRI. FEB. 21	**VIXEN • ASSAULT** CASTLE • FULL FORCE	
SAT. FEB. 22	**PLAIN JANE** AIR CRAFT • DOLL • STIFF	
2/23	POP ROCK NITE **AMERICAN KIDZ** THE MUGS • FILMS ABOUT WOMEN	
2/25	STEGLER • COMMANDER	
2/26	BLACK SMITH • ANGELES BRITAIN DRIVE	
2/27	WOMBAT • ADRIAN STRANGERS KISS	
FRI. FEB. 28	**GUNS N' ROSES** BARBIE KLOCKWERK ORANGE • THE LOVERS	
SAT. MAR. 1	**THE SCAM** BROOK WILLS & LOCAL COLOUR REACTION	
UPCOMING:	3/7 HANS NAUGHTY SWEET REVENGE • MICKEY KNIGHT 3/8 BROKEN HOMES • JET BOY LIONS & GHOSTS	

TROUBADOUR
28 DE FEVEREIRO DE 1986

Naquela noite, eles foram apresentados de forma promissora no clube lotado. Eles tocaram de maneira envolvente e intensa do começo ao fim.

Este show marcou a primeira apresentação pública de "Out Ta Get Me!"

SLASH: "'Out To Get Me'" é a maior declaração anárquica do Guns N' Roses."

AXL: "Como toda a vez em que você vira as costas e tem alguém tentando te ferrar financeiramente, ou os tiras batendo à sua porta sem que você tenha feito nada de errado. É ser condenado por alguma coisa e tentar se livrar disso. Vocês entendem: pais, professores e pregadores. O último verso, Slash e eu fizemos como sendo uma piada, porque falávamos sobre como nos envolvemos em brigas e como as pessoas se irritam quando ficamos bêbados. E são elas que trazem a garrafa de uísque para nos embebedar. Algumas pessoas dizem que eu carrego um fardo nas costas."

SLASH: "Há uma grande estrela do rock que eu sei que compra todas as bebidas. Você toma todas e ele fica irado."[6]

---

6. Reimpresso do Geffen Press Kit.

214 Welcome to the Jungle

AXL: "Passamos por isso por um momento durante um de nossos shows de abertura, pois estávamos indo para um show no Roxy e fomos parados por quatro policiais. Eles pegaram um pacote da rua; disseram que fomos nós que o jogamos da janela e que havia drogas dentro. Não havia droga alguma no pacote, e eles estavam tentando nos aporrinhar, dizendo que nosso pagamento adiantado que estava em nossos bolsos era dinheiro de droga. Eles vasculharam tudo, nos empurraram e acabamos chegando atrasados para um show."

RON SCHNEIDER: "A melhor banda de rock n' roll que jamais existiu, galera, Guns N' Roses."

AXL: "Esta é uma canção nova, quero dedicá-la ao LAPD (Departamento de Polícia de Los Angeles) e a todas as garotas que gostam de sair por aí, 'Out Ta' Get Me'."

SLASH: "Merda de Troubadour. O que está acontecendo?"

AXL: "Quero ouvi-los gritar agora. Bem-vinda, Desi!"

AXL: "Gostaria de pedir um minuto de sua atenção para agradecer a todos vocês por terem comparecido. Quero ouvir de vocês mesmos. É isso aí."

AXL: "Quantos de vocês moram aqui em Hollywood? Esta é uma canção chamada 'Move to the City'."

AXL: "Gostaria de dedicar esta canção, como sempre faço, a uma pessoa que me ajuda enquanto aguardo até conseguir o próximo show. Ela que me ajuda a me manter vivo. Esta canção vai para Barbie, ela se chama 'Rocket Queen'."

AXL: "É isso aí, parece que temos uma dupla de bundões na plateia. Vocês sabem o que acontece se quiserem dar uma olhar de perto nestas botas. Esta vai para Michelle, porque ela ainda está viva."

Gostaria de agradecer às garotas legais que trouxeram as bebidas. É isso aí, muito obrigado. Nós precisamos delas. Eles não dão a mínima para elas aqui.

SLASH

AXL: "Esta vai para todas as pessoas que gostam de brigar contra si mesmas, ela se chama 'Back Off Bitch'."

AXL: "Intervalo! Quero chutar este filho da puta para fora."

Com a plateia entusiasmada demonstrando alguma semelhança com um comportamento razoável, Axl continuou com sua postura mais calma e se doando no palco.

AXL: "É isso aí, este é o nosso tema, pelo menos um deles. Acho que vocês conhecem esta canção. Como se chama esta canção? Vocês sabem como esta canção é chamada, pois vocês podem fazer o que bem entenderem, certo? Esta canção é 'Anything Goes'."

AXL: (durante "Anything Goes") "Eu vou aproveitar um minuto, no caso de vocês não conhecerem todos que estão aqui. Gostaria de falar sobre aqueles que estão neste palco. Na guitarra, à minha direita, Mr. Izzy Stradlin. No baixo, Mr. Duff McKagen. Na bateria, Mr. Steven Adler, e o momento que todos vocês estão esperando, ele também está esperando, na guitarra, Slash."

A solidariedade entre a banda e seu público foi poderosa.

SLASH: "Ouçam, tenho um anúncio especial para fazer. Em primeiro lugar, vai rolar uma festa depois do show, mas não sei o endereço e não conheço a rua, então terão de encontrar sozinhos. De qualquer forma, se por acaso alguém cruzar com dois caras chamados Jeff e Allen, sintam-se à vontade em dar uma surra neles. Eles são os caras que arrebentaram a porta de nosso estúdio, então, se vocês os virem, façam as honras."

AXL: "Uma verdadeira dupla de babacas. Esta canção é para onde todos nós queremos ir, ela é 'Paradise City'."

MC: "É isso aí. Vamos ouvir Guns N' Roses. Vocês querem ouvir mais um? Se quiserem mais, terão de fazer muito mais barulho do que isso. Vamos lá."

Axl e Slash provocaram a plateia para que fizessem expressões de excitação frenética, e perguntaram à multidão se queriam mais excitação.

IZZY: "Gostariam de acrescentar mais tempero nisso?"

O tempero se tratava da dança de Desi. A atmosfera estava eletrizante; a banda dominava o local de forma absoluta.

Depois de "Think About You", Axl agradeceu a todos da plateia por comparecem ao show e os convidou para aplaudirem a si mesmos. O público não se continha. Uma fã que não conseguiu conter seu entusiasmo subiu ao palco e perguntou à multidão...

FÃ: "Vocês querem ver mais Guns N' Roses?"

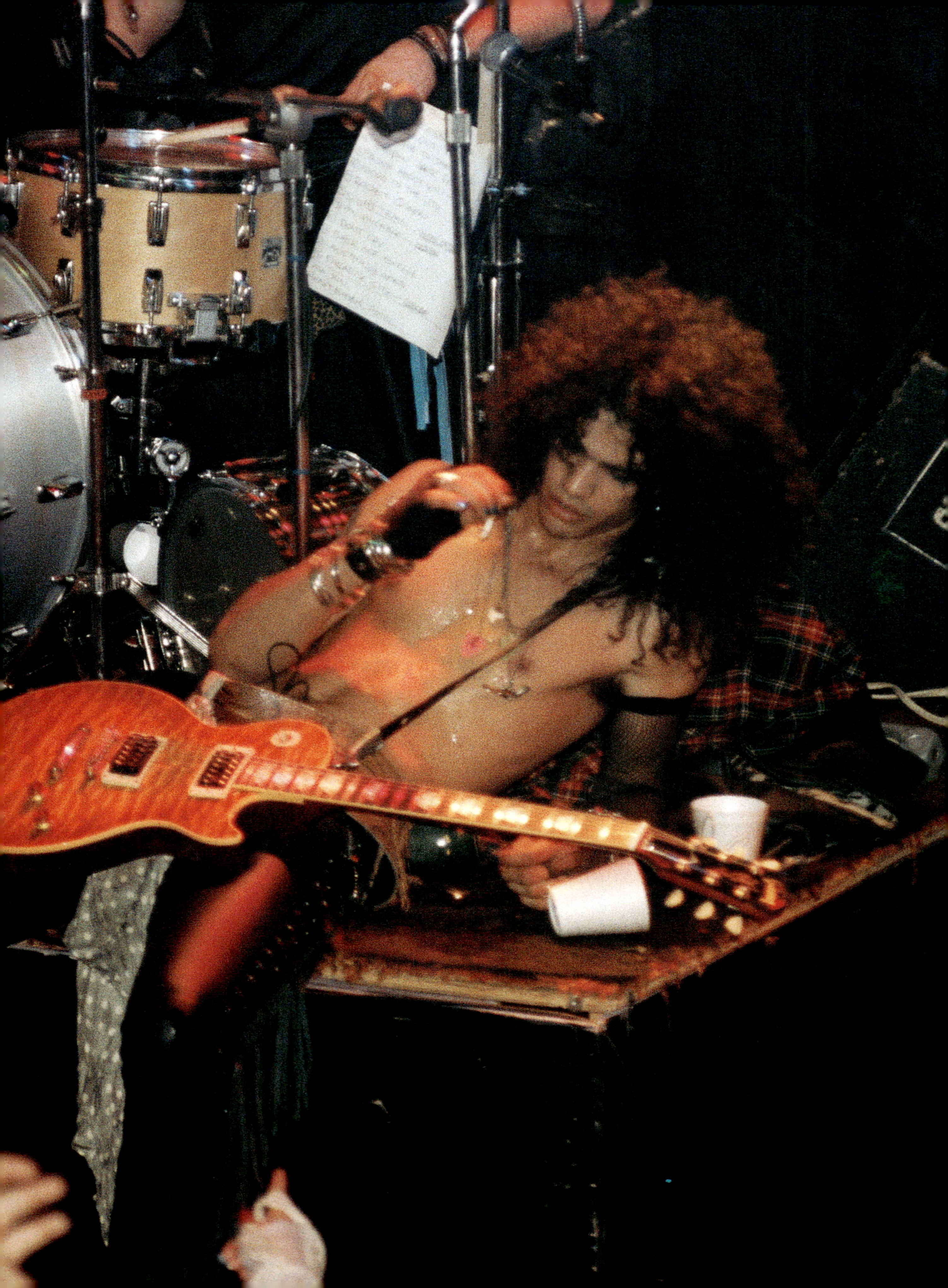

Ela abriu a blusa e exibiu "Guns N' Roses" grafado em batom sobre os seios.

SLASH: "Vocês são bonitos pra cacete, galera, amamos vocês pra caralho. Tiveram o suficiente ou querem mais? Vamos lá, quero ouvir, quero ouvir."

AXL: "Gostaria de agradecer a todos aqui presentes. Tocaremos no dia 21 de março, com Johnny Thunders, no Fender's Ballroom. A abertura do show fica por conta de Jetboy. E estaremos no Timbers, com Johnny Thunders, na noite seguinte. Espero encontrar suas bundas por lá. Acho que sei o que alguns de vocês ainda estão esperando. Vocês ouviram a última banda fazer uma do Aerosmith. Vocês gostaram? Bem, esta canção se chama 'Mama Kin'."

AXL: "É isso aí, vamos lhes dar um pouco de 'Heartbreak Hotel'."

AXL: "Somos o Guns N' Roses. Muito obrigado, boa-noite."

Uma noite muito importante na história da banda havia terminado. Tom Zutaut, o agente A&R da Geffen Records, estava nesse show e gostou do que viu.

28 de fevereiro de 1986 - TROUBADOUR

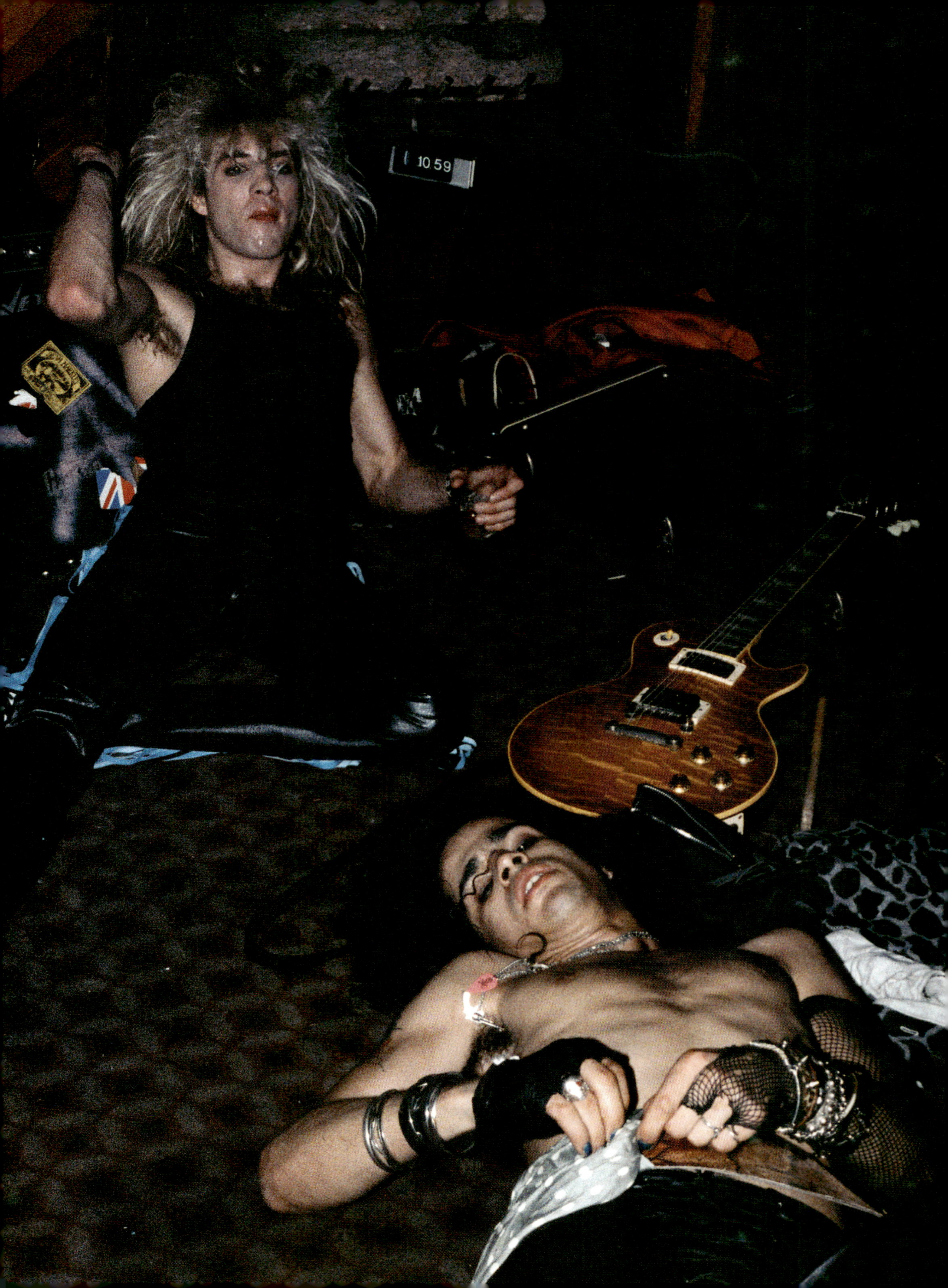
10.59

Depois do show, tive dificuldade para conseguir entrar em contato com a banda. Tinha um número de telefone do Axl, mas ele nunca atendia. Então, escrevi uma carta para Vicky Hamilton.

TOM ZUTAUT

28 de fevereiro de 1986 · TROUBADOUR

It's So Easy (É Tão Fácil)

QUANDO TODOS ESTÃO TENTANDO ME AGRADAR

> Naquela época, fomos servidos de vinho e jantares por cada gravadora da cidade.
> **SLASH**

À medida que a base de fãs do GNR aumentava em Hollywood, seria uma questão de tempo para que as gravadoras começassem a cortejá-los. Um show após o outro gerava uma comoção maior com plateias cada vez maiores lotando seus shows. O burburinho acompanhava a banda, e Tom Zutaut, um representante de artistas e repertórios (também conhecido no Representante de A&R) da Geffen Records, já estava no encalço deles. Ele fora escolhido a dedo por David Geffen para encontrar a próxima grande novidade, depois de ter assinado com algumas bandas de muito sucesso alguns anos antes, incluindo Motley Crue. Tom não era um representante de A&R comum, ele tinha intimidade com o rock n' roll, sabia de cada estilo que estava surgindo, estudou as bandas de todas as partes do mundo e, mais importante ainda, sabia como se entrosar. Assim que os agentes de A&R de outros selos descobriram que Tom Zutaut estava observando a banda, eles voaram para cima como uma revoada de pássaros.

No entanto, a banda não se entregaria ao primeiro pretendente. Eles haviam conquistado a desejada posição de serem cortejados e fariam o jogo o tempo que fosse necessário. Jantares gratuitos, mil dólares de despesa livre no bar e uma variedade de "favores" eram bancados pelos pretendentes da indústria fonográfica. Mas, quando a brincadeira acabava, a banda tinha de lidar com assuntos sérios, tais como controle criativo e compatibilidade. Eles não entregariam de bandeja seu material e o produto que batalharam com muito sacrifício para os executivos que queriam engarrafar seu som e pegar o dinheiro. Eles queriam um selo que compreendesse o que sua música representava e que respeitasse sua demanda de controle. Qualquer que fosse o resultado, eles sabiam que a balança finalmente pendia a favor deles e que os primeiros passos para se chegar a um contrato e uma gravadora estavam prestes a ser tomados. É claro que ninguém realmente sabia o que poderia acontecer enquanto todos estavam tentando agradá-los.

TOM ZUTAUT A história começa quando eu estava fazendo compras em uma loja de discos que fica na Melrose Avenue, chamada Vinyl Fetish. Eles tinham importados legais do Reino Unido, discos de punk e discos caseiros de novas bandas. O motivo que fez com que fosse até essa loja é porque eles eram grandes fãs do Motley Crue e, quando eu assinei o contrato com o Motley Crue, eles me contataram e disseram, "Amamos esta banda e gostaríamos de colocá-la em nossa vitrine". E eu respondi, "De verdade! Vocês são a loja de disco underground mais bacana e mais interessante de L.A., e ainda gostam do Crue". Então nos tornamos amigos depois disso.

Quatro ou cinco anos depois de ter assinado contrato com o Crue, eu passava por lá a cada duas semanas para aumentar meu estoque de importados britânicos, discos de punk underground e outras coisas. Uma das pessoas que trabalhava

> Geffen disse, "Esta é a banda que você acha que vai se tornar a melhor banda de rock n' roll do mundo?" E eu respondi, "Absolutamente. Você vai ter que arrumar o dinheiro".
> **TOM ZUTAUT**

lá me disse, "Ei, há uma banda nova em L.A. que é melhor que o Motley Crue. Você vai amá-los. Você precisa vê-los". E eu disse, "Como eles se chamam?", e eles disseram, "Guns N' Roses". O nome soou dentro de mim. Amei o nome. Havia algo no nome Guns N' Roses que junto soava interessante.

Em seguida, eu estava passando de carro pela Sunset Boulevard e vi um dos pôsteres do Slash feito à mão, com as pistolas e as rosas, e pensei comigo mesmo, "Isso é muito legal, isso é legal mesmo". Parei meu jipe, desci e arranquei o pôster – o que provavelmente não seria bom para a campanha publicitária, mas não importa. Levei o pôster para meu escritório, olhei para minha assistente e disse, "Você tem de descobrir onde esta banda está tocando e me lembrar. Eu realmente preciso vê-los, porque o pessoal da Vinyl Fetish vem me falando sobre esta banda, e agora achei este pôster muito legal com um belo desenho, e algo me diz que alguma coisa está para acontecer".

Ela me contou mais tarde sobre o show às 10 horas da noite no Roxy. Cheguei ao Roxy às 21h30 e, de forma inesperada, eles não me deixaram entrar. Eu estava na lista de convidados do Guns N' Roses, mas o Guns N' Roses já havia tocado. E eu fiquei, "o que você quer dizer com eles já tocaram? Eles vão tocar às 22 horas!" O que aconteceu foi que eles haviam trocado com a banda que era para abrir o show deles, então o Guns N' Roses tocou primeiro. Tive de pagar para poder entrar e fui atrás do palco procurar Axl. Não o achei, mas ouvi que ele estava por lá em algum lugar. Eu o encontrei em um canto sentado sozinho. Todos estavam com medo de se aproximar dele. Ali estava este rapaz misterioso, e as pessoas com medo dele. Então, eu desci as escadas e assisti a essa outra banda subir ao palco e tocar.

Nisso, Axl sobe ao palco e canta uma canção com a L.A. Guns. Depois daquele show, ele parecia um pouco mais acessível. Então fui até ele e disse, "Ei! Eu vim ver vocês tocarem, mas perdi o show porque não sabia que vocês iam subir ao palco às 20 horas". Ele me explicou que haviam trocado, e eu perguntei quando fariam o próximo show. E ele disse, "Vamos tocar no Troubadour daqui a duas semanas". Então, aquela foi minha introdução ao Guns N' Roses.

Eu disse à minha secretária, "Preste atenção nesse dia, não há nada mais importante do que chegar ao Troubadour uma hora e meia antes do show, porque eu quero conversar com os rapazes antes do show". Fui ao Troubadour, fui atrás do palco para ver Axl, Slash e os outros rapazes. Eu disse a eles, "Olha, vocês não vão me ver depois do show. Tem muita gente aqui e está uma loucura, e vocês devem entender que, quando eu vou a um concerto como este, muitas pessoas gostam de me observar para ver se eu gostei ou não. Fica uma loucura. Se vocês me virem sair antes, é um bom sinal. Se eu ficar o show inteiro, provavelmente é um mau sinal. Então, vocês não vão me ver depois do show, mas eu entrarei em contato".

SLASH Basicamente, o Guns fez um estardalhaço em L.A. suficiente para ser notado, um deles era Tom Zutaut. Foi no boca a boca que ele apareceu por lá. Ele ficou genuinamente impressionado com a banda e tinha um histórico; ele conhecia o rock n' roll. Ele tinha um ouvido bom para a música, e é por isso que era o melhor representante A&R da Geffen.

TOM ZUTAUT Eu estava de saco cheio de todas as pessoas de A&R da indústria por não usarem os ouvidos. Basicamente, eles ficavam me observando e me seguindo para ver se eu me animava com uma banda e, então, corriam para fazer ofertas competitivas. Com o Guns N' Roses, eu sentia que havia alguma coisa vibrando, e eu nem sequer tinha os visto tocar. Mas vi Axl nos bastidores; ele tinha um carisma de estrela e era incrível quando subia ao palco. Achava que esse rapaz poderia se tornar uma grande estrela, um tipo de personalidade como Jim Morrison. Eu já havia sentido isso quando o vi nos bastidores e ao vê-lo no palco cantando uma única canção. Eu tinha um *feeling* em relação àquilo. Então, em vez de gerar alguma situação maluca na qual dez gravadoras pudessem correr atrás da banda, deduzi que minha melhor aposta seria ir até lá, me certificar de que o resto da banda era tão bom quanto ele e, em seguida, cair fora. Mas eu queria que a banda entendesse isso, para que não se sentissem desrespeitados.

Eu nunca me esquecerei disso. Havia uns cinco ou seis caras de A&R enfileirados no mesmo lugar. A banda começou a tocar, e os caras começaram a procurar por algodão ou bitucas de cigarro. Foi literalmente o show com o volume mais alto que jamais tinha visto em um clube de L.A. O som estava inacreditavelmente alto. Era de estourar os ouvidos. Eu estava definitivamente sentindo dores nos ouvidos, mas não daria uma de fraco e colocaria bitucas de cigarro nos ouvidos, guardanapo ou qualquer outra coisa, que foi o que muita gente fez. A garotada amava, mas era muito alto para os profissionais da indústria. Depois de umas duas canções, um monte de pessoas deixou o recinto. Eles não foram embora, apenas estava sentindo dores de ouvido porque estava muito alto. Havia muitas pessoas de A&R paradas na porta, ora na parte de dentro ora do lado de fora, para protegerem seus ouvidos dos decibéis. Havia um cara que trabalhava para a Elektra Records naquela época, que era a antiga gravadora onde eu trabalhava quando assinei os contratos de Motley Crue, Dokken e Metallica, e que estava parado ali. Ele havia me substituído, e aquela situação era um tanto irônica. Enquanto eu estava saindo, ele me olhou e disse, "Tom, você está saindo cedo!". E eu respondi, "Claro. Está alto pra cacete lá dentro e eles não são lá tão bons", e fui embora. Achei aquilo muito engraçado, porque imagino que ele realmente acreditou no que eu disse. Depois de eu ter feito uma oferta para banda, ele apareceu com uma oferta competitiva.

VICKY HAMILTON O show no Troubadour era como um mar de pessoas de A&R. Era muito engraçado, porque a maioria deles ficava na frente do Troubadour, na calçada, não lá dentro, enquanto a banda continuava tocando, pois diziam que era muito alto. Eles não conseguiam nem ouvir se a banda era boa ou não. Durante o show, eu me lembro de ter distribuído demos e dado uma a Tom Zutaut. Era uma fita cassete. Tom disse, "Se eles forem tão bons quanto pensam que são, eu assino com eles". Entreguei a fita e disse, "confie em mim, eles são, e são melhores". E, no dia seguinte, ele estava correndo atrás da banda. Mas havia cerca de 13 selos naquele show.

RON SCHNEIDER Quando todas essas gravadoras começaram a aparecer, era estranho, porque havia esse pessoal de fala mansa das gravadoras que vinha atrás do palco, dizendo, "Nossa, vocês são ótimos, adoramos vocês". Mas sabíamos que eles não eram um dos nossos. Cada selo estava cortejando a banda e os levando para comer. Aquilo era o máximo, quando se leva em consideração todo o período em que a banda passou fome, tendo de comer até cebola arrancada da plantação e, literalmente, pedindo por qualquer coisa que pudéssemos comer. Quando esse pessoal da indústria fonográfica queria se encontrar com eles, eles montavam a agenda, dizendo, "Vocês querem se encontrar com a gente, então vocês vão se encontrar com a gente no El Compadre e vão pagar o jantar". E então eles me ligavam, "Venha Ronnie, nós vamos comer, cara!" E eu, "yeah!"

SLASH Naquela época, fomos servidos de vinho e jantares por todas as gravadoras da cidade. As mesas viraram completamente para o nosso lado com as pessoas que costumavam fechar nossas portas, que antes não permitiam que entrássemos em lugar algum e agora tentavam se envolver com nossos shows. Tiramos muita vantagem disso tudo, especialmente com todas as pessoas da indústria fonográfica e às quais não dávamos a mínima. A banda foi muito oportunista.

STEVEN ADLER Eu adorava ser convidado para jantares e vinho. Eles nos diziam que iríamos nos tornar os maiores e que nos ofereceriam isso e aquilo. Mas ninguém era honesto. A maioria do pessoal das gravadoras queria nos transformar em algo diferente daquilo que éramos. Eles queriam mudar nossa imagem e nossas canções. Nós sabíamos que isso não aconteceria.

TOM ZUTAUT No dia seguinte, eu fui direto ao David Geffen e disse a ele que tinha visto o futuro do rock n' roll e que assinaria um contrato com a melhor banda com sua gravadora, possivelmente a melhor banda desde os Rolling Stones ou o Zeppelin, e até o The Who. E ele me olhou como se eu estivesse louco, mas felizmente perguntou, "Você acredita nisso tanto assim?" E eu disse, "claro".

DUFF Nós sabíamos de cara que a Geffen era a gravadora com a qual queríamos trabalhar, porque era pequena. Nós sentimos que eles haviam conquistado a banda, mas isso não nos impediu de nos encontrar com quase todas as outras gravadoras. A melhor coisa que havia naquilo tudo eram os jantares e as bebidas gratuitas. Nós aproveitamos aquilo o máximo que pudemos. Acho que ficaram espertos com a gente. Era muito legal ser procurado pelos selos de primeira linha.

RON SCHNEIDER Tom Zutaut começou a aparecer mais. Eles falavam sobre assinar um contrato com a Geffen, enquanto Tom começou a sair com a gente, frequentando as casas das *strippers*, bebendo e passando a garrafa de Jim Bean junto conosco. Era quase um tipo de iniciação. Pensávamos, "este cara é um dos nossos". Acho que esse foi um dos motivos que ajudou a solidificar o negócio com a Geffen. Tom Zutaut – ele assinou o contrato com Motley Crue, com Dokken, então, na minha visão, ele devia ser um cara legal.

SLASH Ninguém queria trabalhar conosco no início porque éramos tão notórios quanto as pessoas achavam que éramos. E não mostrávamos escrúpulos, e por isso assustamos muitas pessoas já no primeiro encontro. E havia também muitas pessoas de quem nós não gostávamos e que queriam trabalhar conosco, mas nós as afastávamos bem rápido. Era uma questão de química. E isso era a coisa mais importante. Tínhamos muitas pessoas que queriam produzir Guns N' Roses e que apareciam com suas próprias ideias e com suas próprias agendas. Esse tipo de conversa era finalizado de maneira abrupta. Gostamos muito de Tom como pessoa. Gostávamos do jeito que ele era. Sabíamos que fecharíamos o contrato com a Geffen, mas prolongamos isso por um bom tempo.

> "Ok, este é o negócio, fechamos com você, mas precisamos de 75 mil dólares em dinheiro até sexta."
>
> AXL PARA TOM ZUTAUT

STEVEN ADLER Tom Zutaut e Teresa Ensenat nos incentivaram a ser nós mesmos, que não deveríamos mudar nada. Então fechamos com a Geffen porque eles nos deixavam fazer o que quiséssemos.

TOM ZUTAUT Axl me ligou, e tínhamos uma reunião agendada. A banda toda chegou no horário, exceto Axl. Eu fiquei entretendo o resto da banda, esperando por ele, porque não queria entrar em qualquer tipo de conversa séria enquanto toda a banda não estivesse reunida. Finalmente, ele apareceu. Eu os olhei e disse, "veja, vocês são a melhor banda de rock n' roll que eu já vi em toda a minha vida, e o concerto de vocês foi o mais alto em que eu também já fui. Esqueçam estádios, arenas, clubes – isso não importa". Eles riram ao ouvir que eram barulhentos e disseram, "é mesmo, nós vimos as pessoas colocando bitucas de cigarro nos ouvidos e vimos um monte de pessoas saindo depois das primeiras duas canções". E eu disse, "isso mesmo, eu aguentei pelo menos quatro canções, embora precisasse ouvir apenas a primeira", que era "Nightrain". Era uma abertura um tanto furiosa, e vi quanto o resto da banda era bom e Axl estava em cada ponto melhor do que eu havia imaginado depois de vê-lo dos bastidores do Roxy cantando aquela única canção com a L.A. Guns.

Lá estavam eles sentados em meu escritório enquanto tínhamos uma excelente reunião. Axl me olhou e disse, "Ok, este é o negócio, fecharemos com você, mas precisamos de 75 mil dólares em dinheiro até sexta", e isso era uma terça ou quarta-feira. Eu trabalhava debaixo do enorme guarda-chuva corporativo da Warner Brothers, e não havia maneira alguma de conseguir o dinheiro tão rápido assim. Essas corporações não andam tão rápido. Então fui a David Geffen e disse, "veja, seja lá o que tenha de fazer, mas eu preciso de 75 mil dólares em dinheiro até sexta às 18 horas e teremos a banda contratada". Geffen disse, "Esta é a banda que você acha que vai ser a melhor banda de rock n' roll do mundo?", e eu disse, "Absolutamente. Você vai ter de arranjar o dinheiro".

Liguei para o chefe dos assuntos financeiros da Warner, e ele me disse que não tinha como preparar um memorando para o negócio e que isso era inviável. Liguei de novo para David Geffen e disse, "escuta, eu estou falando sério. Esse pessoal da Warner Brothers está me dizendo que vai levar pelo menos duas semanas para preparar qualquer tipo de cheque, e eu preciso de 75 mil dólares para os rapazes em dois dias". E David disse, "por que tanta pressa?". Eu disse, "até eles tocarem no próximo show e se encontrarem com outras cinco gravadoras, isso vai nos custar dez vezes mais caro e com quanto mais pessoas eles se reunirem, mais suas cabeças vão rodar, e talvez nem assinem conosco". E David disse, "Ok, eu dou um jeito". Então, a Warner designou uma pessoa para fechar o negócio, e eles fizeram isso em dois dias. Eles não podiam me dar uma maleta cheia de dinheiro, então me providenciaram um cheque bancário. Liguei para Axl somente para ter certeza de que ele aceitaria um cheque bancário certificado, e expliquei que podia ser descontado no Bank of America, onde poderia pegar o dinheiro e colocar em uma maleta lá mesmo. Ele disse, "claro, tudo bem, contanto que seja o mesmo que dinheiro e que quando eu for ao banco consiga transformar o cheque em dinheiro". E eu disse, "e vai, pode ter certeza".

Axl me ligou mais tarde no mesmo dia e disse, "Tom, eu realmente sinto muito, mas acho que vamos fechar com a Chrysalis". Eu disse, "O quê!?". E ele disse, "Tivemos essa reunião com a Chrysalis, e havia esta garota inglesa muito legal e ela gostou da gente, mas o patrão dela era um idiota". E eu disse, "bem, por que você quer fechar com eles?". E ele respondeu, "achamos a garota muito legal e era muito engraçado o fato de o patrão dela não saber quem era Steven Tyler. Depois da reunião dissemos a ela que o patrão dela era um idiota, mas se ela caminhasse nua do escritório dela até a Tower Records, na Sunset, fecharíamos com ela". Então, lá estava eu, durante toda a sexta-feira, com as cortinas de meu escritório abertas e olhando para o escritório no final da esquina para ver se passava uma mulher caminhando nua, porque isso me custaria a banda. E, é claro, ela nunca teria coragem de fazer isso, mas imagine se ela tivesse;

que efeito isso teria em sua carreira. O nome dela era Susan Collins, e seu irmão era o famoso produtor musical inglês Peter Collins. Tenho certeza de que, quando ela olha para trás e pensa nisso, desejaria ter caminhado nua de seu escritório até a Tower, mesmo se fosse presa, porque o que ela poderia ter feito com sua carreira, caso tivesse fechado com o Guns N' Roses, teria sido extraordinário.

VICKY HAMILTON Estávamos no apartamento e devíamos nos reunir com o pessoal da Geffen às 18 horas. Axl não conseguia encontrar suas lentes de contato. Então, ele começou a ficar muito irritado e disse, "eu não vou até lá enquanto não encontrar minhas lentes", e saiu furioso de casa. Então, Slash e eu ficamos parados ali, pensando, "Ok, o que vamos fazer agora? Era para estarmos lá agora". Então, começamos a vasculhar as roupas de Axl e encontramos as lentes de contato dentro de uma calça que ele tinha usado uns dois dias antes. Até então não conseguíamos encontrar Axl. Enquanto isso, o tempo passava, e era para nós já estarmos lá e eu acho que foi Steven quem me pegou pelo braço e disse, "Ó meu Deus, venha ver isso". E eu fui lá fora, olhei para cima e lá estava Axl, sentado em posição de ioga no topo do Whisky A-Go-Go.

TOM ZUTAUT É sexta-feira, 18 horas, e o advogado da Warner Brothers está lá com o cheque certificado, e, assim que os membros da banda colocarem suas assinaturas no papel, eles recebem o cheque e estão contratados. Já eram cerca de 20 horas, e ele ainda não tinha aparecido. O resto da banda estava lá e começavam a ficar bêbados, e nós aguardando. O cara da Warner Brothers já estava como, "Cara, eu tenho o que fazer, e esse cara não vai aparecer". E eu disse, "não, ele está sempre atrasado, mas ele chega. Temos de esperar". Então, continuei mantendo a banda entretida, e eles estavam ficando cada vez mais bêbados, cansando o cara da Warner Brothers, que estava querendo ir para casa e curtir seu fim de semana.

VICKY HAMILTON Então conseguimos fazer com que Axl descesse de lá e fomos para a Geffen assinar os contratos. Estávamos cerca de duas horas atrasados, e todos os executivos estavam lá sentados e esperando.

TOM ZUTAUT Finalmente, às 20h45, Axl entra e diz, "você conseguiu o dinheiro?" E eu respondo, "claro que consegui". E ele diz, "ok". A banda assina o contrato, negócio fechado.

DANNY BIRAL Eles fecharam um negócio das estrelas. Aquilo foi uma loucura. Receberam um volumoso adiantamento, incluindo seis álbuns e apoio para a turnê. Eu me lembro quando o próprio Geffen entrou no escritório e foi direto aos termos específicos. Ele falou algo do tipo,

> Ele estava caminhando ao redor com $7,500 dólares nesta bota!
>
> **RON SCHNEIDER**

"Olá. Como estão? Estou ansioso para trabalhar com vocês". Havia uma espécie de sentimentalismo. Eu lembro que Tom Zutaut começou a descrever o negócio que eles queriam fazer. Geffen franziu a testa, pensou um pouco e disse algo. Para mim, aquele foi o momento mais importante, quando soube que Geffen daria apoio total. Eu sabia disso, mesmo se os rapazes não entenderam isso na época. Ele tinha visto algo e apoiaria de uma maneira ou de outra. Era uma negociação, mas Axl lidava como se fosse uma guerra e, afinal, ele tinha razão. Sua inexperiência e sua atitude, do tipo "eu quero conquistar o mundo e não aceitarei um não como resposta", funcionou diante das negociações. É incrível como aquilo aconteceu porque ele jogava sem sequer ter um coringa debaixo das mangas.

SLASH Nós finalmente assinamos o contrato com a Geffen, o que não deixava de ser irônico para mim, porque David Geffen era amigo de meus pais quando eu era criança, e ele não tinha ideia de que eu era o mesmo garoto que estava sentado diante dele em um escritório da Geffen Records, no momento em que nos oferecia 75 mil dólares por um contrato com a gravadora. Era muito engraçado, e imaginei que aquilo realmente se tratava de coisa do destino.

VICKY HAMILTON Eu me lembro de quando conseguimos o cheque adiantado da Geffen Records. Axl foi abrir uma conta corrente, e eles não permitiram que ele abrisse uma conta com o nome de Axl Rose. Então, ele descontou o cheque, pegou o dinheiro e guardou em uma meia debaixo do sofá em que ele dormia no quarto da frente de meu apartamento. Um dia, eu estava tentando arrumar – minha casa era um desastre total, o tempo todo, com caixas de McDonalds e batatas fritas espalhadas por todo o lado, amplificadores e equipamento por todo o canto – e encontrei a meia debaixo do sofá, cheia de dinheiro. Axl disse, "Você está tentando roubar meu dinheiro?" Eu respondi, "Você devia abrir uma conta no banco com todo esse dinheiro guardado na meia", mas ele não queria abrir uma conta enquanto não aceitassem que fosse sob o nome de Axl Rose.

RON SCHNEIDER Quando a banda assinou o contrato e recebeu adiantado, cada um ganhou cerca de 7.500 dólares como primeira parcela. Axl pegou sua parte e enfiou dentro das botas. Ele andava por aí com 7.500 dólares enfiado nas botas!

> Depois disso, eles tiveram o mundo nas mãos. E gastaram muito dinheiro com novas tatuagens.
>
> **VICKY HAMILTON**

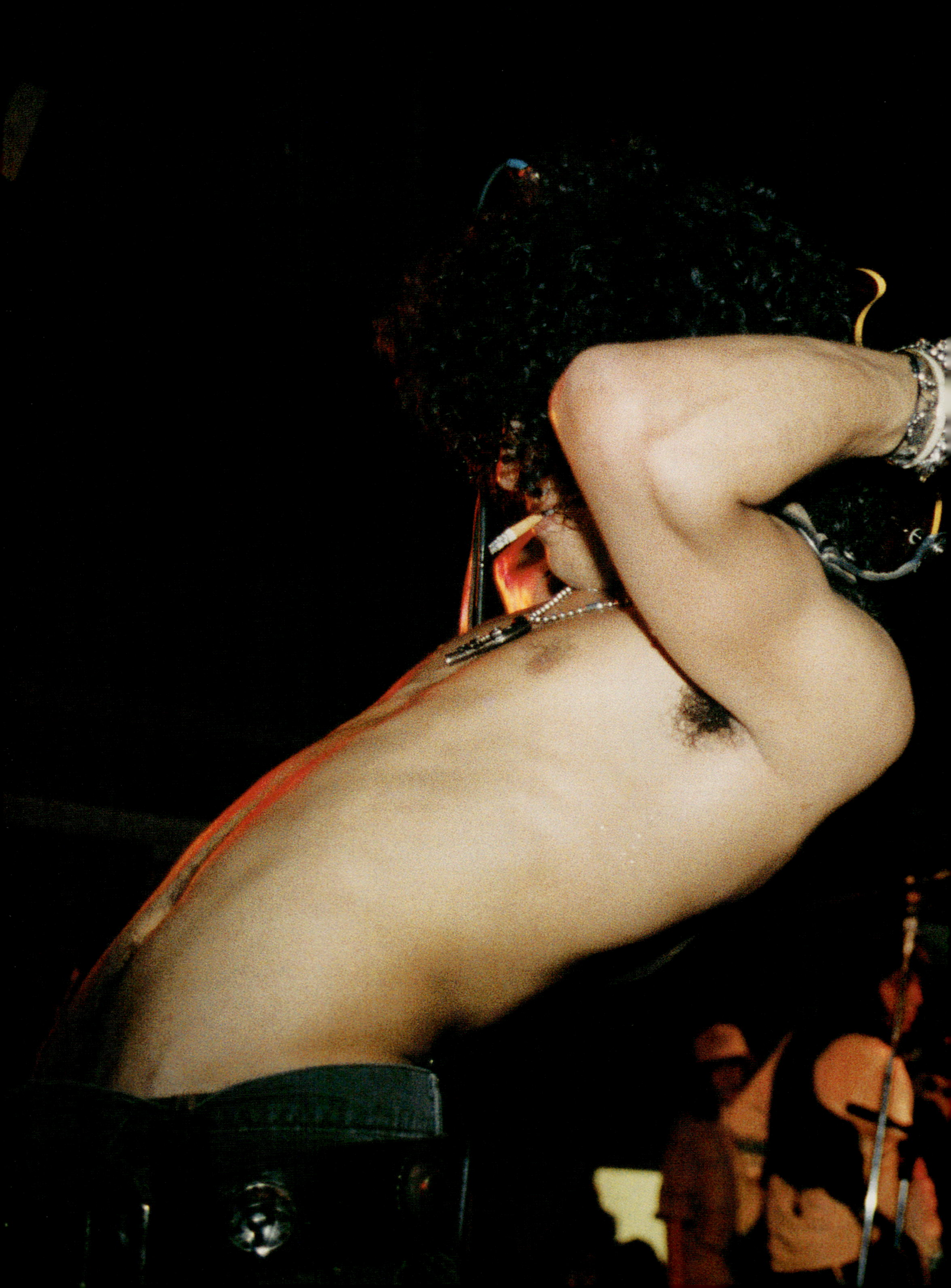

Johnny Thunders era um ícone para mim e Izzy. Ele era o padrinho do tipo de rock n' roll de que todos nós gostávamos, que era mais dilapidado e que batia de frente. Johnny Thunders era um verdadeiro herói. Acho que Axl se envolveu com ele naquela noite, o que me deixou um pouco chateado. Mas o cara era um desajeitado viciado em heroína, então tenho certeza de que Axl estava certo em relação ao que estava fazendo.

DUFF

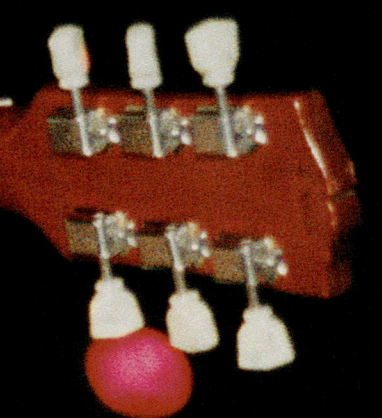

FENDER'S BALLROOM
21 DE MARÇO DE 1986
Show de abertura para Johnny Thunders

21 de março de 1986 • FENDER'S BALLROOM

Axl expressou sua gratidão ao grande público que compareceu e dividiu a informação sobre a bebida que era entregue e a influência em sua performance, dedicando uma canção a "uma garrafa especial de vinho de boa safra chamado Nightrain. O jeito mais barato de encher a cara".

SLASH: "Long Beach, o que está rolando?"

AXL: "Vocês estão prontos para esquecer o porquê de fazer aquilo que te mandam fazer? Esta canção se chama 'They're Out There to Get Me'."

AXL: "'Welcome to the Fucking Jungle'. Somos o Guns N' Roses, lembrem-se disso."

AXL: "Eu gosto disso, gente pra cacete aqui hoje. Temos uma canção aqui, dedicamos esta canção a uma garrafa especial de vinho de boa safra chamado Nightrain."

GUNS N' ROSES

PHOTO: ROBERT JOHN

The spirit of the New York Dolls must have moved westward, because so many bands in Los Angeles have picked up on their trashy, tacky, and tattered personas. While a lot of these glam-cum-metal bands seem to equate quality with how many bandanas they can wrap around their various body parts, **Guns N' Roses** haven't forgotten that nothing — not even the baddest pout this side of David Johannsen — is a substitute for a killer hook. "Anything Goes" sounds like vintage 1974-styled A͟͞ though it's a bit histrionic in the vocal department. Sure, they can be as sex-ist as the next leather n' studs guy, as in "Back Off," but that sort of thing comes with the territory. After all, you don't even *think* about going to see a band like Guns N' Roses if you want your consciousness raised.

— CD

Guns N' Roses appear with Johnny Thunders at Fenders in

O jeito mais barato de encher a cara. Esta canção se chama 'Nightrain'."

AXL: "Vocês têm de me desculpar, estou sem dormir há 48 horas. Acho que está abaixando a minha droga. Então, esta próxima canção é sobre ficar muito chapado. Esta canção se chama 'My Michelle'."

Nesse show, Axl começou a cantar os primeiros versos de "My Michelle" com a voz bem aguda, e a letra já estava pronta.

AXL: "Gostaríamos de agradecer a todos por virem aqui. Gostaríamos de agradecer ao Jetboy. Espero que estejam ansiosos para ver Johnny Thunders. Temos um novo show a caminho, dois shows, sexta-feira, dia 28, no Roxy. Esta canção se chama 'Rocket Queen'."

O clima entre o público e a banda se tornou um pouco irritável. Depois de "Don't Cry", alguém da plateia disse algo.

IZZY: "Foda-se."

AXL: "Esta canção vai para todos os impostores desta noite (se dirigindo a alguém na plateia). Saia já da minha frente. Vamos diminuir um pouco o ritmo, esta canção se chama 'Don't Cry'."

Não foi apenas o público que irritou os artistas, a equipe técnica também soltou alguns comentários sarcásticos.

AXL: "Vamos parar um minuto para afinar as guitarras, e eu gostaria de agradecer ao cara do som por me foder. Cuzão."

SLASH: "Façam-me um favor, não tentem se matar um ao outro. É isso aí, estamos afinados. Esta canção é dedicada a todas as garotas chatas que encontramos no decorrer dos anos. Eu conheço vocês todas, suas filhas da puta, e sei quem vocês são porque estão todas aqui hoje à noite. Porque vocês sempre voltam, esta canção é dedicada a vocês. Ela se chama 'Back Off Bitch'."

AXL: "Temos uma canção que vão gostar de nos ouvir tocar. Quero ouvir vocês. Vocês querem ouvir uns caras legais. Vamos tocar um pouco de caras legais."

AXL: "Está por rolar há muito tempo, filho da puta."

IZZY: "Mexam suas bundas, vamos."

21 de março de 1986 · FENDER'S BALLROOM

AXL: (antes de "Mama Kin") "Esta é a última canção. Acho que vocês sabem qual é. É um antigo *cover*. Quero ouvir o que vocês pensam. Querem ouvir ou não?"

Axl impôs um pouco de disciplina necessária à incontrolável banda antes de "Mama Kin", a última canção do show.

AXL: "Vamos parar de fazer merda e tocar."

SLASH: "Izzy Stradlin na guitarra, seus filhos da puta."

Axl agradeceu ao cara do som, a quem se dirigiu como "cuzão" por ter "fodido comigo".

AXL: "Somos o Guns N' Roses.

Muito obrigado, boa-noite."

THE ROXY 10PM
28 DE MARÇO DE 1986

Esses shows haviam sido planejados originalmente como uma amostra para todas as gravadoras, mas, como se constatou mais tarde, a Geffen já tinha fechado exclusivamente com o clube dois dias antes.

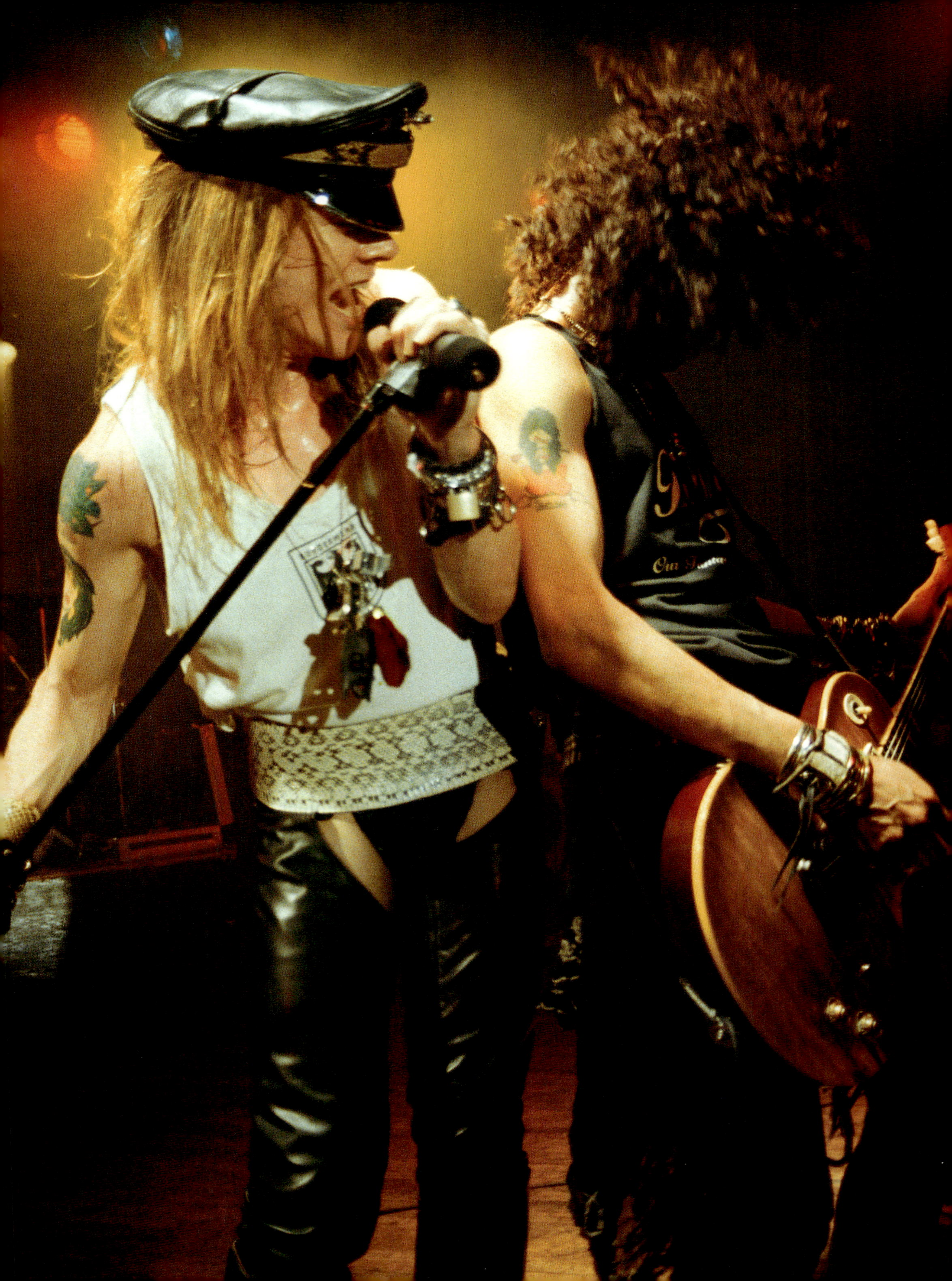

Axl apareceu na passagem de som exibindo uma tatuagem nova na qual se lia "Victory or Death" (Vitória ou Morte). A banda tinha comprado um monte de equipamento e roupas novas com o dinheiro adiantado do contrato com a gravadora. Axl guardava seu dinheiro, cerca de 7 mil dólares, dentro das botas, enquanto tocava naquela noite.

Slash cumprimentou de forma irônica o público que não lotou a casa nesse primeiro show.

SLASH: "Casa lotada hoje à noite, não é?"

Os fãs de Guns N' Roses vinham aos primeiros shows se havia outro show mais tarde na mesma noite, então a plateia não era apenas escassa – a maioria consistia de pessoas da indústria fonográfica –, que não contribuía com o tipo de entusiasmo e baderna que compunham o público a que a banda estava acostumada.

AXL: "Olá. Estão todos bem e relaxados?"

DUFF: "Bem-vindos ao nosso primeiro show. Bem na hora em que chegávamos aqui – estávamos um pouco atrasados – fomos parados por quatro malditos carros de polícia que estavam atrás de drogas. Esta canção se chama 'They're Out Ta' Get Me'."

DUFF: "Bem-vindo ao Roxy. Obrigado por virem."

AXL: "Vamos afinar as guitarras. Temos um show no próximo fim de semana, no Whisky-a-Go-Go, e já faz um bom tempo que não tocamos por lá. Vamos tocar com alguns de nossos melhores amigos. Abrindo o show, teremos uma banda chamada Faster Pussycat com Taeme, e a segunda banda se chama Shaghai. Espero encontrar todos vocês por lá."

SLASH: "É isso aí, esta canção é sobre um tipo de bebida que todos nós conhecemos e amamos. Esta é uma canção dedicada à banda. Ela se chama 'Nightrain'."

AXL: (antes de "My Michelle") "Esta canção vai para Tommy Zutaut."

AXL: "Acabem com este retorno."

AXL: "Dá para alguém nos ajudar com esse retorno aqui em cima? Está apitando no meu ouvido como um filho da puta."

SLASH: "Então, Roxy, o que está acontecendo? Sei que este lugar está vazio, mas já ouvi algo mais alto do que isso, cara. Porra."

Out Ta Get Me
Welcome to the Jungle
Think About You
Rocket Queen
Nightrain
My Michelle
Don't Cry
Back Off Bitch
Paradise City

GUNS N' ROSES
9000 Sunset Blvd., Ste. 405
Hollywood, CA 90069

EVENT: GUNS N' ROSES
WHERE: ROXY THEATRE
9009 Sunset Blvd.,
W. Hollywood
WHEN: Fri. March 28th
HOW: 2 shows
8:00 Carrera 10:00 Lions & Ghosts
WHY: Because we need the money

R.S.V.P.: Vicky Hamilton (213) 659-0149

To: Circus Magazine
115 East 59th
N.Y, NY 10022
ATTENTION
Gerald Rothberg

DANCE YOUR ASS OFF, DRINK YOUR FACE OFF
GET YOUR ROCKS OFF

GUNS N' ROSES
2 SHOWS!
FRI., MARCH 28th 8 & 10 p.m.
ROXY THEATRE
1ST SHOW   2ND SHOW
CARRERA   Lions & Ghosts
FOR GUNS N' ROSES TICKET INFO
SEND S.A.S.E. TO: 9000 SUNSET BLVD.
HOLLYWOOD, CA 90066 or CALL 659-0149
TICKETS AVAILABLE AT Ticketmaster

AXL: "Esta canção significa muito para mim. Esta canção se chama 'Don't Cry'."

AXL: "Esta canção vai para a Music Connection. Ela se chama 'Back Off Bitch'."

SLASH: "É isso aí, vamos deixá-los com a última canção. Ela tem a ver com uma pequena viagem que fizemos. Não acho que alguém tenha estado lá, então, esta canção é nossa. Ela se chama 'Paradise City'."

Este show foi a primeira vez em que "Paradise City" foi realizada pelo efeito de luzes estroboscópicas.

SLASH: "Boa-noite."

28 de março de 1986 • ROXY 10PM

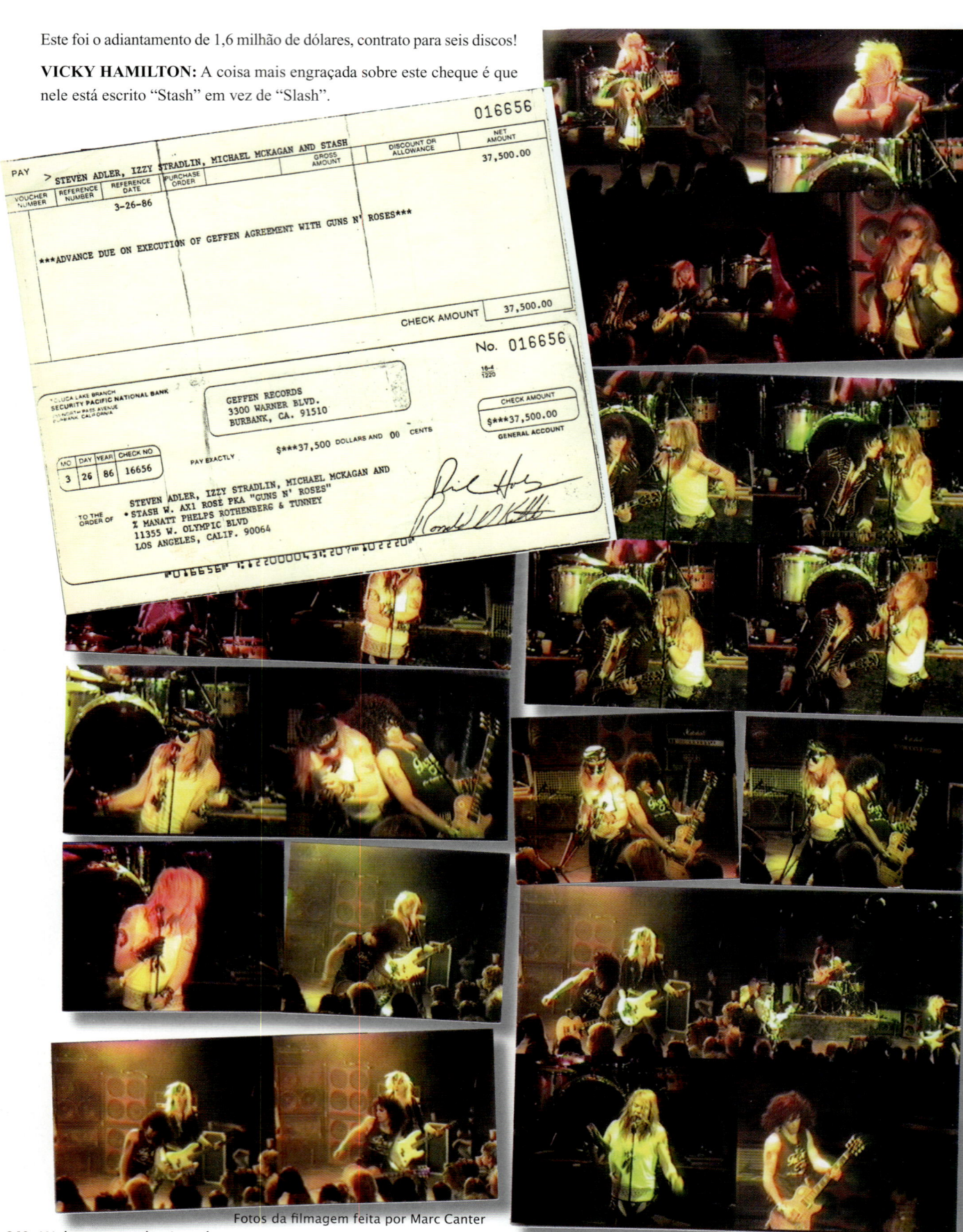

Este foi o adiantamento de 1,6 milhão de dólares, contrato para seis discos!

VICKY HAMILTON: A coisa mais engraçada sobre este cheque é que nele está escrito "Stash" em vez de "Slash".

Fotos da filmagem feita por Marc Canter

28 de março de 1986 • THE ROXY 12AM

GUNS N' ROSES

CARRERA
LIONS & GHOSTS

TWO SHOWS

FRI. MAR. 28
ROXY

Tickets Available At TICKETMASTER

A banda nos bastidores, momentos depois de deixar o palco. Ron Schneider, *roadie* da banda e ex-parceiro de Slash da época de Tidus Sloan e Roadcrew, no centro da foto, com chapéu de marinheiro.

21 de março de 1986 • FENDER'S BALLROOM

232 Welcome to the Jungle

21 de março de 1986 – FENDER'S BALLROOM

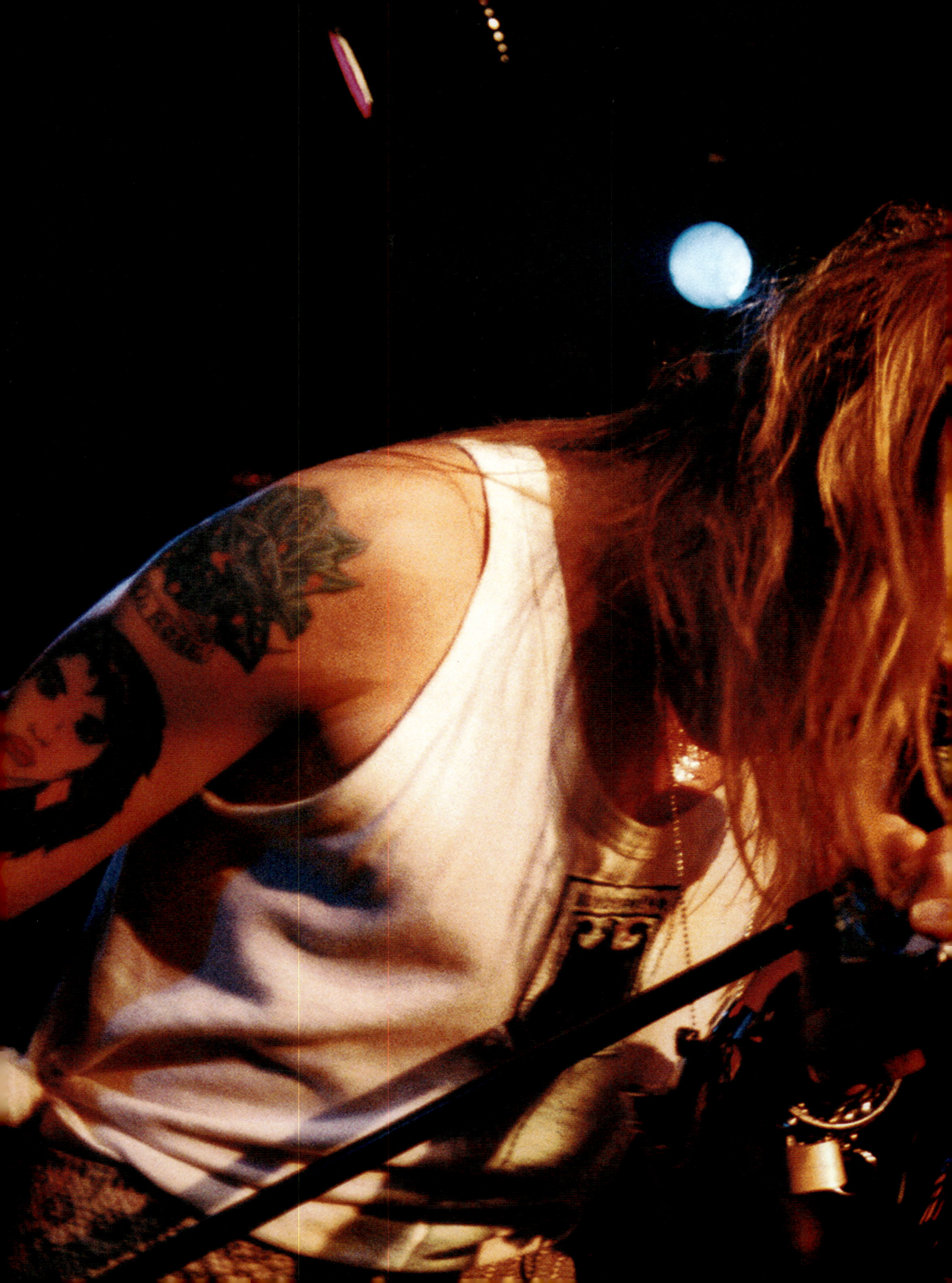

THE ROXY 12 AM
28 DE MARÇO DE 1986

Axl compartilhou um pouco de sua crítica sobre a imprensa local próximo do final desta sequência conturbada de canções:

AXL: "Gostaria de agradecer a todos por virem aqui nesta noite. É isso aí. Não sei se tem alguém do L.A. Weekly aqui hoje à noite. Alguém leu sobre a escolha deles de dez bandas, e o comentário sobre música *thrash, glam e heavy metal?* Vocês viram, eles chamaram a gente de New York Dolls e nos rotularam de impostores insensatos. Vocês sabem que tenho minhas diferenças com outras bandas, mas eu não acho que Guns N' Roses, L.A. Guns ou Poison merecem esse tipo de merda desse bando de idiotas que provavelmente nunca sequer viram um show ou sequer entendem de rock n' roll. Este show se chama 'Foda-se L.A. Weekly'. Esta canção se chama 'Back Off Bitch'."

Durante "Back Off Bitch", Axl abriu uma garrafa de champanhe e derramou um pouco sobre seu peito.

DUFF: "Gostaria de agradecer a A.W.S. pelo champanhe."

SLASH: "É isso aí, esta é uma canção nova dedicada à garrafa. Ela se chama 'Nightrain'."

Slash exibiu o mesmo comportamento festivo: levantou uma garrafa de Jack Daniels e tomou um gole generoso.

AXL: "Esta canção se chama "My Michelle" e fala sobre uma grande amiga minha chamada Michelle. Vai para ela e para o cara do momento para mim, Tommy Zutaut."

AXL: "Gostaria de pedir um minuto para falar sobre o show do próximo fim de semana. Quando foi a última vez em que vocês foram ao Whisky assistir a uma banda de rock? Faz muito tempo? Porra, já chegou a hora do Whisky-A-Go-Go. No próximo sábado à noite tocaremos no Whisky. Teremos Faster Pussycats abrindo o show, teremos nossos grandes amigos e Shanghai, uma banda do cacete que muitos de vocês ainda não viram. Vão vê-los. Eles são demais. Então vamos fechar todo aquele lugar de merda e vamos precisar de sua ajuda."

Cada cuidado e cada pitada de preocupação com os quais alguém demonstrava se inquietar ou se importar simplesmente desapareciam. Quando você atravessava a porta para entrar em um show do GNR, tudo sumia; você se sentia livre e caía no rock. Minha sensação era de total satisfação e absoluto desejo que emanava da música. Havia tanta tensão sexual no ar quando essa banda tocava. Era eletrizante, reluzente e belo de um modo tão indecente.

MICHELLE YOUNG

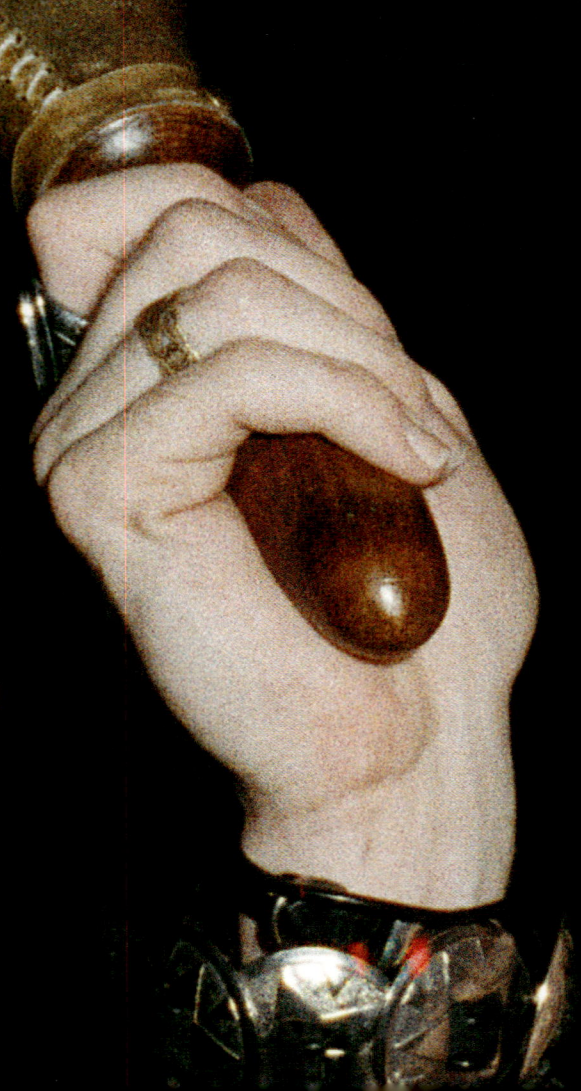

28 de março de 1986 – THE ROXY MEIA NOITE

SLASH: "Primeira e última vez em que vai ficar aberto."

AXL: "Vocês querem se divertir? Esta canção se chama 'Paradise City'."

AXL: "Esta canção eu quero dedicar a Vicky Hamilton, por me tolerar quando tenho meus ataques estranhos. Eu realmente sou um pé no saco. Esta canção se chama 'Mama Kin'."

AXL: "Temos um funk rock para vocês. É sobre uma mulher porreta que se chama 'Rocket Queen'."

Slash tocou com sua B.C. Rich Mockingbird em "Rocket Queen", porque havia quebrado uma corda em sua Les Paul durante "Mama Kin". Esta seria a última vez que tocaria a Mockingbird antes de penhorá-la para juntar uma grana de emergência. Para seu desespero, ele nunca mais conseguiu recuperar aquela guitarra – a primeira que possuiu – da loja de penhores.

DUFF: "Gostaria de agradecer a todos por virem aqui hoje à noite ao Roxy. Vocês estão se divertindo? Muito obrigado."

SLASH: "Vamos lá, pessoal, vocês conseguem fazer mais barulho do que isso. Botem a porra desta casa no chão."

AXL: "Esta é uma canção que deixamos de fora da lista anterior. Esta canção se chama 'Reckless Life'."

AXL: (com a voz bem aguda) "Boa-noite, senhoras e senhores."

SLASH: "Nos vemos no próximo fim de semana."

Axl disse boa-noite e saiu. Pam Manning, uma *stripper* amiga da banda, subiu ao palco. Apesar de seus melhores esforços – ela se mexia animada em um traje minúsculo – a plateia permanecia amortecida.

PAMELA MANNING: "E aí, pessoal, vocês querem mais? Quero ouvi-los, vamos. Acordem."

STEVEN ADLER: "Vamos ouvir o maldito barulho. Vamos."

DUFF: "Ei, ei, Roxy, vamos lá."

Axl retornou ao palco checando a plateia indiferente.

AXL: "Acho que vocês andaram comendo Quaaludes. Esta canção vai fazer com que façam o que bem entenderem. Esta canção se chama 'Anything Goes'."

DUFF: "É isso aí, seus filhos da puta, vamos nessa!"

Durante "Anything Goes", Slash tropeçou enquanto corria para a frente e para trás no palco, e de alguma forma conseguiu executar um salto mortal para trás perfeito sem errar uma única nota.

AXL: "Gostaria de pedir um minuto para apresentar os membros da banda. O homem que está ali na guitarra é Mr. Izzy Stradlin. Este homem que está aqui no baixo é Mr. Duff McKagan. O homem da bateria, Mr. Steven Adler. E o homem que está sentado sobre a própria bunda, caindo em cima dele mesmo..."

SLASH: "Bêbado pra cacete."

AXL: "... é Slash. E ele estava esperando por isso a noite toda."

SLASH: "É isso aí. Boa-noite. Temos mais uma."

Durante "Heartbreak Hotel", a cartola de Slash migrou para a cabeça de Axl.

AXL: "Muito obrigado. Whisky, no dia 5 de abril. Ok, vamos fechar aquele lugar de merda."

SLASH: "Este foi um show beneficente para Belleview."

AXL: "E foda-se a revista BAM Magazine."

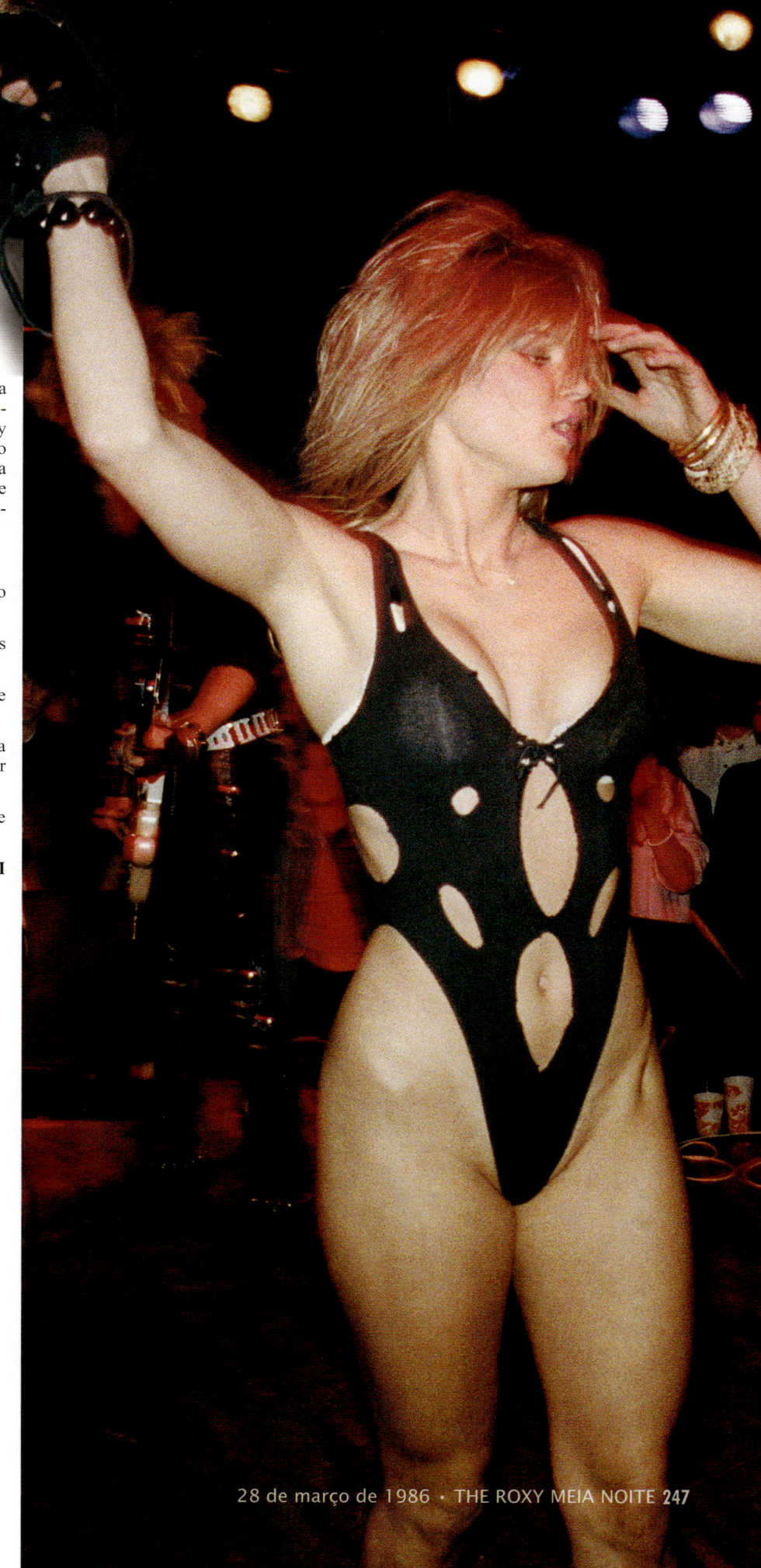

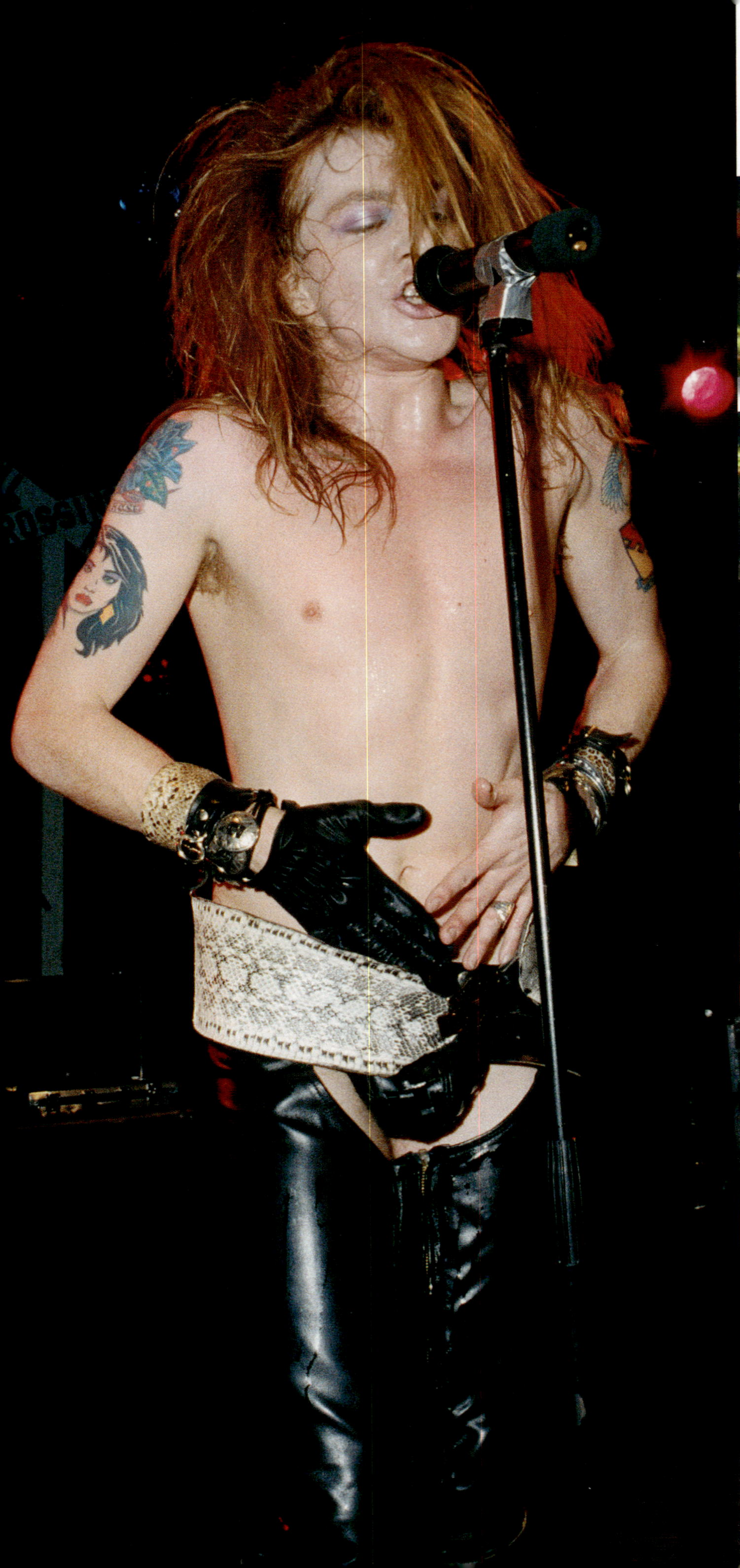

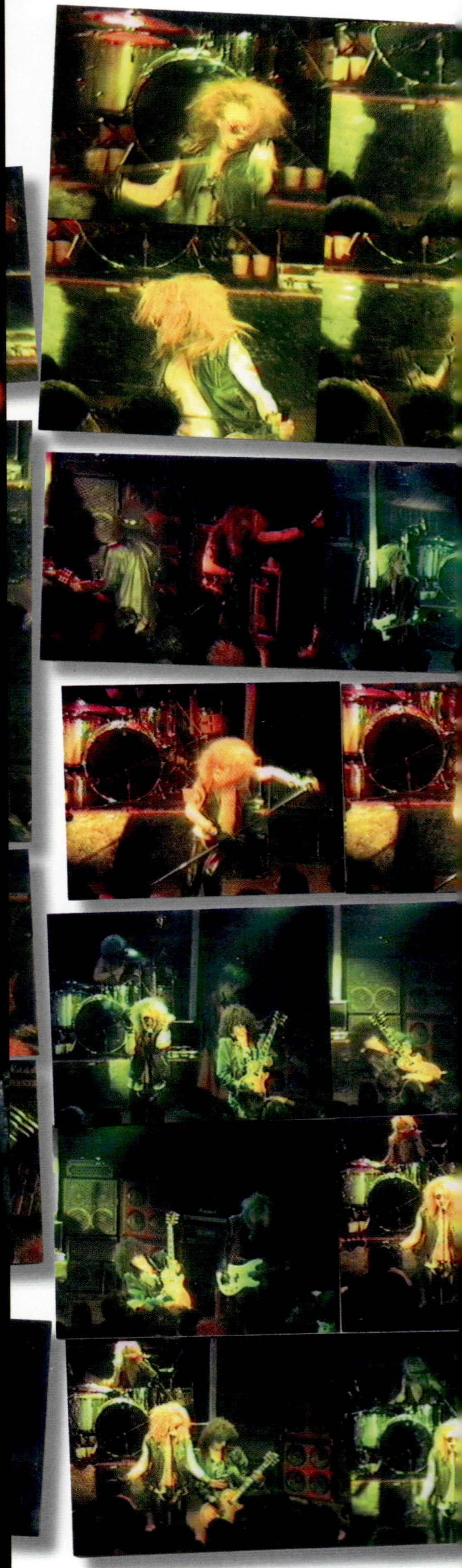

28 de março de 1986 – Roxy MEIA NOITE

Este foi um típico show do Guns N' Roses: abrasivo, atrevido e abusado. O pré-show foi uma competição de biquínis, com destaque para o grande prêmio de cinco dólares. Das cinco jovens que participaram, quatro terminaram de *topless*.

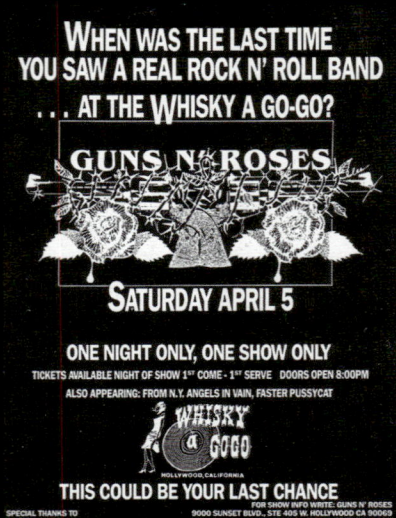

THE WHISKY
5 de abril de 1986

Awarded The Highest
GOLD MEDALS
AT
St Louis, Mo Exposition
1904
Liege Belgium
1905
Ghent Belgium
1913
Anglo American Exposition
London 1914
Certificate of the
Institute of Hygiene
London 1915
Star of Excellence
Brussels 1954
and
Gold Medal
With Palm Leaves
Amsterdam 1981

Com muito esforço, a banda começava a talhar seu lugar na indústria fonográfica. Nessa noite, Tim Collins, o *manager* do Aerosmith, foi vê-los e havia um burburinho naquela época de que Tim estava colocando o Guns N' Roses sob suas asas. Os pais de Axl pegaram o avião em Indiana para ver a banda do filho, e Axl dedicou "Welcome to the Jungle" a eles.

AXL: "Estou dedicando esta canção aos meus pais. 'Welcome to the Jungle', pessoal."

AXL: "Gostaria de agradecer a todos por virem nesta reabertura de rock n' roll do Whisky. Vocês estão se divertindo? Estão tomando uma bebida? Gostaríamos de fazer um agradecimento especial a Tom Zutaut, da gravadora Geffen. Esse cara tem nos ajudado muito. É incrível. É muito bom encontrar uma pessoa como ele. Estamos prontos para cair no rock."

Um contato musical da banda havia fornecido uns toques de saxofone interessantes para este show, assim como uma quantidade de supositórios Dilaudid para experimento pós-show em abuso de substância recreativa, que Axl optou por não repetir. Slash também participou do experimento, e a conclusão de Axl foi que seu parceiro de banda também não se sentiu favoravelmente impressionado com os resultados. Slash achou que a plateia poderia ter sido um pouco mais ativa.

SLASH: "Façam mais barulho, porra. Vocês estão muito quietos. Isso não é uma cerimônia de casamento, pessoal. Vamos lá, galera. Vamos ouvir o pessoal lá do balcão."

AXL: "Esta canção vai para as garotas de 15 anos de idade que se mudaram para cá e que não têm ideia alguma do que fazer. Ela se chama 'Move to the City'."

Os suprimentos necessários de uísque eram fornecidos para dar o tom adequado.

SLASH: "Gostaria de aproveitar este momento para pedir aos nossos colaboradores que realmente estou precisando daquela garrafa de uísque no palco agora."

AXL: "Esta é uma canção de intervalo."

AXL: "Seria muito bom se pudessem limpar o retorno dos vocais. Eu não sei de onde está vindo."

SLASH: "Ouçam, eu gostaria de aproveitar este momento para agradecer esta garota que eu conheço por nos servir o uísque nesta noite. Um presente dos deuses lá de cima, obrigado. Então, em homenagem a ela, vamos tocar agora uma canção, chamada 'Nightrain'. Ao alcoolismo!"

Os colaboradores da imprensa local foram notados por Axl.

AXL: "Esta canção vai para todos vocês, e para o Whisky, porque sabemos que vocês sabem onde o verdadeiro rock n' roll se encontra. E gostaria que o L.A. Weekly, o Music Connection e o Band Magazine sintam esta canção bem no meio das pernas."

SLASH: "É isso aí, filhos da puta. Cara, este é a porra do Whisky. Vamos lá, pessoal."

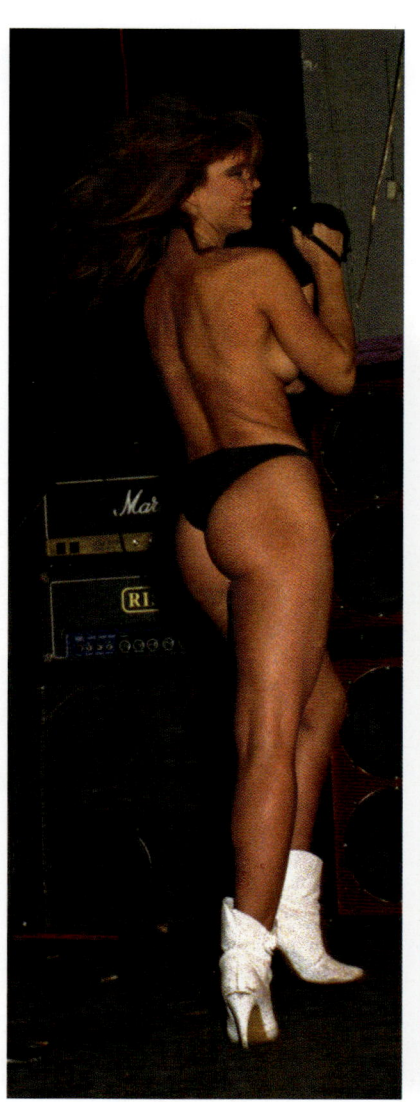

Out Ta Get Me
Welcome to the Jungle
Think About You
Move to the City
Rocket Queen
Nightrain
My Michelle
Don't Cry
Back Off Bitch
Anything Goes
Paradise City
Mama Kin
Heartbreak Hotel
Nice Boys
Jumpin' Jack Flash

5 de abril de 1985 – THE WHISKY

Os músicos também mostraram seus lados românticos e delicados.

AXL: "Esta próxima canção vai para aquele que já se apaixonou, e não adianta mentir para mim. Esta canção se chama 'Don't Cry'."

DUFF: "Esta canção vai para todas as garotas que estão aí."

Desi surgiu e dançou durante "Anything Goes". Antes do solo de guitarra de Slash, no improviso de "Anything Goes", Axl o apresentou como "Dr. Destino, o vilão de Hollywood, Slash". Dr. Destino tomou um gole da garrafa de uísque que recebera de alguém da plateia e que declarou como sendo de "uma marca cool, baby". A canção também foi agraciada com alguns versos de blues de improviso cantados por Axl durante o solo ardente do saxofone.

SLASH: "Acorda, galera. Então, como estão todos? Ei, ouçam, muito obrigado a todos por virem aqui, pessoal. É muito bom ver as malditas caras de todos vocês."

DUFF: "Escrevemos esta canção em uma pequena viagem de carro, ela se chama..."

AXL: "Seja quem for que roubou uma jaqueta vermelha e umas chaves de carro, seria muito legal se devolvesse agora. Ainda mais se eu descobrir quem você é, e eu não estou brincando. Esta merda não é legal."

DUFF: "Não é legal, mesmo. Esta canção se chama 'Paradise City'."

Houve uma discussão verbal entre Axl e Slash.

AXL: "Muito obrigado, boa-noite. (Para Slash) Você está a fim de uma festa em vez disso? Quer parar com essa merda de querer sair do palco? Agora vamos tocar para nós mesmos. Tenho 'Mama Kin' para vocês."

STEVEN: "Esta vai para minha mãe."

AXL: "Toque um pouco de guitarra, Slash."

SLASH: "Uma jaqueta de couro de graça. Quem quer? Seus merdas, eu paguei dez dólares por ela."

Slash atirou sua jaqueta à plateia.

AXL: "Fomos acusados de tocar muitos *covers*. Acho que tem algumas pessoas aqui que gostam destas canções. É isso aí o que fazemos."

SLASH: "Agora é hora de um solo de bateria. Vamos tocar 'Nice Boys'."

AXL: "Esta canção se chama 'Nice Boys Don't Play Rock N' Roll'."

O clima de festa da plateia continuou até o final do show.

AXL: (durante "Heartbreak Hotel") "Querem ouvir essa mais uma vez?"

AXL: "Não veremos vocês por algum tempo, pessoal, então, esta é nossa última chance para botarmos tudo para fora. Sem vocês, não teríamos chegado a lugar algum."

O final festivo destacava três das otimistas finalistas do concurso de biquíni dançando animadas e de maneira um tanto eficaz –aliás, todas eram dançarinas profissionais de *striptease* – ao som de "Jumpin' Jack Flash".

AXL: "Gostaríamos de chamar algumas concorrentes e a vencedora do concurso de biquíni para dançar ao som de 'Jumpin' Jack Flash'."

AXL: "Esta vai para Michelle."

AXL: "Muito obrigado e tenham uma boa noite. Gostaríamos de agradecer a nossas queridas dançarinas, Pam, Christina e Melissa."

No final do show, Steven anunciou: "Festa na casa de Vicky, vamos lá". Vicky Hamilton ainda era a manager da banda naquela época e morava do lado oposto da rua ao Whisky. A maioria dos membros da banda estava hospedada na casa dela porque Axl estava se escondendo da polícia. Uma jovem havia acusado Axl e Slash de tentativa de estupro, e por causa de suas prévias confusões com policiais, eles estavam convencidos de que não acreditariam que ele era inocente. As acusações foram eventualmente retiradas. Enquanto isso, a banda teve de deixar seu estúdio-moradia localizado atrás do Guitar Center, entre a Gardner Street e Sunset Boulevard, onde eles passaram momentos difíceis em Hollywood, narrados em suas canções.

DEL JAMES Se a festa não começava no estúdio, terminava lá. Garotas nuas, o cheiro perpétuo de erva e pó, bebidas e mais bebidas e guitarras. Era nossa singela tentativa de se sentir no "Exile on Main Street" ("Exílio na Rua Principal")!

5 de abril de 1985 - THE WHISKY

RGIN BASTYGENZ
SZEBRAE
E PRODIGAL SONS

y, July 25
AITH NO MOR
ANG GREEN from Boston
ELEBRITY SKIN

turday, July 26
CHUCK E. WEISS
THE BLACK
THE KEEN

Sunday, July 27
THE LAWLESS

ENTÃO, EU DISSE, "OK, É HORA DE PARAR DE TOCAR".

TOM ZUTAUT

Agora que o GNR havia embolsado 75 mil dólares adiantados e um contrato de seis discos com a Geffen, era hora de gravar um álbum. Tom Zutaut tinha a tarefa de arrebanhar a banda em uma época que tinham Hollywood aos seus pés e dinheiro em suas botas. Encurralá-los não seria uma tarefa fácil.

Tom tinha dois objetivos: gravar um álbum e transformar o Guns N' Roses na próxima melhor banda de rock de uma era. Ambicioso como isso podia parecer, Tom sabia que a música atrairia plateias ainda maiores e estava confiante de que a banda conseguiria canalizar seu comportamento e sua presença de palco em concertos da dimensão de estádios. Eles já eram um bom espetáculo, mesmo na Sunset Strip.

Ele decidiu implementar uma estratégia simples para realizar ambos: limitar a exposição da banda em âmbito local e alugar um lugar com tudo pago onde

PARADISE CITY

eles pudessem escrever algumas canções novas para concluir o álbum. Tom orientou a banda para que fizesse apenas um ou dois shows por mês e que, de acordo com sua teoria, isso faria com que eles se tornassem mais desejáveis quando fossem tocar. Ele os tirou do estilo de vida de andarilhos e os colocou em um apartamento limpo, com ar-condicionado, para que pudessem compor em paz.

O que Tom não levou em consideração era a natureza inerente do Guns N' Roses. Eles eram animais à caça, não criaturas acostumadas ao conforto, e ele tirou as únicas duas coisas que mantinham a banda mentalmente sã: tocar no palco e levar uma vida dura. A estratégia de Tom foi um desastre.

Com as chaves da cidade nas mãos e grana para queimar, os 75 mil dólares adiantados, que era para sustentá-los durante a gravação de um álbum, durou algumas semanas. Eles desenvolveram um apetite insaciável por drogas, tatuagens e roupas novas, até que seus fundos secaram e sua disciplina criativa diminuiu. Nenhuma canção nova foi composta.

Geffen ficou preocupado. Onde foi parar o dinheiro deles? Onde estava o disco? Tom Zutaut elaborou outro plano enquanto a banda voltava ao palco, às vezes sob o nome de Guns N' Roses e outras vezes sob o codinome de "Fargin Bastydges". Eles simplesmente não conseguiam parar de se apresentar. Tom arrumou mais dinheiro e os pressionou para que compusessem um material novo. A banda travou – eles não gostavam que lhes dissessem o que fazer – e a crescente tensão quase descarrilou o negócio. Tom sabia que não podia paparicar a banda para sempre e que algo tinha de mudar.

TOM ZUTAUT Eu disse, "Ok, é hora de parar de tocar". Eu sentia que eles precisavam deixar o mistério aumentar. Havia este grande burburinho em cima da banda, e eu sempre me apoiei na teoria de que menos é mais. Se você pensar no Led Zeppelin lá atrás, quando eu era adolescente, eles nunca davam entrevistas. Se Jimmy Page ou Robert Plant concediam uma entrevista, eu já estava plantado na banca de revistas esperando sair, porque significava que era algo importante. A única qualidade que eu vi com o Motley Crue era que eles estavam sempre disponíveis, 24 horas por dia e sete dias por semana, mas isso eliminava o mistério. Quando você tem uma atração carismática, é melhor guardar um pouco de mistério sobre ela. Para mim, qual era o objetivo de ficar remoendo as mesmas canções antigas uma dezena ou centenas de vezes mais?

Por um lado, eu sentia que era bom criar um certo mistério, mas, por outro lado, a coisa era "pessoal, precisamos compor canções novas e montar um material suficiente para fazer um álbum de lançamento que deixe as pessoas maravilhadas. Vamos matar dois coelhos com uma cajadada com isso. As pessoas vão ficar mais sedentas de vocês se tocarem no Troubadour uma vez por mês, em vez de uma vez por semana. Se vocês não estiverem lá o tempo todo, as pessoas então aparecerão e farão um pandemônio quando forem tocar". Então, tratava-se de uma combinação de gerar um mistério e fazê-los focar na composição de material novo. A ideia era que, quando tocassem, cada apresentação fosse mais especial, e eles pudessem aproveitar e estrear o material novo diante da plateia. Esse era meu raciocínio na época.

SLASH Depois que assinamos o contrato, nossa gravadora não queria que tocássemos localmente. Eles disseram, "Queremos que baixem a bola, vamos arranjar um *manager*". Dias de folga significavam problemas. Eu tinha 7.500 dólares e estava animado. Infelizmente, isso foi consumido pelo vício em drogas que eu tinha na época. Foi isso o que fizemos – nem todos –, mas uns dois de nós gastaram o resto daquilo tudo se metendo em encrenca.

DANNY BIRAL Meu vício havia se tornado tão severo que virou assunto quando eles assinaram o contrato com a Geffen. O novo *manager* deles simplesmente disse que não importava o que fizessem, deveriam me excluir, pois, em seu ponto de vista, eu era uma influência extremamente má para eles.

DESI CRAFT A coisa que mais me incomodou foi que, quando eles fecharam o contrato, a Geffen Records advertiu Izzy que eu era menor de idade e que não seria lucrativo se ele continuasse me vendo. Eles o alertaram para o fato de que minha mãe poderia processá-lo. Nós trabalhamos muito duro, mas muito duro mesmo, para que a banda pudesse chegar àquela posição, mas era a vez dele, então eu tive de aceitar e deixá-lo ir.

TOM ZUTAUT Eles estavam ficando entediados e impacientes, e parecia que não tinham todas as canções de que precisavam para entrar no estúdio e gravar. Eles não estavam totalmente preparados e, apesar disso, havia os shows ao vivo ferozes que lotavam os clubes de L.A., mas ainda não estavam prontos para enfrentar um palco bem maior. Eu tentava estimulá-los a ensaiar, compor canções e aparecer com 12 canções fenomenais para fazer o lançamento do álbum que incendiaria o mundo todo. É claro que tanto a banda como eu tínhamos opiniões divergentes sobre quando isso aconteceria. Toda vez em que eu ia até o ensaio e eles tocavam suas canções, eu dizia, "Vocês sabem, faltam ainda dois terços de canções para completar". Eles se rebelavam e criavam problemas. Houve um momento em que eles tentaram me demitir como seu agente A&R porque eu não os deixava gravar, mas resolvemos isso logo.

ROBERT JOHN Eu saí com eles durante a pré-produção, e eles estavam ficando realmente irritados. Tom Zutaut os colocou em pré-produção por um longo período, para preparar melhor a banda antes de gravar *Appetite*, e eu sei quanto eles estavam ficando cansados de tudo daquilo. No final, foi provavelmente a melhor coisa que aconteceu.

SLASH A gravadora estava ficando desesperada porque não parecia que algo estava para acontecer e, sem que soubéssemos, estávamos prestes a ser descartados do selo se não aparecêssemos com algo. Eu me lembro de uma ou duas reuniões com Tom, quando juntou todos e disse, "olha aqui, pessoal, vocês estão com umas caras deploráveis. Fico ouvindo histórias sobre o que vocês andam aprontando por aí, e vão precisar realmente se recompor. Temos um disco para gravar". E dois de nós estavam realmente

> As portas foram abertas para a banda, e tínhamos de descobrir o que havia do outro lado delas.
> **DUFF**

em péssimo estado. Fomos caminhando para a reunião no escritório pensando que eles tinham acabado de nos tirar da sarjeta da Hollywood Boulevard. Era uma vida dura.

DUFF O sucesso havia chegado e nenhum de nós sabia como lidar com ele.

TOM ZUTAUT A parte mais difícil foi encontrar um lugar para eles morarem, porque os havíamos instalado em um apartamento na esquina da Fountain com a Crescent Heights, e eles o queimaram junto com os 75 mil dólares de maneira muito rápida. De repente, eles não tinham mais dinheiro nem um lugar para morar, e eu sabia que precisava resolver isso. Então, eu disse a eles, "Não vamos lhes dar mais dinheiro, porém vamos cobrir o aluguel". Nós os suprimos com recurso mensal para alimentação, um lugar para morar e um espaço para ensaios, para que pudessem compor as canções e criar.

STEVEN ADLER Conseguimos um lugar em Hollywood Hill e nunca paramos mais. Tínhamos *strippers*, traficantes de drogas e todo o tipo de gente por lá. Estávamos nos divertindo e curtindo a vida.

TOM ZUTAUT Houve uma noite em especial em que eu estava prestes a jogar a toalha e desistir. Eles torraram a primeira parcela do dinheiro e haviam torrado mais 100 mil dólares em despesas do mês. Eu sabia que o dinheiro não ia para o bolso deles porque não estavam recebendo dinheiro de nós, recebiam apenas o auxílio-moradia. Eu não sei onde conseguiam o dinheiro para as drogas, a menos que fosse de suas amigas *strippers*.

De qualquer modo, eu fui até a casa e os encontrei todos drogados. Por um lado, estava tudo quieto, mas, por outro, era realmente assustador. Havia duas garotas drogadas com eles, e estavam assistindo à MTV, balançando a cabeça para cima e para baixo. Duas delas me disseram, "estamos com muita fome". E eu respondi, "bem, o que querem comer?". E elas disseram, "biscoitos e leite". Eu fui até um mercado em Santa Monica Boulevard. Era uma doceria Mrs. Fields – na época em que ainda existia Mrs. Fields – e peguei um monte de sacos de biscoitos.

Em seguida, fui até a loja de conveniência em posto 7-11, comprei algumas caixas de leite e retornei. Havia passado nem dez minutos desde que eu tinha chegado e alguém bate à porta. Fui abri-la, já que todos estavam incapacitados, e era a polícia! Não quis abrir muito a porta e perguntei, "posso ajudá-los?". E eles responderam, "Recebemos uma queixa contra perturbação da paz, sobre barulho excessivo, vindo deste apartamento". Olhei para eles e disse, "Eu não sei do que vocês estão falando". E eles disseram, "Podemos entrar?". Então eu pensei comigo mesmo, "Bem, eles estão apenas sentados comendo biscoitos e tomando leite, e se eu disser não, vou acabar gerando mais problemas". Então, apostei na sorte deixei os guardas entrarem. Eles entraram e viram uns caras roqueiros, malucos cabeludos, o que por sua vez, sejamos realistas, os xerifes de West Hollywood viam aquilo o tempo todo naquela época. Eles entraram e viram todos eles assistindo à MTV, bebendo leite e comendo biscoitos, então disseram, "Desculpe perturbá-los, mas poderiam talvez abaixar um pouco o volume da TV?". A proprietária estava lá e gritava para os policiais, "Eles estão fazendo barulho!" E os policiais olhavam para aquela senhora, dizendo, "Nós sentimos muito, senhora, mas eles estão apenas assistindo à TV. Não há nada contra a lei por aqui". Depois disso, ela deu um jeito de tirá-los de lá o mais rápido que pôde.

Depois disso, fiquei desesperado tentando encontrar um *manager* para a banda.

SHARK ISLAND COM AXL ROSE
26 DE ABRIL DE 1986

Axl e Tracii, do L.A. Guns (antigo parceiro de banda de Axl), se reuniram com Shark Island. Eles eram uma banda local, e Axl era amigo do vocalista Richard Black.

Ele considerava Richard um grande artista, e eles arrebentaram com uma versão de "Rock N' Roll", do Led Zeppelin.

26 de abril de 1986 • SHARK ISLAND com AXL, no GAZZARRI'S

Move to the City
Don't Cry
Jumpin' Jack Flash

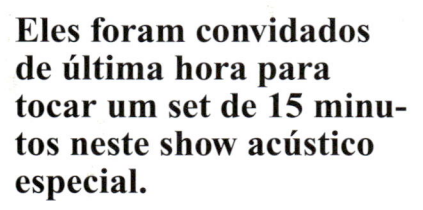

Eles foram convidados de última hora para tocar um set de 15 minutos neste show acústico especial.

O pano de fundo exibe um sinal "proibido amplificadores"; eles se precipitaram no Acústico MTV. Enquanto eu montava minha câmera, o apresentador me informou que não era permitido fazer um vídeo. Eu falei sobre o empecilho ao Axl. E, mantendo sua lealdade, Axl disse que a banda não tocaria, a menos que eu pudesse filmar.

CENTRAL UNPLUGGED
1º DE MAIO DE 1986

AXL: "Vocês conseguem ouvir estas guitarras?"

SLASH: "Conseguem ouvir as guitarras ou o quê?"

AXL: "Esta próxima canção se chama "Don't Cry". Esta é a primeira vez em que será tocada de forma acústica. Dá para abaixar um pouco a iluminação aqui?"

AXL: "Muito obrigado. Esta próxima canção se chama 'Jumpin' Jack Flash'."

AXL: (depois de "Jumpin' Jack Flash") "Muito obrigado."

RAJI'S SOB O CODINOME DE FARGIN BASTYDGES
13 DE MAIO DE 1986

tle Kings and the inner-Hollywood crew. Dobbs tells us that **Paul Stanley (Kiss)**, looking a little worse for those years of pore-clogging makeup and in holey jeans, showed up for the recent Raji's Guns and Roses show. Rumors raging about have it that the Kiss-er may be producing am-boys' upcoming LP.

SAT. MAY 31
Y • PHILLIPS
SPECIAL ADDED GUESTS
FARGIN BASTYDGES
(GUESS WHO)

METAL MEETS FUSION
$U_2F_6 \rightleftarrows H_2 + H_2 = He$
Stegler

Nessa época, eles se apresentavam às vezes de forma casual, geralmente aparecendo de última hora em shows pela cidade sob o codinome de **Fargin Bastydges.** Eles inventaram o nome – pronunciando de maneira diferente em todas as vezes – depois de assistir a um personagem no filme "Johnny Dangerously", que tem um problema na fala; tudo que ele fala soa distorcido.

Havia uma garota na plateia, próxima ao palco, que ficava borrifando cerveja no rosto de Axl – ela estava profundamente bêbada – fazendo com que o cantor recebesse repetidos choques do equipamento elétrico. Próximo do final da primeira canção, ela atirou a garrafa nele, e Axl a empurrou para longe com o pedestal do microfone, gritando a plenos pulmões.

A versão de "You're Crazy" que aparece em Appetite é apresentada aqui pela primeira vez.

Eu vomitava no intervalo de cada canção neste show.

SLASH

AXL: "Eu vou te matar!"

AXL: "Alguém tire esta vadia estúpida daqui."

Axl deixou escapar o segredo de que o Guns N' Roses era na verdade Fargin Bastydges, entediados por terem que dar um tempo de tocar ao vivo enquanto se preparavam para gravar um disco.

AXL: "Gostaria de agradecer por virem aqui hoje à noite. Vocês nos conhecem, esses Fargin Bastydges. Fiquem ligados para outro show da Fargin Bastydges. De todos os lugares, será no dia 31, no Gazzarri's, à 1 hora da madrugada. Ficamos entediados. Precisamos ter algo para fazer."

DUFF: "Não tem cerveja de graça para a banda ou algo parecido?"

AXL: "Quero dedicar esta próxima canção a todas as garotas que passam o tempo se picando, escolhem um visual de vadia e vêm até aqui ficar rondando. Esta canção se chama 'Rocket Queen'."

AXL: "Muito obrigado e peço um momento de sua atenção. Esta é uma canção inédita e esta será a primeira vez em que... jamais, espere um minuto... já cantei um pouco ali atrás com a banda. E eu vou completá-la à medida que tocarmos. Esta canção se chama 'You're Fucking Crazy'."

AXL: "Isso não foi divertido? Agora vamos diminuir um pouco o ritmo por aqui. Acho que muitos de vocês já sabem do que se trata esta canção. Como é mesmo o nome desta canção? 'Don't Cry'."

AXL: "Esta canção é dedicada a todos aqueles que estão aqui e que usam muitas drogas, e que não estão nem aí. Esta canção se chama 'My Michelle'."

AXL: "É isso aí, esta é a última canção. Vamos levá-los para um lugar que gostarão de ir. Ele se chama 'Paradise City'."

AXL: "Muito obrigado, dia 31 de maio, The Fargin Bastydges."

MC: "Guns N' Roses."

Logo depois do show, uma garota da plateia se aproximou de Axl e disse que a garota que ele tinha empurrado com o pedestal do microfone queria pedir desculpas a ele. Axl disse, "não agora". Ela insistiu e Axl repetiu "não agora – por favor, solte a porra do meu braço". Cerca de 20 minutos depois, o namorado da garota que havia sido empurrada apareceu. O nome dele era Bob Forrest, o vocalista da banda Thelonious Monster. Uma séria briga se sucedeu imediatamente; nem sequer o pessoal da segurança conseguiu apartar. Durante a briga, Forrest pegou um pedestal pesado da bateria e tentou acertar furiosamente a cabeça de Axl. Seus olhos arregalados pareciam querer saltar para fora, e ele aparentava estar sob influência de drogas. Axl partiu para cima dele, atirou-o ao chão e começou a chutar a lateral de seu corpo com sua bota por pelo menos uns 30 segundos. Em seguida, os amigos de ambas as partes intervieram e conseguiram separá-los. Na saída, Forrest seguiu ameaçando Axl. Axl ergueu as mãos ao alto e fez uma expressão como se dissesse, "Foi você que começou". Por mais furioso que esse encontro tenha sido, o relacionamento posterior entre os dois seguiu bem, e suas bandas chegaram até a tocar juntas em um mesmo evento de forma admirável.

IZZY: "Não. Ela se chama 'You're Fucking Crazy'."

SLASH: "Ela se chama 'You're Crazy', na gravação."

AXL: "É isso aí, ela se chama 'You're Crazy' porque eu não queria que um bundão pegasse no pé da gente dizendo, 'Eles usaram a palavra fuck aqui', e não dar uma chance para ela. Foi composta com um violão e fala sobre outra garota que é maluca, a qual nós conhecemos.[7]

---

[7] Reimpresso do Geffen Press Kit.

Todas as fotos deste show foram tiradas por Jack Lue.

SOB O CODINOME DE FARGIN BASTYDGES
31 DE MAIO DE 1986

Um dos *roadies* da banda teve de segurar o bumbo da bateria de Steven durante o show, por causa de uma peça quebrada.

AXL: "Espero que saibam onde estão. Espero que saibam do que precisam. 'Welcome to the Jungle', baby."

Depois de "Welcome to the Jungle", Axl seguiu com uma declaração sobre quanto se sentiam felizes por tocar durante um período em que tinham de manter "a bola muito baixa" enquanto trabalhavam na gravação do álbum.

AXL: "Estamos mantendo a bola bem baixa de toda essa merda em que estamos envolvidos, preparando-nos para o álbum. E não conseguimos ficar muito tempo longe disso. Nós precisamos tocar. Esta canção vai para todos que estão aqui. Ela se chama 'Think About You'."

AXL: "Esta próxima canção fala da vinda para L.A., como aconteceu com cada um da banda. Ela se chama 'Move to the City'."

AXL: "Gostaríamos de agradecer aos nossos amigos por virem aqui hoje."

Matt, o irmão de Duff, e seus dois amigos se juntaram a eles no palco com seus

```
Out Ta Get Me
Welcome to the
Jungle
Think About You
Move to the City
Rocket Queen
Nightrain
My Michelle
Jumpin' Jack Flash
Don't Cry
You're Crazy
Paradise City
Mama Kin
```

instrumentos de sopro. Matt tocou trombone em uma versão estendida de "Move to the City" com uma seção de improviso no final.

DUFF: "Meu irmão Matt, no trombone."

AXL: "Esta é uma instrução básica em como se tornar uma vadia e se dar bem com estilo. Ela se chama 'Rocket Queen'."

SLASH: "Será que uma gata aí não poderia me pagar uma bebida?"

SLASH: "É isso aí, esta canção é dedicada a qualquer pessoa que descolar uma grana para me pagar uma bebida. Ela se chama 'Nightrain'."

AXL: "Só para lembrá-los que o bar fica daquele lado. Vocês têm 15 minutos."

AXL: "Alguém aqui teve uma noite daquelas nesta semana, em que foi longe demais e que, no dia seguinte, não conseguia nem se mexer? Esta canção vai para você." ("My Michelle")

AXL: "Gostaria de apresentar um amigo. Este é uma espécie de expediente extra; preparado de última hora. Richard, você está aqui em algum lugar? Gostaria de apresentar Richard Black, o vocalista da banda Shark Island."

RICHARD: "Boa-noite, pessoal. Como vocês estão hoje?"

AXL: "Vamos tocar uma pequena canção juntos, verso por verso, chamada 'Jumpin' Jack Flash'."

RICHARD: "Tem muita gente aqui hoje à noite, não é?"

AXL: "Muito obrigado, gostaríamos de agradecer a Richard, da Shark Island. Dia 15 de junho, certo, no Whisky. Vamos diminuir o ritmo por aqui novamente. Acho que conhecem esta canção. Vai para todos aqueles aqui que precisam de alguém. 'Don't Cry'."

31 de maio de 1986 • FARGIN BASTYDGES no GAZZARRI'S

Live Action Chart

The **Live Action Chart** reports on the three top-drawing acts at various Los Angeles Area clubs. The clubs range from small 100–150 seaters to 1,000 seaters. We rotate the selected clubs each issue in order to give the widest possible range of information. Each club's top three is reported to us by the individual responsible for the bookings.

Reporting Dates
May 27–June 9

Blue Lagune Saloon
Marina del Rey

1. Rebel Rockers
2. Zulu Spear
3. Bonedaddys

Manhattan Jazz
Manhattan Beach

1. Doug McDonald Trio
2. Luther Hughes
3. Billy Childs

Hiatt on Sunset
Hollywood

1. Matt Dennis
2. Mal Waldron
3. Bill Holman

Palomino
North Hollywood

1. Paul Butterfield
2. Rave-Ups
3. Buffalo Springfield Revisited

Madame Wong's West
Santa Monica

1. D.B. Knight
2. Secret Life
3. Ice Teaze

FM Station
North Hollywood

1. Avalon
2. Silent Son
3. Edge

Country Club
Reseda

1. Joshua
2. Alrisha
3. Mary Poppinz

Gazzarri's
West Hollywood

1. Hurricane
2. Fargin Bastydgis (a.k.a. Guns N' Roses)
3. Crossbow

McCabe's
West Los Angeles

1. David Lindley

Thurs., June 5—**Bevvy, Raindance, Hardchoir**.
GAZZARRI'S, 9039 Sunset Blvd., W. Hlywd. The self-
proclaimed "godfather of rock & roll," club proprietor Bill
Gazzarri, lords over his part of the Strip more like God the
Father. Outside, this temple of hard rock features a
15-foot likeness of his grace, while inside, a concert-hall-
size stage dominates what's left of the club: a full bar,
some gold records on the wall and the faithful crowded in
between. Services held Fri.-Sat. 8:30 p.m.; new amateur
bands Sun., 7 p.m.; 18 & over, cover $7.50. Call (213)
273-6606.
Fri., May 30—Rockwest Productions presents *Bitten*,
James' Band, Temporary Insanity, Riser.
Sat., May 31— **Stegler, Y, Phillips**; and a band with
a "rosy" future, if they don't get shot, *Fargin*
Bastydges.
Thurs., June 5—High Times Events presents the
Thursday KNAC Rockfights, the best of L.A.'s
unsigned hard-rock bands.

AXL: "Esta é nossa última canção, pessoal. Com esta canção quero levá-los para um lugar. Vamos para 'Paradise City'."

SLASH: "Boa-noite. Vocês são muito foda, pessoal. Muito obrigado mesmo ao Gazzarri's, você me surpreendeu."

DUFF: "É isso aí, é isso aí, é isso aí."

SLASH: "Quer ouvir algo sobre sua mãe?"

AXL: "Onde está a porra da minha água?"

AXL: "Somos o Guns N' Roses. Muito obrigado e tenham uma noite do cacete."

MC: "Já são 2h20 da madrugada. Por favor, saiam o mais rápido possível. Cuidado com os xerifes lá fora e obrigado mesmo por virem aqui hoje à noite."

270 It's So Easy

31 de maio de 1986 · FARGIN BASTYDGES no GAZZARRI'S 271

GUNS & ROSES

SEXTA-FEIRA 11 DE JULHO TROUB.

11 DE JULHO DE 1986

Eles foram convidados a fazer este show, pelo qual receberam 2.500 dólares e tocaram durante 90 minutos. Esta foi a última vez em que eles tocaram no Troubadour, e o show mais longo até então.

AXL: (antes de "Welcome to the Jungle") "Obrigado por virem. Vocês são a única coisa que faz com que isso aconteça."

Out Ta Get Me
Welcome to the Jungle
Rocket Queen
Think About You
Move to the City
Nightrain
My Michelle
Don't Cry
You're Crazy
Back Off Bitch
Anyhing Goes
Mama Kin
Paradise City
Nice Boys
Heartbreak Hotel
Shadow of Your Love
Jumpin' Jack Flash

11 de julho de 1986 · Troubadour

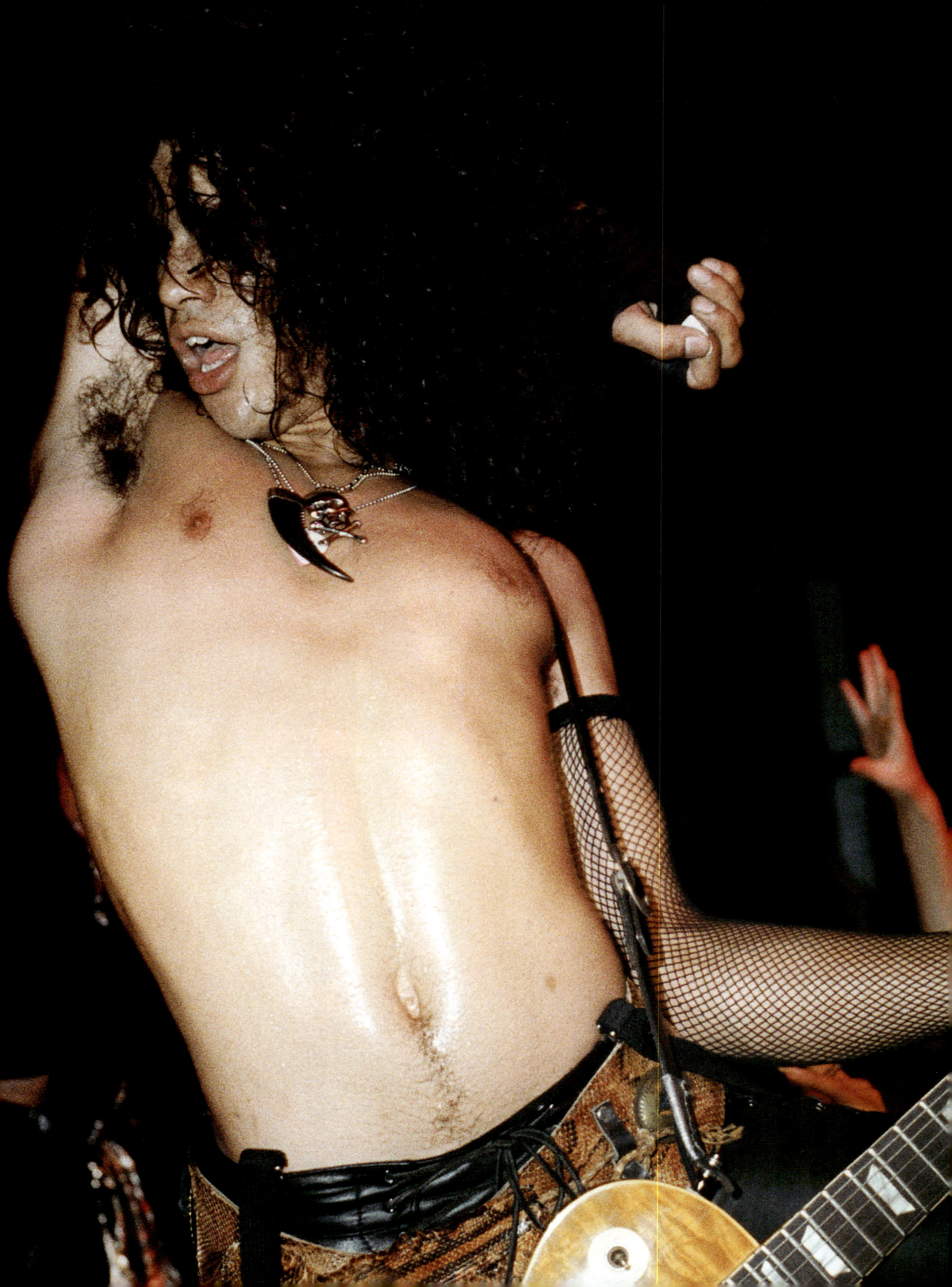

> Pouco tempo depois deste show, Slash fez o impensável. Ele penhorou sua Les Paul em troca de dinheiro para drogas.
> — MARC

AXL: "Gostaria de aproveitar um minuto para contar sobre algo que estamos fazendo. Quero lhes contar sobre esse negócio com a Geffen. Gostaríamos de agradecer por nos ajudar a tornar isso possível. Mas vai demorar um tempo até que o álbum seja lançado. Não fomos realmente capazes de oferecer aqui algo de bom, então lançaremos nosso próprio álbum antes do álbum da Geffen. Vai ser em nosso próprio selo, a gravadora Uzi Suicide. Vai ter algumas canções originais e muitos *covers* que gostamos de tocar, já que não vão poder ser incluídos em um projeto futuro. Então, alguns de vocês já poderão botar as mãos nele. Será uma edição limitada, mas acho que gostariam de saber disso. A próxima canção vai para a mesma pessoa a quem eu sempre dedico. Esta vai para Barbie, por salvar a minha vida mais duas vezes nesta semana. Esta é a 'Rocket Queen'."

O irmão de Duff e seus amigos se juntaram a eles com seus instrumentos de sopro em "Move to the City" e uma sessão curta de improviso.

DUFF: (antes de "Move to the City") "É isso aí, gostaríamos de convidar alguns trombonistas para subirem aqui agora."

AXL: "Algumas pessoas estão gritando para que eu aumente o volume."

SLASH: "Neil, nós amamos você."

AXL: "Isto é algo que todos nós já fizemos. Tenho certeza do que muitos de vocês fizeram também. Vamos lá, rapazes."

AXL: "Esta próxima canção é sobre uma bebida ruim e barata pra cacete que deixa qualquer um muito doido. Tomei uma garrafa grande desse negócio e vim para cá, e me contaram que armei uma confusão com todo mundo por aqui. Vocês têm de tomar muito cuidado com essa merda. E gostaríamos de dedicá-la ao Stewart, que está lá no bar, por fazer umas bebidas da pesada. Esta canção se chama 'Nightrain'."

O comportamento que Axl expressou quanto à imprensa local foi uma despedida de sua normal petulância:

AXL: "Gostaria de agradecer – vocês ouviram a gente falar 'foda-se BAM Magazine, foda-se Music Connection' e merdas desse tipo. Gostaríamos de aproveitar um minuto de sua atenção para agradecer a algumas pessoas. Gostaríamos de agradecer agora ao L.A. Weekly, a Scott Marrow e a outras pessoas. Muito obrigado e muito obrigado a KNAC. Esta vai para aqueles que gostam de cocaína. Esta canção se chama 'Michelle'."

DUFF: "Alguém tem uma cerveja por aí..."

SLASH: "Ei, Neil, estamos tendo problemas aqui com os microfones da guitarra."

LiveAction Chart

The **Live Action Chart** reports on the three top-drawing acts at various Los Angeles Area clubs. The clubs range from small 100–150 seaters to 1,000 seaters. We rotate the selected clubs each issue in order to give the widest possible range of information. Each club's top three is reported to us by the individual responsible for the bookings.

Reporting Dates
July 8–July 21

Music Machine
West Los Angeles

1. NRBQ/Wild Cheneddis
2. Chesterfield Kings/Thee Fourgiven
3. Smilin' Jacks

Troubadour
West Hollywood

1. Guns N' Roses
2. Live
3. Lions & Ghosts

FM Station
North Hollywood

1. Eric Burdon
2. Buddy Mix & the Boys
3. Silent Son

McCabe's
West Los Angeles

1. John Doe
2. Memphis Slim & Brownie McGhee
3. Van Dyke Parks

Safari Sam's
Huntington Beach

1. Social Distortion
2. Wild Cards
3. Hard as Nails, Cheap as Dirt

Raji's
Hollywood

1. Little Kings/Bedlam/Losers
2. Thelonious Monster
3. Tex & the Horseheads

Comeback Inn
Venice

1. Arco Iris
2. Milcho Leviev Trio
3. Jude Swift & Friends

AXL: "Vamos diminuir bem o ritmo das coisas. Esta é dedicada a todas as garotas que estão aqui hoje à noite. Ela se chama 'Don't Cry'."

DUFF: "É isso aí, vamos lá, ah!"

AXL: "Ouvi alguém dizer a palavra 'vadia'?"

A banda demonstrou uma sensação de que estava pensando a respeito de sua reputação grosseira – e decidiram que não havia problema.

SLASH: "É isso aí, filhos da puta, a gente vem acompanhando o que falam de nós pela cidade em relação à forma com que agimos. É por isso que vieram aqui hoje à noite, porque vocês não estão nem aí. Certo?"

AXL: "Esta vai para aqueles que não gostam disso, esta canção se chama 'Back Off Bitch'."

AXL: (antes de "Anything Goes") "Esta é a última canção."

AXL: "Muito obrigado, boa-noite."

Durante o primeiro bis, destacando "Mama Kin" e "Paradise City", um monte de pessoas da plateia pulou no palco e começou a dançar aos pulos no final. Isso inspirou a banda a tocar mais dois bis: "Nice Boys" e "Heartbreak Hotel" foi o segundo, e "Shadow of Your Love" e "Jumpin' Jack Flash" o terceiro.

AXL: "Estou ouvindo suas mães chamarem."

DUFF: "Alô, alô, como é o nome desta canção?"

AXL: "Esta canção se chama 'Paradise City'."

SLASH: "Ei cara, divirta-se, mas não destrua o local, tudo bem."

AXL: "Temos uma canção para vocês pularem. Vocês querem pular? Esta canção vocês conhecem, qual é o nome da canção? Esta canção se chama 'Nice Boys Don't Play Rock N' Roll'."

AXL: "Muito obrigado e boa-noite."

DUFF: "É isso aí, vocês foram demais pra cacete."

AXL: "Vocês querem mais? Temos exatamente o que o médico recomendou aqui em cima. Temos Elvis aqui para vocês."

AXL: "Querem ouvir um pouco de 'Shadow of Your Love'. Esta canção vai para os nossos companheiros de estrada. Para todos eles, especialmente para Ronnie!"

AXL: "Esta canção se chama 'Jumpin' Jack Flash'."

11 de julho de 1986 – Troubadour

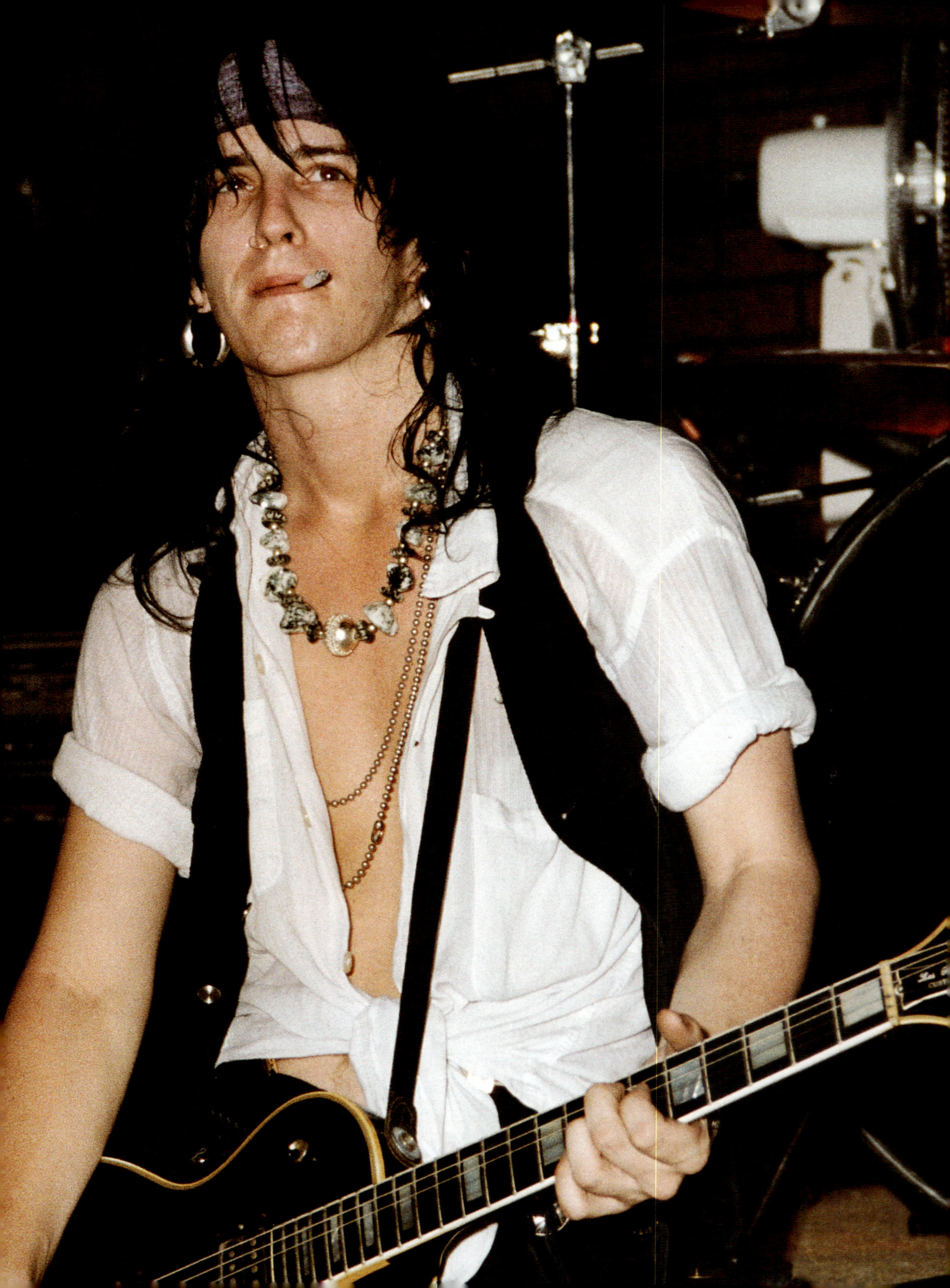

11 de julho de 1986 – Troubadour

L.A. BEAT

GUNS & ROSES: BAD BOYS GIVE IT THEIR BEST SHOT

By JEFF SPURRIER

Four days after the five members of Guns & Roses got together in Silver Lake and decided to form a band, they left on a West Coast tour. On the way to Seattle, their car broke down in Fresno and the musicians spilled out onto the road with their gear and hitchhiked for the next 40 hours.

When they arrived in the Northwest, they found out the rest of the tour had been canceled and they were only getting $50 for the show, not the $250 they were promised. They played their set on borrowed gear and then turned around and hitched back to Los Angeles, broke and tired.

That was June, 1985. A year later, the band was getting ready to depart for Britain to record its debut LP for Geffen Records, and despite a hefty advance, Guns & Roses remains a decidedly street-oriented, living-on-the-edge Hollywood rock band. The perennial bad boys are even getting evicted from the West Hollywood apartment they share.

Clearly, success has not spoiled Guns & Roses. If anything, it's made them wilder.

"We're just a band," said guitarist Slash, 20. "We don't have to be the 'cool' thing or the 'in' thing. It's real important we get out there and express ourselves and play. (Kiss bassist) Paul Stanley came down to one of our shows and hung out where we hang out. I'm looking at this guy watching what we do. He's a nice guy, but he didn't have a clue as to what we were doing. Everyone gets the basic idea: They're a rock 'n' roll band. But they don't get the formula."

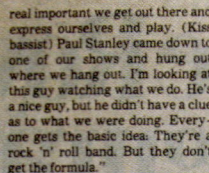

The formula mixes influences such as AC/DC, Alice Cooper, Aerosmith, Led Zeppelin and the Sex Pistols with a large dose of a street-born, get-stuffed attitude, an ear-shattering decibel level, four-letter lyrics and an appreciation for, in Slash's words, the "extremities of violence and sex." It's a combination that's not likely to win Guns & Roses any fans in the Parents Music Resource Center.

"(Our first video) is going to be realistic and it might show a lot of violence so it might get banned," said lead singer and lyricist W. Axl Rose, 24. "There's a lot of violence in the world. That's the environment we live in and we like to show what we live in rather than hide it and act like everything is nice and sugary.

"Everybody likes to paint their pretty pictures, but that just ain't how it is. It just seems easier to know the rougher side (of life) than the more pleasant side just because it's more readily accessible."

Rose moved to Los Angeles from Indiana in the early '80s with his childhood buddy, guitarist Izzy Stradlin. After bouncing around in a variety of bands (Rose, Hollywood Rose, L.A. Guns), he and Izzy teamed up with two other regulars on the Hollywood club circuit—Slash and drummer Steve Adler. Bassist Duff McKagan completed the lineup. Guns & Roses quickly attracted attention, especially at the Troubadour, where the group built a following despite its lack of in-crowd connections.

"It seems like when you come to this town unless you are part of the mommy's-boy-daddy's-money poseur rock scene they try to puke you right out," said Rose. "You fight for your place. I remember two years of standing at the Troubadour and talking to no one, not knowing what to do, and everybody thinking they're so cool. Eventually we did our own thing, made new friends, and brought a new crowd to the Troubadour."

While Guns & Roses was wowing audiences at the Troubadour (where they'll play a thank-you-and-farewell show Friday) and eliciting label interest, the band was based in a squalid one-room Hollywood apartment, living, Stradlin says, "like rats in a box." Just as a record-company bidding war was heating up last winter, two rape charges were filed against Slash and Rose.

"Everyone was trying to hide it from the record company," said Rose. "'Rape charge'? What rape charge?' The charges were dropped eventually, but for a while we had to go into hiding. We had undercover cops and the vice squad looking for us. They were talking a mandatory five years. It kind of settled my hormones for a while."

While the band's recent signing may have propelled it out of the club circuit, the group strives to maintain friendships formed during its years of hanging out. Rose in particular enjoys introducing Guns & Roses audiences to new bands.

"If you don't support your own scene your trip is not going to happen," says bassist McKagan, 22. "You've got to support your friends. It's a family. You can't go out there and say, 'We're the best. Screw you all.' You've got to say, 'Look. These guys are good, too.'"

Recently, however, it's been difficult to dedicate as much time as before to the blossoming hard-rock scene in Los Angeles.

"We've been very busy with a lot of new pressures we've never experienced before," said Rose. "We've got to go have a meeting with some guy that's a millionaire. I don't have a cent in my pocket and I have to act like I'm more in charge than he is. That's really strange.

"You have to come down from the pressures of that to talking with a friend, and sometimes the transition is rough. We've been neglecting some of our friendships recently but once we get some management hopefully we'll be able to get back into that and deal with just being people again."

First, though, the group has a job to do. Record a debut album that will justify Geffen's faith in the band. And even if Guns & Roses doesn't hit the bull's-eye, Rose will be satisfied as long as he gives it his best shot.

"I have something I want to do with Guns & Roses and this is part of me that I want to get out and take as far as I can," he said. "That can be a long career or it can be a short explosive career—as long as it gets out and it gets out in a big way."

Guns & Roses—Steve Adler, left, Slash, W. Axl Rose, Izzy Stradlin, Duff McKagan—stuff a booth.

OUT TA GET ME

Com a banda retendo 100% do controle criativo, havia muitos conflitos com produtores, que diziam, "não dá para fazer meu trabalho".

TOM ZUTAUT

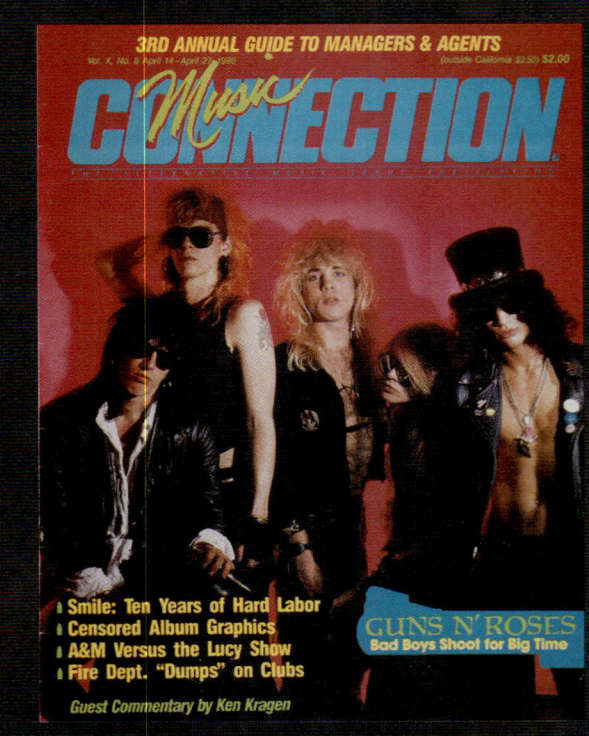

280 It's So Easy

Quem quer que Tom Zutaut contratasse para produzir *Appetite*, teria de ter nervos de aço e a humildade do Buda.

O controle criativo era um item considerado não negociável, e a tolerância da banda por "profissionais" com uma agenda preparada para moldar sua música era menor que zero. Sugestões para excluir canções, de modo que as tornassem mais aceitáveis para um público mais abrangente ou rádios pop mais amistosas, eram atiradas pela janela junto com os produtores que as traziam. Tiro ao alvo no mensageiro era uma prática comum, e Tom Zutaut teve dificuldades em encontrar o ajuste certo.

Enquanto isso, Tom contratou seu sócio de longa data, Alan Niven, para gerenciar – ou seja, controlar – os detalhes do dia a dia da banda enquanto corria atrás de um novo produtor. Como um camaleão, Alan conseguiu acompanhar os rapazes e, em seguida, se transformou em um alinhado assessor de imprensa ou salvador da banda em relação a qualquer tipo de problema. Ele manteve a banda distante de más influências, organizou suas agendas e cuidou das crescentes preocupações que afligiam a gravadora. Embora seu papel fosse mais voltado ao gerenciamento, ele se mantinha afinado com o som e o efeito que o Guns N' Roses queria realizar no álbum, e não tinha medo de expressar sua opinião. A banda confiava nele.

Os produtores que eram trazidos tinham um histórico de gravação de discos que Axl e Tom apreciavam, e que poderiam proporcionar uma espécie de programa para o som que eles queriam atingir com o *Appetite*. Axl era um grande fã de Nazareth e Manny Charton, o guitarrista e coprodutor do Nazareth. Ele foi trazido da Escócia para gravar duas dúzias de faixas com a banda, conhecidas como Sound City Demos. O trabalho conjunto foi produtivo, mas Manny retornou à Escócia três dias depois. Nunca mais foi contatado novamente pela banda ou por Tom, percebendo que eles estariam melhores se trabalhassem com um engenheiro de som, e não com um produtor. Assim que possíveis produtores se interavam do fato de a banda ser muito difícil de lidar ou de controlar, ou reconheciam o rumo claro que eles queriam tomar internamente, o período de namoro terminava de forma abrupta. Enquanto a porta giratória de produtores continuava em movimento, Tom decidiu pôr fim à procura e produzir o álbum ele mesmo, com um engenheiro que montasse as matrizes das faixas.

A estrada para a gravação de *Appetite* continuou com Spencer Proffer, que a Geffen Records contratou por causa de seu talento em montar um som de alta qualidade e de cumprir a função de divulgação com suas táticas de marketing, como fez com Quiet Riot apenas alguns anos antes. A banda gravou várias canções no Pasha Studios, em Hollywood, e Spencer se ajustou às idiossincrasias deles respondendo quando era chamado no meio da noite para sessões de gravações intoxicadas. Spencer atribui seu rompimento repentino a um momento de confronto com Axl, mas, para a banda, o tratamento que Spencer dava ao material deles não os agradava. Eles concluíram as demos no Pasha e lá estava Tom novamente em busca de um novo produtor.

De novo, Axl e Tom apareciam com nomes baseados nos álbuns que eles admiravam e selecionaram *Stranger in the Night*, da banda inglesa dos anos 1970, UFO. Era um álbum ao vivo e apresentava o equilíbrio perfeito que o Guns N' Roses queria captar no *Appetite*, e então convidaram Mike Clink, o coprodutor e engenheiro do álbum, para fazer uma demo. Em primeira reunião entre eles, Mike entendeu imediatamente o rumo que eles queriam tomar com o *Appetite* e concordou com a necessidade da banda em deter o controle criativo. Ele gravou uma demo, exatamente como todos os outros prospectos fizeram antes dele, e Axl e Tom ficaram satisfeitos com os resultados. A única questão em aberto era se Mike tinha a personalidade para tolerar a disciplina e os absurdos da banda.

SLASH Quando escrevemos as letras e montamos as canções, nunca permitimos que houvesse influências externas. Parecia que tínhamos de firmar compromissos e fazer sacrifícios trabalhando com um produtor com o qual não queríamos trabalhar. Cada *manager* ou produtor que eles tentavam nos encaixar não conseguiam lidar conosco ou não gostávamos deles.

STEVEN ADLER Todas as outras gravadoras e produtores queriam nos transformar. E a gente era do tipo, "Foda-se tudo isso! Nós não vamos mudar". Ou vocês gostam ou não gostam.

TOM ZUTAUT Eu tocava a demo para os produtores, que ouviam e ficavam intrigados. Em seguida, eles se afastavam e diziam não. Axl era muito exigente, e isso dificultava ainda mais a busca por um produtor, porque, quando eu falava sobre um monte de produtores diferentes, ele dizia, "É, mas ele fez este disco", ou "Aquele disco era uma porcaria, e eu não acho que poderia trabalhar com ele porque eu não respeito o fato de que foi ele quem fez aquele disco". Você sabe, Axl tinha uma opinião formada sobre quase todos que eu lhe apresentava.

Steven: They couldn't hear for two, three days.
Izzy: Loud is a way of life.

THE MUSIC CONNECTION TOUR

Slash: Why do we deserve the cover of this magazine? To tell you the truth, I have no idea. Ask our manager. [*Laughs*]
Izzy: Ask your boss. He should know.
Slash: 'Cause we've created so much noise that we deserve to be on the cover of *Music Connection*.
Izzy: The magazine is out for two weeks, right? It's going to be a 14-day adventure—like a *Music Connection* tour. We're going to play every 7-11 there is.

THINKING BIG FOR THE FUTURE

Izzy: We'll get richer.
Slash: I'll have more pairs of shoes to choose from.
Steven: I'll have my own place to live.
Axel: All the socks we can buy.

* * *

Guns N' Roses signed a record deal with Geffen on March 26, 1986. I hear tell that the band received a cool 37 thou as *part* of their advance. All five members were unavailable the next day. Their manager reported that the boys were out shopping, but this time for a deal of a *different* kind—on new equipment. My final word: Hey, if you guys have any dough left, how 'bout forkin' over 40 bucks for a new tape recorder? If not, fuck *you* and your *band*. (Just kidding, I think.) ■

SMOKING GUNS: Guns N' Roses recently finished recording some 27 songs as a demo project for their label, Geffen Records. The demo sessions, produced by Manny Charlton (late of Nazareth), were recorded at Sound City Studios. The band also announced that they will be playing their "Farewell to Hollywood" concert on July 11th at the Troubadour, after which they leave for England to begin recording their debut album, scheduled for a fall release. Meanwhile, Geffen will release some of the demo material as an "authorized bootleg." That oughta hold you for a while.

THE SOUND CITY DEMOS

Rocket Queen (take 1)
Rocket Queen (take 2)
Nightrain
My Michelle
Move to the City (take 1)
Move to the City (take 2)
November Rain (acústico)
November Rain (piano)
Shadow of Your Love
Reckless Life
Think About You
Welcome to the Jungle
Don't Cry
Nice Boys (take 3)
Back Off Bitch
Anything Goes
Mama Kin
Heartbreak Hotel (take 2)
Ain't Going Down (sem letra)
Jumpin' Jack Flash (take 2)
Jumpin' Jack Flash (acústico)
Move to the City (acústico)
(Faixa sem nome em composição)
You're Crazy (acústico)
The Plague
Cornshucker Stomp

TOM ZUTAUT Uma das coisas à qual Axl reagiu de forma positiva foi que ambos éramos grandes fãs de Nazareth. Manny Charlton, que era o guitarrista do Nazareth, produziu alguns dos discos da banda, e seu nome foi mencionado. Axl disse, "ei, vamos fazer uma sessão com ele". Então, eu peguei um voo até a Escócia, encontrei com o cara no meio do nada, nos arredores de Edinburgo, e toquei as demos para ele. Conversamos sobre a banda, e então Manny disse, "ei, eu vou até L.A. e faço uma sessão com eles".

MANNY CHARLTON Tom Zutaut veio até a Escócia e me perguntou se eu estava interessado em produzir a banda. Na época, eu estava gravando um álbum com o Nazareth, chamado "Cinema", então eu tinha compromissos com minha própria banda e minha agenda estava apertada. Ele me perguntou se eu não queria ir a L.A. e conhecer a banda assim mesmo. A gravação mixada que Tom havia levado consigo não era muito boa. Não conseguia ouvir os vocais de maneira adequada. Disse a Tom, "vamos ao fundo desta questão. Vamos até o estúdio, gravamos uma sequência ao vivo, direto em dois canais e, em seguida, poderei ouvir melhor as canções e tentar trabalhar com isso".

Quando cheguei a Los Angeles, deveria me encontrar com eles no dia seguinte para os ensaios. Tom foi me buscar para me levar ao local de ensaio, e ninguém se encontrava lá. Nenhum deles apareceu. Ficamos lá por algum tempo; olhei para ele e perguntei, "Você tem certeza do que estou fazendo aqui?". Para mim, não era muito profissional fazer um cara viajar 9 mil quilômetros para ver um ensaio e nenhum deles aparecer.

Fomos ao estúdio durante três dias, e foi muito bom. Eu me lembro de chegar ao estúdio e ver prateleiras com novas Les Paul e amplificadores Mesa Boogie, então sabia que Tom estava cuidando bem deles. Pedi a eles que fechassem uma lista; tudo o que estavam tocando naquela época. Nós simplesmente gravamos tudo ao vivo, ali mesmo no estúdio. Axl ficou preso entre duas portas do estúdio, com uma pequena janela para observar a banda e deu o seu melhor. Ele não reclamou nem um pouco sobre isso, não havia ataques de raiva por não poder cantar de maneira adequada. Ele deu prosseguimento daquele jeito. A banda foi acomodada e eles tocaram. Eles tocaram direto em dois canais, porque não havia múltiplos canais envolvidos na gravação. Também não havia overdubbing.* Eu simplesmente os acomodei, montei um bom equilíbrio, e eles deram o melhor de si. Eles trabalhavam bem juntos e tinham os arranjos já prontos. Era um material realmente muito bom.

TOM ZUTAUT Foi mixado em uma fita de dois canais – nem sequer podíamos pensar em múltiplos canais naquela época. Tudo transcorreu muito, mas muito bem mesmo. Provavelmente tem muita gravação pirata ainda circulando por aí.

MANNY CHARLTON Eles não eram apenas uma dessas bandas de barzinho. Eram uma banda com "B" maiúsculo. Uma banda de valor é sempre melhor do que a soma de suas partes. Você tira uma parte, a química some e não é a mesma. Os cinco rapazes trabalharam juntos e criaram algo que era grandioso como um todo. A palavra é química. Era isso que eles tinham. Eles tinham uma química enorme e eram uma grande banda. Se você tirasse um dente de engrenagem da roda, ou uma argola da corrente, aquilo se rompia. Acho que as canções que mais se sobressaíam eram "Welcome to the Jungle" e "November Rain". Axl tocava piano e Izzy fazia um pouco de *backing vocal*, e aquilo era fantástico. Foi quando eu comentei, "Uau! Temos talento para composição musical de sobra aqui", e achava que realmente gostaria de produzi-los.

TOM ZUTAUT Mas, qualquer que fosse o motivo, depois de Manny ter feito isso por dois dias, ele achou aquilo um pouco maluco. Havia também divergências na banda quanto a Manny ser ou não o cara certo. Então, fizemos a sessão com ele, e ele desapareceu. E lá estávamos nós de volta às pranchetas.

MANNY CHARLTON Eu não desapareci; eu voltei para casa. Eu tinha conversado com Tom sobre meus compromissos com o Nazareth. O que aconteceu foi que nunca mais recebi um recado deles depois de todas aquelas nossas sessões, e, em seguida, o *Appetite* foi lançado. Se houve alguma divergência dentro da banda, eu nunca soube de coisa alguma. Eu tive a sensação de que Slash não ficou particularmente impressionado. Não acho que ele era um grande fã do Narazeth como Axl era. Talvez ele não tenha ficado impressionado comigo como guitarrista. A única coisa positiva que ouvi foi do Izzy. Ele disse, "Manny é um cara muito legal". Eu não estava socialmente integrado a eles. Não tive a chance de conhecê-los pessoalmente. Eu não estava em L.A., eu estava na Escócia e nunca tinha ouvido falar deles antes. Então, eu levava um pouco de desvantagem. Não sabia quase nada sobre o cenário musical de L.A. com todas aquelas outras bandas que estavam se destacando naquela época. Imagino que eles deviam me ver como se eu fosse algum tipo de alienígena com meu sotaque escocês e ainda por cima sendo pai de família, mas eles me respeitaram por aquilo que havia feito com *Hair of the Dog*, do Narazeth. Mas não houve de fato oportunidade para que nos tornássemos amigos de repente.

No final das contas, acho que eles queriam alguém que não fosse interferir naquilo que estavam tentando alcançar e que conseguisse arrancar uma boa performance deles. Eles não queriam ser disciplinados por ninguém. Já tinham sua própria disciplina interna e não queriam alguém vindo de fora para lhes dizer o que fazer. O que eu teria feito como produtor? Tudo o que eu faria era garantir que eles se sentissem confortáveis e que soassem muito bem. Em meu ponto de vista, um bom produtor consegue arrancar a melhor performance dos artistas, e eu teria alcançado isso com o Guns N' Roses. No final, acho que o álbum não ficou tão diferente daquilo que fizemos no estúdio.

---

*N.T.: Superimposição.

Estas canções foram gravadas em apenas dois dias em um sistema simples de dois canais; no entanto, elas realmente captam o espírito da banda – uma intensidade ardente e pura energia que saltam aos olhos.

Eu tive a oportunidade de ouvir bem essas fitas, logo depois que foram gravadas, em uma noite em que Slash acabou sendo preso. Ele estava de passageiro em um carro que foi parado pelo polícia por causa de uma lanterna queimada. Danny Biral, um *roadie* da banda, estava dirigindo. Os policiais encontraram uma agulha hipodérmica no carro e, por algum motivo, Slash acabou preso. Esta não seria a primeira vez em que a banda teria problemas com o departamento de polícia, e certamente não seria a última.

Axl e eu fomos até o Departamento de Polícia de West Hollywood para pagar a fiança de Slash. Quando chegamos lá, Slash já havia sido transferido para a cadeia do condado de L.A. Então, nos dirigimos até o centro da cidade. No caminho, paramos para pegar alguns hambúrgueres e seguimos ouvindo as demos. Quando chegamos à delegacia para pagar a fiança de 178 dólares, um dos policiais notou o pingente no formato de uma pequena arma pendurado no pescoço de Axl. Evidentemente alarmado pela ameaça que representava o colar de Axl, o guarda o atirou contra a parede e começou a revistá-lo. Sem encontrar outro tipo de objeto ameaçador, ele liberou Axl; voltamos para meu carro e esperamos cerca de cinco horas, até que soltaram Slash. Durante essa longa espera, ouvimos as demos várias vezes.

Algumas das canções das fitas demo podem ser ouvidas ao fundo, no *making of* dos *videotapes* de "Don't Cry" e "November Rain". Elas foram usadas como música de fundo entre as entrevistas.

MARC CANTER

MARC CANTER Spencer Proffer também estava trabalhando com a banda na época. Ele produziu uma demo como um teste para ver se a banda aceitaria trabalhar com ele em seu álbum.

SPENCER PROFFER Fui o único cara que de fato conseguiu passar a fase de teste e que realmente chegou a assinar um contrato e fechou o negócio para produzir o álbum inteiro. Randy Phillips e Arthur Stevac, que viriam a se tornar *managers* reconhecidos e de grande reputação, estavam gerenciando o Guns N' Roses naquela época. Eles eram bons *managers* e muito inteligentes. Faziam todas as coisas certas: conseguiam os shows, ajudavam a manter as condições favoráveis e atraíam a atenção da mídia. Fui apresentado para a banda e comecei a sair com os rapazes. Acreditava que a música era muito boa. Ela tinha muita atitude, um grande espírito e energia, e eu conseguia farejar que teria um grande impacto sociocultural baseado em uma abordagem inovadora na qual o gênero metal era fundido com vários elementos líricos e musicais únicos. Eles tinham os ingredientes para fazer um excelente rock n' roll. Axl é um grande *performer*; Slash é um guitarrista de primeira linha. Eles poderiam ter aproveitado um pouco mais de orientação e estrutura, e este foi o motivo por que Randy me colocou lá. Ele achava que eu poderia ajudá-los a manter a energia pura original.

Fui ao Pasha Studios, trabalhei na pré-produção durante um mês e começamos a gravar o disco. Fechamos com quatro ou cinco canções cujos arranjos foram montados. Em um estúdio de ensaios, trabalhei com eles na construção dos arranjos, nas pausas e na abordagem vocal. Randy aguardava os resultados de perto trabalho para que pudesse preparar o resto da turnê e o próximo capítulo da carreira deles.

Na época em que estávamos no estúdio fazendo o *overdubbing* nas faixas, depois que os arranjos já estavam todos prontos, minha esposa estava esperando nosso primeiro filho. O bebê estava atrasado e agendamos uma cesariana no hospital em uma data específica. A banda chegava atrasada todos os dias no estúdio, bêbada, chapada ou drogada de uma forma ou de outra. Eu solicitei uma reunião com a banda dois dias antes, sabendo que haveria uma cesariana e que queria estar no hospital junto com minha família naquele momento. Não tinha intenção alguma de anular minha responsabilidade de trabalho que tinha com banda, então disse a eles, "no dia do nascimento, vocês poderiam chegar no horário? Cheguem ao estúdio ao meio-dia e eu trabalharei com vocês por cinco horas; em seguida, vou ao hospital passar a noite com meu filho recém-nascido". Eles juraram, é claro, que chegariam. Naquele dia, as horas se passavam e nada de eles aparecerem. Quando estava próximo das 5 horas da tarde, eles apareceram juntos, Slash entrou e não aguentou chegar até o banheiro, tirou seu membro para fora e urinou na parede do estúdio. Axl entrou na sala de controle e vomitou na mesa de som, e perguntou se eu queria ir a uma festa com ele. Quando recusei, ele mandou que eu fosse me foder, que esquecesse a paternidade e que, se eu saísse, é porque era um bundão. Ele disse que ou eu trabalharia com o Guns N' Roses e curtiria o rock, ou que fosse ser pai, mas que não poderia ser os dois. Eu o mandei se foder. Disse a todos que jamais queria vê-los em meu estúdio novamente, saí dali e liguei para o dizer que estava fora do projeto. Esse foi o final de meu envolvimento. Vendi as fitas por um valor irrisório porque não queria aquelas pessoas na minha vida, seja carmicamente, eticamente ou qualquer outro modo. Achei que eles eram escória da Terra. Sei que perdi muito dinheiro depois que milhões de álbuns foram vendidos, mas não me arrependo em absoluto porque tenho minha integridade.

SLASH Eu não me lembro de nada disso. Gravamos "Sweet Child O' Mine" e gravamos "Nightrain" e outras coisas durante aquele período no estúdio Pasha. Fizemos toda a parte ao vivo para o "Live Like A?!*@ Suicide". Terminamos o arranjo de "Welcome to the Jungle" durante as sessões no espaço dele. As canções não soavam melhores do que a qualidade da demo, então, não havíamos alcançado ainda a qualidade de gravação. Estávamos tentando testá-lo e ver se conseguíamos extrair algum som dele, mas fomos adiante porque achamos que ele não o tinha captado. Não acho que o material que gravamos com ele tinha a qualidade de um disco. Se ele acha que nos demitiu, eu acho que isso é papo furado. Além do mais, não sei muita coisa sobre isso, porque Tom não nos contou nada. Essa é uma possibilidade.

TOM ZUTAUT Em seguida, apresentei a banda a Paul Stanley e Gene Simmons do KISS, porque estávamos pensando em trabalhar com eles, mas um deles havia dito à banda que teriam de fazer um novo arranjo para "Welcome to the Jungle", e a banda reagiu dizendo algo do tipo, "foda-se aquele cara". A banda caiu fora e esse foi final disso. Eles diziam "ninguém mexerá no arranjo de 'Welcome to the Jungle'. Nós a tocamos para nossos fãs e não vamos mexer em coisa alguma". E permaneceram firmes nessa decisão, mesmo quando o disco finalmente ficou pronto e havia pessoas na gravadora que queriam editar a canção. A banda sempre asseguraria o controle criativo e não mexeria na canção. E você sabe que eles tinham razão, porque se tornou um clássico. Com a banda retendo 100% de controle criativo, havia muitos conflitos com produtores, que diziam, "não dá para fazer meu trabalho". Ao mesmo tempo, eu estava desesperado tentando encontrar um *manager* para a banda, e cada um deles recusando a proposta porque a banda tinha a reputação de ser problemática.

SLASH Alan Niven foi o primeiro cara que soube como lidar com a gente quando fomos apresentados. Sem muita firula ou papo furado conosco, ele sabia lidar com Izzy e comigo quando estávamos chapados. Sabia lidar com Steven sendo ele mesmo. Duff estava sempre marcando seu próprio território, e havia as idiossincrasias de Axl. Axl já tinha uma personalidade de grande estrela do rock e era um pouco imprevisível, e Alan sabia lidar com tudo isso com um pé nas costas. Não era muito complicado para ele. Então, nós nos sentíamos confortáveis e à vontade com ele, sem ter aquela coisa de querer impressioná-lo ou tentar qualquer tipo de baboseira achando que éramos algo que não éramos. Logo, aquilo deu certo. E ele tinha boas ideias, e prestávamos atenção da onde ele vinha e como se relacionava com a banda e como funcionaria. Levando tudo isso em consideração, ele era simplesmente o cara perfeito no momento perfeito. Ele entendia o sensacionalismo que envolvia tudo aquilo. Em outras palavras, sabia que uma banda como esta; incauta como uma banda de rock n' roll que vive de acordo com o momento pesado e que sabia entreter, e ele sabia como comercializar isso. Ele tinha um histórico que incluía Sex Pistols. Acho que a única vez que mudamos qualquer coisa no arranjo de "Welcome to the Jungle" foi por causa de Alan. Tem uma sessão de pausa na canção que fazíamos duas vezes em vez de uma, e Alan disse, "Bem, e se vocês tirassem aquela sessão, cortaria quase um minuto da canção", e pensamos, "Não. Não queremos fazer isso". Eventualmente acabamos tentando e deu certo. Essa foi a única mudança no arranjo que jamais fizemos

MARC CANTER Alan Niven era o patrão. Ele conduzia os negócios como um diretor executivo; ele sabia como as coisas deviam ser feitas. Ele colocou a banda debaixo das suas asas e lutou muito por ela.

RON SCHNEIDER Alan era uma espécie de Peter Grant de nossa geração; ele era grande e o responsável.

TOM ZUTAUT Um dia, eu percebi que teria de encontrar um engenheiro e produzir o disco eu mesmo. Essa seria a única maneira de a banda poder fazer o que quisesse, sem que pisasse no ego de alguém. Comecei vasculhando uma lista de pessoas que eu sabia que eram grandes engenheiros e que imaginei pudessem aprisionar o relâmpago na garrafa para o Guns N' Rose. E dois nomes que me vieram à mente foram Bill Price, por causa de seu excelente trabalho com Roxy Music até Sex Pistols, e Mike Clink. Mike Clink fora engenheiro de som de alguns dos excelentes discos da banda UFO. Axl, Slash e eu tivemos uma conversa sobre a excelente qualidade que esses discos da UFO apresentavam, especialmente o disco gravado ao vivo, *Strangers in the Night*. Entrei em contato com Mike Clink, conversei com ele e o apresentei à banda. Mike estava querendo abandonar o papel de engenheiro e se dedicar mais à carreira de produtor. Ele concordou com a teoria da banda em reter o controle criativo do processo. Basicamente, a banda faria a coprodução, e eu ficaria totalmente envolvido como agente A&R sentado no banco de passageiro durante todo o processo.

MIKE CLINK Recebi um telefonema de meu *manager* Teri Lipman dizendo que eu tinha uma reunião marcada com a Geffen Records. Fui até o escritório de Tom Zutaut. Tom, Alan Niven e Axl estavam lá e tocaram alguns discos que eu havia trabalhado. Eles disseram, "Gostamos deste disco e não gostamos daquele outro". Os discos que eu tinha feito e de que eles mais gostavam eram os discos da UFO, especialmente o *Strangers in the Night*. Esse era o disco que eles realmente amavam. Também me mostraram algumas tentativas fracassadas de gravações anteriores que a banda tinha feito e com as quais ninguém estava satisfeito. As gravações não estavam boas e não representavam a fúria e a energia que a banda tinha. Era um tanto enlatada ou processada, que era o som daquela época. As pessoas costumavam fazer as coisas um tanto enlatadas com o som, muito polido, e eles estavam procurando por algo um pouco mais bruto. Então, estavam à procura de alguém que fosse até lá, consertasse aquilo e que captasse o som do Guns N' Roses.

SLASH Por sorte, Tom encontrou Mike Clink, e então rolou uma química perfeita. Seja quem quer que fosse o produtor com o qual acabaríamos tendo de trabalhar, deveria haver um respeito mútuo. A forma com que as coisas soavam refletia como o produtor havia se conectado com a banda. Se não soasse direito, era provavelmente porque não havíamos gostado da pessoa como resultado. E se soasse excelente, então aquilo nos dava uma ideia em relação à personalidade da pessoa. Quando nos encontramos com Mike pela primeira vez, realmente gostamos de sua energia. Gostávamos de sua companhia. Ele era muito quieto e discreto. Era um cara simples e sem muita frescura. Era muito amigável e não tentava agir de forma diferente quando estava em nossa companhia. Ele parecia que tinha tudo sob controle. Estávamos muito ansiosos para fazer uma demo de "Shadow of Your Love", e quando fizemos e o som ficou muito bom, selamos um grande relacionamento que se tornaria duradouro dali em diante. Embora Mike fosse rotulado como produtor da banda, o que ele realmente fez foi captar a banda ao vivo e conseguir colocar aquilo na gravação de forma adequada. Tentamos uma variedade de produtores que simplesmente não sabiam como fazer isso.

MIKE CLINK O que eles queriam que eu fizesse era ir até o estúdio com eles para gravar uma canção e ver como é que ficaria. Então, entramos no estúdio e gravei "Shadow of Your Love". Durante o processo, era uma questão de fazer com que a banda confiasse em mim e que compreendesse seus melhores interesses de coração aberto.

TOM ZUTAUT Mike está possivelmente na escala das pessoais mais legais que alguém possa conhecer na vida e que é realmente talentoso naquilo que faz; ele é nota dez. Do tipo que você acaba de conhecer e ele já está lhe fazendo sorrir. Precisávamos de alguém com a paciência que a função exige para estar em uma sessão com estes rapazes, e Mike é o cara mais bacana e mais paciente que alguém jamais poderia conhecer.

STEVEN ADLER Levou um bom tempo, mas tivemos sorte com Mike Clink.

MIKE CLINK Depois de ter terminado a mixagem da canção e entregue a todos, **meu telefone tocou às 4 horas da madrugada. Era Axl. Ele disse, "Isso é muito bom. Amei. Vamos começar amanhã".**

BOGART'S
21 DE JULHO DE 1986

Slash e Izzy chegaram muito atrasados para este show. Atualmente fechado, o Bogart's era um shopping suburbano sem inspiração alguma, mas que não deixava de ser um clube muito confortável que apresentava uma boa seleção variada de bandas locais.

IZZY: "Vocês estão prontos ou o quê?"

AXL: "Ei, este lugar não é tão ruim assim."

DUFF: "Esta se chama 'They're Out to Get Me'."

AXL: "Bem-vindo ao Bogart's e 'Welcome to the Jungle'."

AXL: "Esta fala sobre a vinda para Long Beach. Ela se chama 'Move to the City'."

AXL: "Esta próxima canção é dedicada a todas as mulheres que estão aqui presentes e que estão vestidas para impressionar. Esta canção se chama 'Rocket Queen'."

AXL: "Quantas pessoas aqui beberam hoje à noite? Acho que temos um monte de mentirosos. Esta próxima canção fala de uma garrafa de vinho barato que faz vocês cairem sobre suas bundas. Esta canção se chama 'Nightrain'."

AXL: (Antes de "My Michelle") "Esta vai para aqueles que gostam de cocaína."

AXL: "Muito obrigado. Vamos diminuir um pouco o ritmo por aqui. Esta ficando quente aqui dentro."

SLASH: "O que está acontecendo? Então esta é a plateia de Long Beach; quieta e sedada."

AXL: "Algumas de vocês, garotas, conhecem outra garota que não larga do pé de seu namorado? E vocês, rapazes, conhecem uma garota que vive enchendo o saco? Esta se chama 'Back Off Bitch'."

AXL: "Muito obrigado. Esta é a última canção. Somos o Guns N' Roses, e esta é 'Paradise City'. Gostaríamos de dedicar esta às drogas."

AXL: "Tenham uma noite do cacete."

As fotos desta página foram tiradas por Leonard McCardie

CLUB LINGERIE
SOB O CODINOME DE
FARGIN BASTYDGES
24 DE JULHO DE 1986

Axl deixou a banda naquela tarde e foi demitido também, por um bom motivo. No entanto, a banda se reagrupou a tempo para o show. Axl se juntou à banda que abria o evento, Prodigal Sons, cantando a canção "Forty Days".

SLASH Eu e o Axl tivemos uma briga e estávamos prestes a romper o relacionamento, e o único motivo pelo qual fizemos este show foi porque Tom Zutaut conseguiu fazer com que todos subissem ao palco. Fiquei com meu rosto virado para o amplificador o tempo todo. Não faço ideia de como Tom conseguiu nos arrebanhar de novo para fazer este show.

AXL: "Vamos aguentar com este equipamento de merda. Levamos choques elétricos toda vez em que tocamos nele. Esta é 'Think About You'."

AXL: "Gostaríamos de agradecer a todos por virem aqui esta noite. Tem um amigo meu que é o tecladista em uma banda chamada Johnny and the Jaguars, que sofreu um acidente de carro e esmagou a mão. Gostaríamos de dedicar esta próxima canção a ele, porque ele é nosso irmão. Esta canção se chama 'Nightrain'. Esta vai para você, Dizzy."

AXL: "Esta canção é dedicada a Tom Zutaut, por me ajudar a superar este dia de merda."

Billy, o vocalista da Prodigal Sons, subiu ao palco e fez o *backing vocal* em "Paradise City".

AXL: "Esta canção se chama 'Paradise City'."

SLASH: "Isto é muito importante. Alguém aí, eu preciso de uma cerveja e da merda de um cigarro. Estou sem cigarros, viu, estou sem cerveja."

DUFF: (em espanhol) "Dos, dos!"

SLASH: "É isso aí, alguém foi legal o suficiente para me trazer um cigarro. Agora, por favor, alguém me descola uma cerveja?"

AXL: "Alguém poderia me dizer que canção é esta? Qual é o nome desta canção? Esta canção se chama 'Mama Kin'."

AXL: "Muito obrigado e boa-noite. Querem ouvir um pouco de 'Rocket Queen'? Vamos mudar isso. Vamos tocar 'Nice Boys' para vocês."

AXL: "Muito obrigado, boa-noite."

Thursday, July 24
FARGIN BASTYGENZ Strikes Again!
RASZEBRAE
THE PRODIGAL SONS

Friday, July 25
FAITH NO MORE
GANG GREEN from Boston
CELEBRITY SKIN

Saturday, July 26
CHUCK E. WEISS & HIS GODDAMN LIARS
THE BLACK SEDANS
THE KEEN ONES

Sunday, July 27
THE LAWLESS
THE TRADE
THE SPECTORS

Monday, July 28
RUNAMUK
THE RETURN

Tuesday, July 29
MAGGIE MAYALL & THE CADILLACS
JUDY RUDIN
PETER FAHEY & THE TRUST
THE BARNBURNERS

Wednesday, July 30
...CORMICK & THE UNINVITED

Plus...Boston's

CLUB Lingerie
FULL BAR • MUST BE 21 W/ VALID I.D. • LARGE DANCE FLOOR
6507 SUNSET BL. HOLLYWOOD 466-8557

As fotos deste show foram tiradas por Leonard McCardie

```
Out Ta Get Me
Welcome to the Jungle
Think About You
Nightrain
My Michelle
Move to the City
Don't Cry
Paradise City
Mama Kin
Nice Boys
```

31 de maio de 1986 – FARGIN BASTYDGES no CLUB LINGERIE

TIMBER'S
31 DE JULHO DE 1986

Não foi uma noite de gala para a banda. Axl chegou atrasado. A casa disse à banda que, se eles não tocassem, não receberiam, então tiveram de começar sem Axl.

Sem um vocalista, eles improvisaram em "Anything Goes", incluindo um solo prolongado de guitarra. Axl apareceu no final da canção. Pelo fato de a banda sempre tocar "Anything Goes" mais para o final do show, ele concluiu que a banda já tinha tocado a maioria do set-list.

AXL: (antes de "Rocket Queen") "Peço desculpas pelo atraso. Fui avisado que seria às 23 horas, e aumentem o volume desta merda."

STEVEN: "Como estão se sentindo?"

Alguém na plateia fez um comentário.

AXL: "Não foi culpa minha!"

IZZY: "Se não gosta, cai fora."

AXL: "'Mama Kin'. Aumentem os vocais."

DUFF: "Muito obrigado, mesmo, pessoal. Desculpe pelo atraso."

THE LORDS OF THE NEW CHURCH

GUNS & ROSES

The Flamethrowers

last LA show!

thurs. JULY 31st 830pm

Timbers Ballroom
1920 E. Alosta, Glendora
818-335-2673

SEBASTIAN PRESENTS

THE SCREAM 15 DE AGOSTO DE 1986

Robert John tirou a foto da banda nos bastidores deste show tarde da noite, que eu perdi no The Scream, a qual aparece na capa do L.A. Rocks, um tabloide editado por Ruben Blue. A banda estava agendada para tocar em um show com True Sounds of Liberty (TSOL) na noite seguinte em Orange County, mas foi cancelado no último minuto porque o local era muito longe.

LIVE AT THE WHISKY
23 DE AGOSTO DE 1986

"Sweet Child O' Mine", "Mrs. Brownstone" e "Ain't Going Down" foram tocadas aqui pela primeira vez.

Intro Jam
Out Ta Get Me
I Ain't Going Down
Think About You
Mr. Brownstone
Rocket Queen
Nightrain
My Michelle
Sweet Child O' Mine
You're Crazy
Back Off Bitch
Welcome to the Jungle
Anything Goes
Paradise City
Mama Kin

Todas fotos deste Show por JACK LUE

23 de agosto de 1986 • THE WHISKY

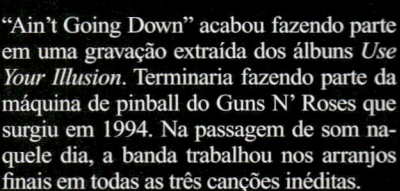

"Ain't Going Down" acabou fazendo parte em uma gravação extraída dos álbuns *Use Your Illusion*. Terminaria fazendo parte da máquina de pinball do Guns N' Roses que surgiu em 1994. Na passagem de som naquele dia, a banda trabalhou nos arranjos finais em todas as três canções inéditas.

AXL: "Esta é inédita. Ela se chama 'I Ain't Going Down.'"

AXL: "Gostaríamos de agradecer a todos por terem comparecido aqui hoje à noite. Esta é uma plateia absolutamente do cacete. Então, deem uma salva de palmas para vocês mesmos. Esta próxima canção é uma inédita. E eu acho que deve ser acompanhada com uma palavra de cautela. Tenho visto muito de meus amigos mais próximos, sabem, ficarem realmente fodidos quando descobriram esta droga chamada heroína. A próxima coisa que você descobre é que sua vida se fodeu porque você simplesmente se achava o máximo. Esta canção se chama 'Mr. Brownstone'. E acho que vocês devem manter distância dessa péssima merda."

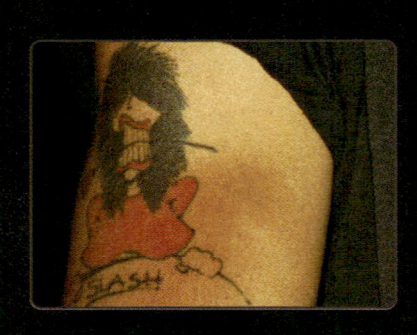

Fotos do grupo tiradas por Marc Canter

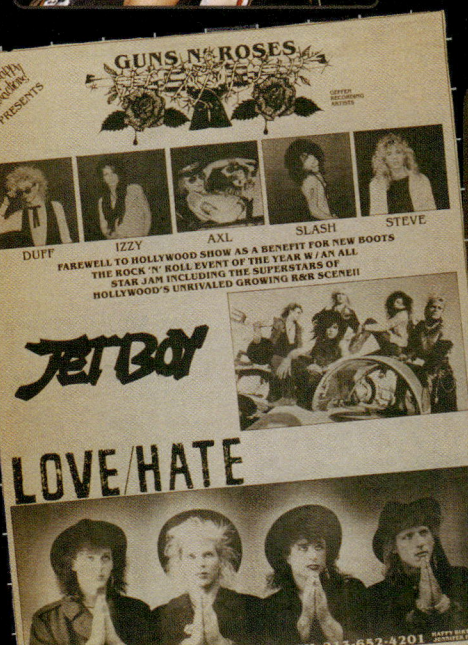

23 de agosto de 1986 · THE WH

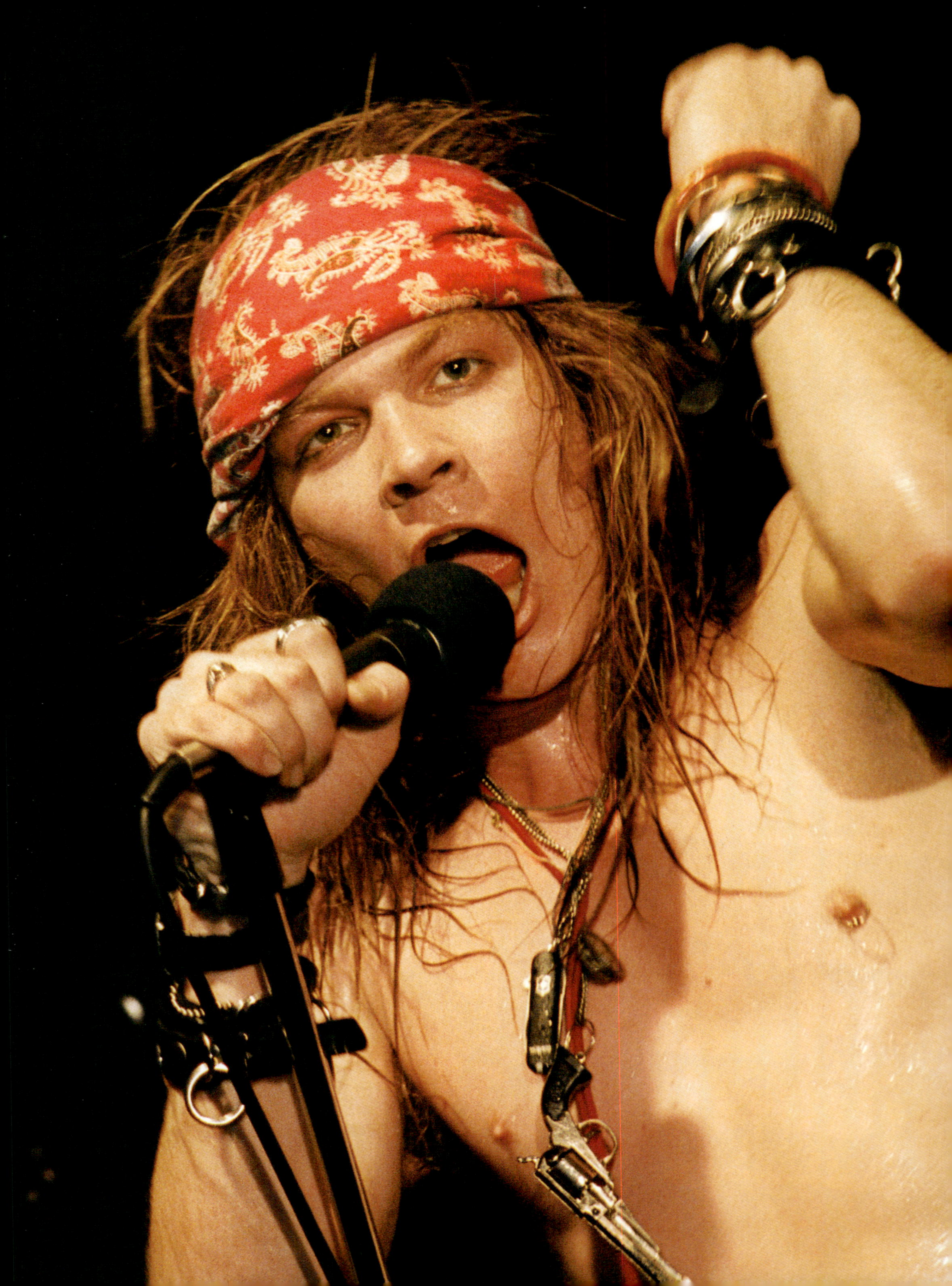

SLASH: "Então, o que está rolando? Cara, o Whisky está um forno, cara. Porra."

AXL: "Estou vendo belas garotas aqui hoje à noite. Esta canção se chama 'Rocket Queen'."

AXL: "Vocês vieram aqui para pegar pesado e vocês querem se divertir. Esta é uma canção chamada 'Nightrain'."

"Nightrain" incluiu um rufar de tambores e uma introdução diferente neste show.

AXL: "Tomou algumas bebidas, cheirou algumas carreiras. Quando acaba, você quer fazer mais. Esta se chama 'Michelle', para aqueles que precisam de sua cocaína."

STEVEN: "Então, o que está rolando?"

SLASH: "É isso aí, esta é uma inédita. Esta é uma das nossas novas baladas, é algo chamado 'Sweet Child O' Mine'."

DUFF: "É isso aí, muito obrigado."

O solo em "Sweet Child O' Mine" era o mesmo que apareceria no disco.

AXL: "Antes de colocarmos vocês para dormir, gostaria de lembrá-los de que no próximo fim de semana tocaremos no Santa Monica Civic com nada menos que Ted Nugent. A gente vai subir ao palco bem cedo. Não deu para evitar. Esta é para acordar todos vocês aqui e tem tudo a ver com o jeito que somos. Esta canção se chama 'You're Fucking Crazy'."

SLASH Este foi o primeiro show em que eu usei uma cartola e nunca me esquecerei. Descolei a cartola naquele dia. Eu estava muito chapado, e o chapéu era muito legal porque me ajudava a manter o equilíbrio.

DESI CRAFT Eu me lembro de ter levado Slash em minha moto a uma loja na Melrose e comprado a primeira cartola com ele. Eu senti em meus ossos que tinha tudo a ver com Slash.

23 de agosto de 1986 – THE WHISKY

AXL: "'Welcome to the Fucking Jungle', baby. Acho que vocês conhecem esta. Esta é para vocês."

AXL: "Gostaria de agradecer a Kelly pela entrevista para o L.A. Rocks. Gostaria de agradecer ao L.A. Rocks e Ruben Blue por todo seu apoio. Vamos ouvir as palmas para o porra do KNAC enquanto estamos nela. E esta é para a nossa dançarina que arrebentou a perna, atropelada por um carro, que acabou com sua moto. Esta se chama 'Anything Goes'."

Antes de "Paradise City", Axl compartilhou um pouco de suas reflexões sobre a reputação da banda e das possíveis ramificações em sua carreira, agora que fecharam contrato com uma gravadora e parecia preparado para o estrelato.

AXL: "Esta é nossa última canção. Se a vida se tornar uma merda para você – e se torna para a gente. Sabe pessoal, muita gente acha que viramos estrelas do rock porque conseguimos um contrato. Nem lançamos nosso disco ainda. Nem sequer recebemos merda alguma, sabiam? É como se tivéssemos de provar algo o tempo todo. Eu gostaria de agradecer a todos vocês. Esta canção se chama 'Paradise City'."

AXL: (cantando) "Muito obrigado. No próximo sábado à noite com Ted Nugent. Somos o Guns N' Roses, tenham uma noite do cacete."

DUFF: "É isso aí, obrigado mesmo, pessoal."

SLASH: "Muito obrigado. Vocês são bonitos. Obrigado. Querem ouvir mais uma? Querem ouvir uma canção sobre sua mãe? Querem ouvir uma canção sobre a mãe de vocês? É isso aí, então, esta é dedicada ao Whisky. Ei, espere um segundo."

AXL: "Onde é a festa, ninjas? Esta se chama 'Mama Kin'. Se não quiserem ouvir, tudo bem, nós não tocamos. Quero dizer, nós não tocamos para deixá-los putos."

AXL: (antes de "Jumpin' Jack Flash") "Digam-me se conhecem esta canção. Senhoras e senhores, este é Izzy Stradlin. Puxem o ritmo, rapazes."

DUFF: "Muito obrigado, boa-noite para vocês, pessoal."

DESI CRAFT Um dia, Slash chegou à nossa casa, quando morávamos na Orchid, com um torrão de heroína de alcatrão mexicana e queria cozinhar tudo. Izzy e eu dissemos a ele que fosse aos poucos, porque havia um tipo de alcatrão mortal que estava circulando por aí. Ele disse que estava tudo bem e se picou. Bem, ele simplesmente entrou em *rigor mortis* na cadeira, e o pegamos e o colocamos no chão. Eu fiz respiração boca a boca e me lembro de ouvi-lo dizer, "Esta é a morte ou é um anjo que estou vendo?", porque estava muito mal. Logo depois disso, escrevemos "**Mr. Brownstone**", e eu escrevi junto com eles. Fiquei muito chateada por nunca ter recebido o crédito pela canção. Mas por que pensar no passado? Foi assim que nasceu a canção.

AXL Quando nos mudamos do nosso espaço na Fountain com La Cienega, fui o último a sair e encontrei um pedaço de papel amarelo amassado em um canto onde ficava o quarto de Izzy e Steven. Continha a letra de "Mr. Brownstone". Eu li e disse, "Isto é muito legal". Eles disseram que tinham a música já feita e começamos a ensaiar o material.

SLASH Muitos pessoas têm uma concepção errada sobre esta canção. Acham que fala de drogas. Não se trata de uma declaração sobre nossos vícios em drogas; é mais uma declaração sobre o vício de outras pessoas. É uma pequena cantiga que as pessoas podem ouvir e talvez pensar sobre o que estão fazendo e tentando fazer com elas mesmas, quando compreendemos melhor as coisas. Sei de uma coisa: muitas pessoas que estão usando muitas drogas o tempo todo não têm esse tipo de percepção. Uma banda pode ajudar a nos manter unidos. Mas, se você não tem uma banda, um trabalho ou não consegue avançar no que está tentando fazer, então, de alguma forma, as drogas entram e dominam.

IZZY Pode significar um milhão de coisas diferentes para um milhão de pessoas diferentes. É do mesmo jeito quando ouvimos uma canção do Led Zeppelin, o que você acha? Tenho todos os tipos de ideias malucas sobre o que significa "Custard Pie".[8]

AXL "Sweet Child O' Mine" é uma canção verdadeira sobre a minha namorada na época.

IZZY Essa é uma verdadeira canção de amor.

AXL Eu tinha escrito um poema; cheguei a um beco sem saída com ele e o guardei na estante. Então, Slash e Izzy começaram a trabalhar juntos nas canções e eu me juntei a eles. Izzy acertou uma harmonia e, de repente, o poema me veio à mente. E tudo se encaixou perfeitamente. Muitas bandas de rock são muito fracas quando o assunto é um sentimento ou uma emoção que surge em seu material, a menos que estejam sentindo dor. É a primeira canção de amor positiva que jamais escrevi. Nunca conheci alguém a quem pudesse escrever algo tão positivo quanto essa canção.

DUFF Foi provavelmente a canção mais difícil que eu e o Steve tivemos de gravar, pelo simples fato de ter de manter a constância e também a emoção que ela transmite.[9]

---

8. Reimpresso do Geffen Press Kit.
9. Idem.

23 de agosto de 1986 · THE WHISKY 297

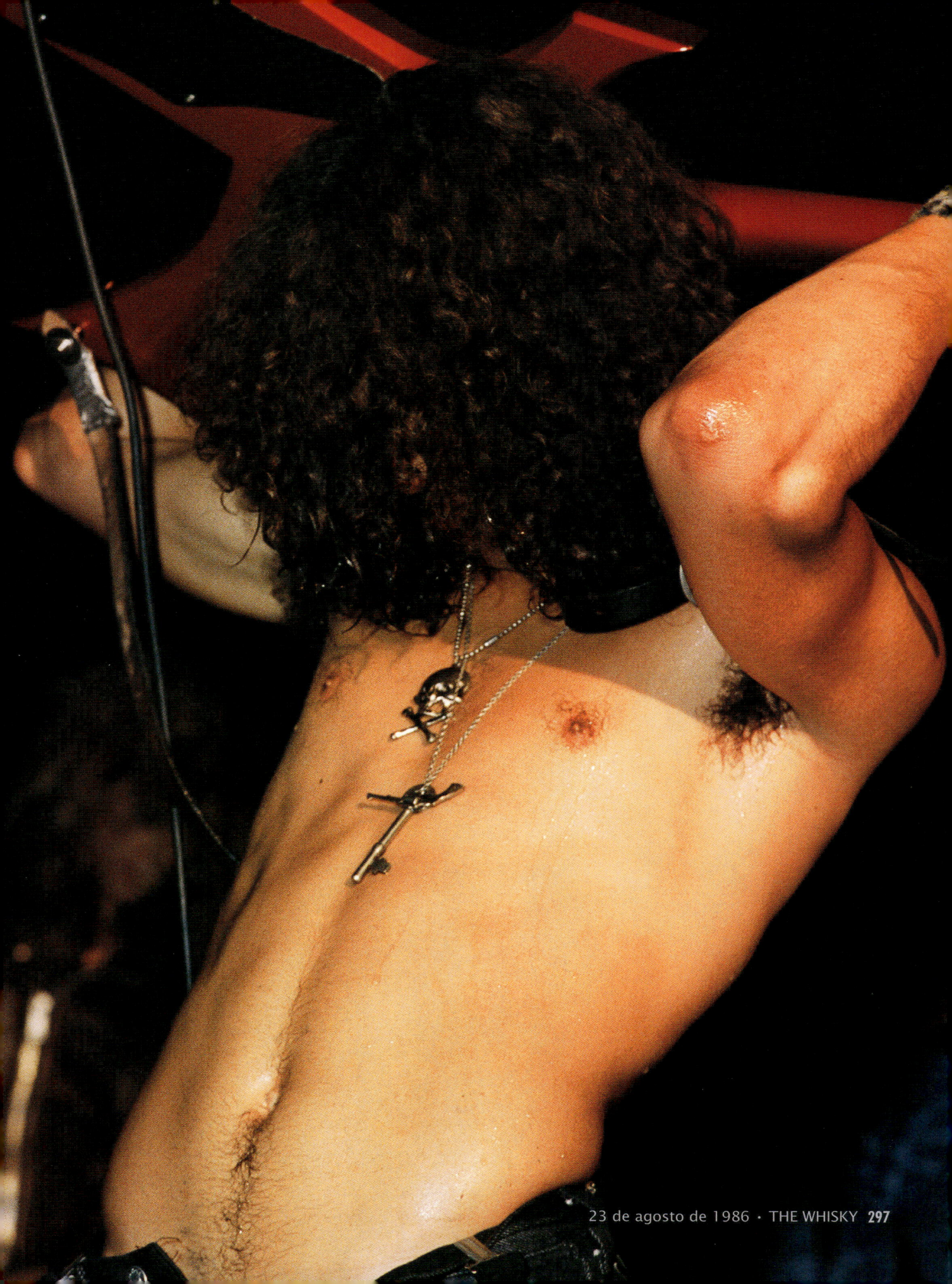

Relaxando nos bastidores depois de sua incrível apresentação; os membros da banda rodeados pelo deus do A&R Tom Zutaut e pela deusa do A&R Teresa Ensenat.

ABRINDO PARA TED NUGENT
SANTA MONICA CIVIC AUDITORIUM
30 DE AGOSTO DE 1986 — ABRINDO PARA TED NUGENT

300 It's So easy

Ted Nugent/ Black 'N Blue/ Guns N' Roses
Santa Monica Civic
Santa Monica

Dear Ted:

Sorry I couldn't stay for your entire show the other night. You looked great in your baby-blue, chest-baring jumpsuit, and you still had your great wild-man attitude, but yer set just didn't click. I know, the sound at the Civic *was* kinda high-endy and too loud, but something more was wrong. "Free for All" was well-received, but too choppy and sloppy. Other older tunes, like "Great White Buffalo," were simply boring (and long), though you and your band seemed to be having fun. Your voice *did* sound great on "Painkiller," and your guitarist/vocalist Dave Amato was good, if somewhat rigid. I thought your new tune, "Angry Young Man," was okay, as were "Hey, Baby" and "Talk Too Much," but the show was *not* riveting. I *wanted* to love ya, Ted, but the vibes just weren't there.

Your choice for openers, the two "N" bands, was interesting, though. Black 'N Blue writes fantastic songs and has a ton of energy, doncha think? I really liked their set, especially "Nasty, Nasty" (I think that's the title of their forthcoming album), "Does She or Doesn't She?" (great backing vocals), "Without Love," and a tune I *think* was called "Running Out." These guys should really go far. But I guess we'll just have to wait 'N see (hee-hee).

Guns N' Roses went over well, although I missed most of their set 'cause my ticket said 8 p.m. and they went on at 7:30. They sounded real bluesy, Aerosmithy, and nasty, and Axl's cool outfits and hats were an added bonus.

That's all for now, Ted. Sorry I had to split after eleven songs—my friends were kinda bored, and I had to agree with 'em. Maybe I'll catch ya next time around.

Love,
—Katherine Turman

Antonio Carlos Jobim
The Greek Theatre
Los Angeles

Way, *way* south of the border, Brazilian composer and pianist Antonio Carlos Jobim has been a superstar of the bossa nova for years. And while those seductive, swaying rhythms may not rank up there with hard rock or electro-funk in the popularity stakes on this side of the border, a packed house at the Greek quickly proved that the performer's Los Angeles debut was long overdue.

The setting was perfect as Jobim sat behind the piano and eased his way through a long and entertaining set of his songs, many of which—"The Girl From Ipanema," "Desafinado," "One Note Samba," and the haunting "Quiet Nights of Quiet Stars"—have since become standards. All were delivered in the deceptively low-key, charming style that has become his trademark, and what Jobim lacks in pure vocal ability, he more than makes up for with style and grace. Singing in a mixture of Portuguese and English, Jobim's breathy and understated phrasing acted as the ideal anchor to the shifting, expressive tempos that propel all his compositions.

He was backed by a superb five-piece band that featured his unusual lineup of cello, bass, drums, flute, and guitar (played by his son, Paulo Jobim). The family affair also extended to his five female singers, his wife and daughter among them. Jobim cannily made use of all the possibilities inherent in such a gathering, at times allowing the vocal ensemble to scat-sing and showcase their impeccable harmonic and rhythmic sense, at other times allowing the flute or cello to sit centerstage and carry the music.

It's hard to believe that this was the legendary performer's first-ever local concert. After such a successful (if belated) beginning, let's hope he returns again soon.—Iain Blair

MUSIC CONNECTION, SEPTEMBER 29—OCTOBER 12

MARC CANTER Slash e Izzy estavam em San Francisco para um show com Jetboy e estavam atrasados tentando voltar para L.A., enquanto corriam atrás de alguns de seus pertences pessoais necessários. Quando chegaram à cidade, foram direto ao Santa Monica Civic e, imediatamente, subiram ao palco.

Pelo fato de meu nome não ter sido incluído na lista de convidados, eu quase perdi o show e tive de me infiltrar com Slash e Izzy. Não consegui entrar com todo meu equipamento, então não tive como fazer o *videotape* do show. Mas dei um jeito de entrar com minha câmera para tirar fotos.

SLASH Voltamos de uma viagem a San Francisco, retornamos ao nosso apartamento e não conseguimos achar nenhuma droga. Danny Biral tinha sumido com toda minha heroína e não tinha nos avisado, então vasculhamos a casa. Viramos a casa de cabeça para baixo procurando por ela, então começamos a passar mal e o nosso traficante não retornava nossa ligação. Estávamos ficando desesperados. Então começamos a ficar cada vez pior e, finalmente, uma das amigas de Desi encontrou um pouco de heroína. Ela nos levou de carro até o antigo apartamento de Izzy, onde esta garota estava hospedada, e ficamos aguardando até que a heroína aparecesse. Fizemos tudo muito rápido, pulamos no carro e cruzamos a cidade voando. Chegamos ao local do show, e o zíper da minha calça estourou enquanto tentávamos pular uma cerca para entrar no auditório. Chegamos lá cinco segundos antes do momento de subir ao palco. Se não tivéssemos chegado a tempo, teria sido a pior coisa que poderia ter acontecido porque foi o maior show que jamais tínhamos feito. Aquele foi um momento assustador.

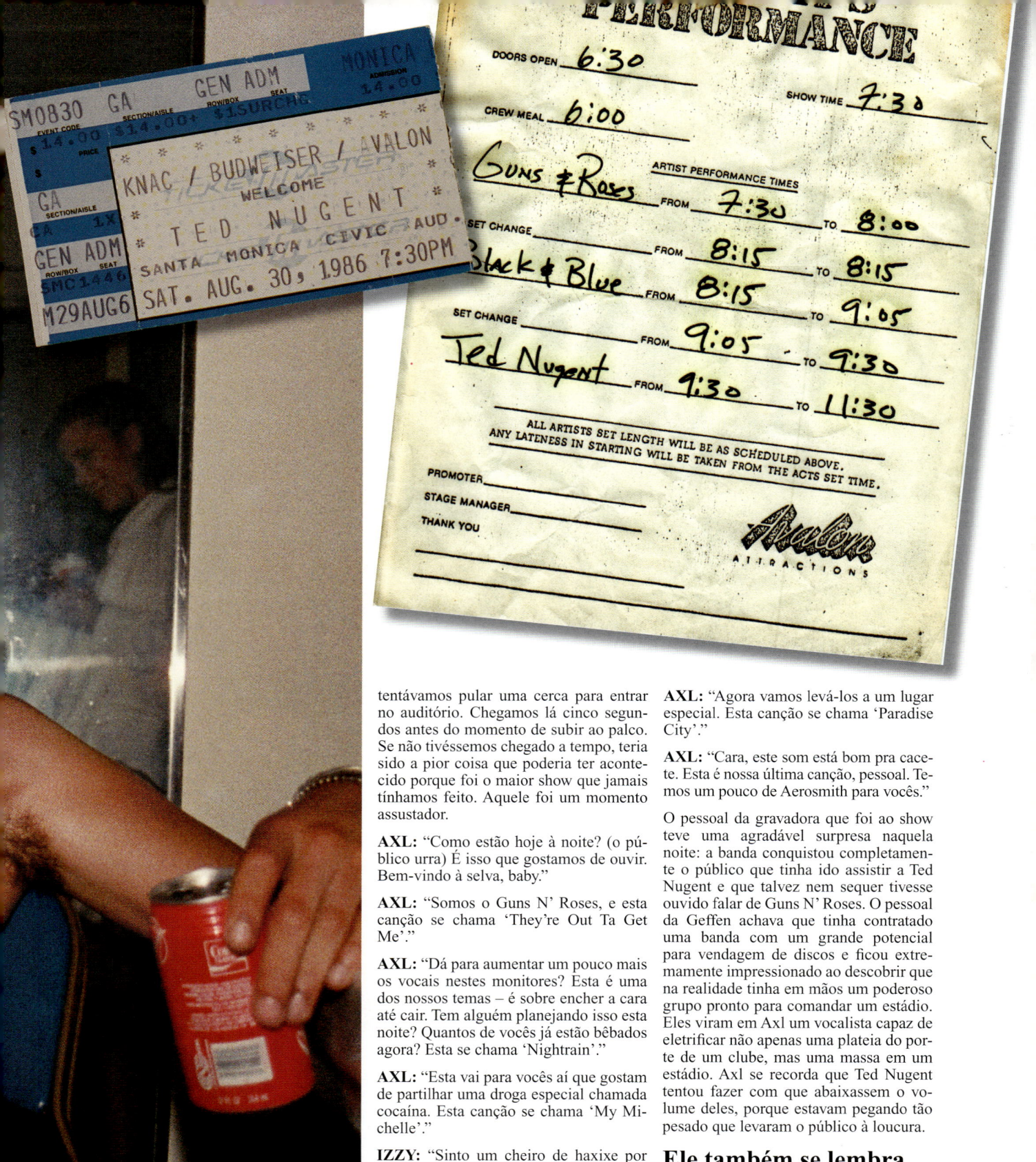

AXL: "Como estão hoje à noite? (o público urra) É isso que gostamos de ouvir. Bem-vindo à selva, baby."

AXL: "Somos o Guns N' Roses, e esta canção se chama 'They're Out Ta Get Me'."

AXL: "Dá para aumentar um pouco mais os vocais nestes monitores? Esta é uma das nossas temas – é sobre encher a cara até cair. Tem alguém planejando isso esta noite? Quantos de vocês já estão bêbados agora? Esta se chama 'Nightrain'."

AXL: "Esta vai para vocês aí que gostam de partilhar uma droga especial chamada cocaína. Esta canção se chama 'My Michelle'."

IZZY: "Sinto um cheiro de haxixe por aqui."

AXL: "Que cheiro bom."

AXL: "Vamos diminuir um pouco o ritmo. Mas não acho que vocês vão se importar. Esta canção se chama 'Sweet Child O' Mine'."

AXL: "Agora vamos levá-los a um lugar especial. Esta canção se chama 'Paradise City'."

AXL: "Cara, este som está bom pra cacete. Esta é nossa última canção, pessoal. Temos um pouco de Aerosmith para vocês."

O pessoal da gravadora que foi ao show teve uma agradável surpresa naquela noite: a banda conquistou completamente o público que tinha ido assistir a Ted Nugent e que talvez nem sequer tivesse ouvido falar de Guns N' Roses. O pessoal da Geffen achava que tinha contratado uma banda com um grande potencial para vendagem de discos e ficou extremamente impressionado ao descobrir que na realidade tinha em mãos um poderoso grupo pronto para comandar um estádio. Eles viram em Axl um vocalista capaz de eletrificar não apenas uma plateia do porte de um clube, mas uma massa em um estádio. Axl se recorda que Ted Nugent tentou fazer com que abaixassem o volume deles, porque estavam pegando tão pesado que levaram o público à loucura.

Ele também se lembra de Nugent batendo em sua namorada, Erin, nos bastidores.

30 de agosto de 1986 • ABRINDO PARA TED NUGENT

MUSIC MACHINE
13 DE SETEMBRO DE 1986

Os empresários do Motley Crue apareceram neste show para checar a banda!

13 de setembro de 1986 – MUSIC MACHINE

AXL: "Tire a porra desta cortina do caminho. Senhoras e senhores, somos o Guns N' Roses. Esta canção se chama 'Welcome to the Fucking Jungle'."

AXL: "Gostaríamos de agradecer aos Imperdoáveis. Esta canção se chama 'Think About You'."

AXL: "Jason, dá para você consertar isso para mim? Esta canção fala sobre quando as coisas vão longe demais. Ela se chama 'Mr. Brownstone', e vamos ver se vão entender de que isso se trata. E:, Dizzy."

STEVEN: "O que está acontecendo seus filhos da puta?"

AXL: "Gostaríamos de nos desculpar pelas dificuldades técnicas. Esta canção fala sobre encher a cara. Dedicamos a Dizzy e sua mão. Esta canção se chama 'Nightrain'."

AXL: "Vamos diminuir um pouco o ritmo. Façam uma pausa. Esta canção se chama 'Sweet Child O' Mine'."

AXL: "Muito obrigado. Esta é uma canção chamada 'Paradise City'."

AXL: "Querem ouvir uma canção sobre sua mãe? Sabem o nome desta canção? Vamos lhes dar um pouco de 'Mama Kin'."

AXL: "Muito obrigado e tenham uma noite do cacete."

MC: "É isso aí! Daqui de L.A., Guns N' Roses."

AXL: "Em homenagem à merda dos problemas técnicos, vamos liberar toda nossa frustração agora, espero que aguentem. Esta canção se chama 'Nice Boys Don't Play Rock N' Roll'."

DUFF: "Vamos lá, filhos da puta."

AXL: "Malditos!"

Foto de Jack Lue

Foto de Jack Lue

Foto de Jack Lue

13 de setembro de 1986 · MUSIC MACHINE

308 It's So easy

NINTH ANNUAL

Saturday, September 20, 1986, Los Angeles Herald Examiner A9

L.A. Street Scene opens today near Civic Center

20 DE SETEMBRO DE 1986

9TH ANNUAL L.A. STREET SCENE FESTIVAL

NAME: Guns N' Roses

Performing Artist
(Saturday Only)

20 de setembro de 1986 · NINTH ANNUAL L.A. STREET SCENE

Para uma banda que ainda não havia lançado um álbum, era algo assustador: grande sucesso no rock n' roll sem orientação paterna, sem senso comum e ninguém dando instrução a respeito de onde ou como montar o equipamento. Era uma baderna com gente bebendo vodca no palco e uma atitude do tipo, "Não importa o que vai acontecer, vai acontecer". Era divertido.
DEL JAMES

Um momento inicial de estrela de rock para Slash.

Eles foram anunciados a um público entre 5 e 7 mil pessoas por um garoto de 10 anos de idade que estava circulando nos bastidores.

GAROTO: "Dos becos de Hollywood, a banda mais provocante de L.A.: artistas da gravadora Geffen, Guns N' Roses!"

O pessoal da plateia continuava subindo ao palco. Havia todo o tipo de pessoal da segurança fazendo com que fossem retirados imediatamente. A multidão provou ser difícil de controlar.

AXL: "Como é que vocês estão hoje à noite? Porra! 'Welcome to the Fucking Jungle'."

AXL: (antes de "Out Ta' Get Me") "Eles me mandaram dizer a vocês, pessoal... Ei! Não foda com meu microfone. Ei! Acabei de perder o som do meu retorno. Eles vão parar o show. Eles vão parar o show a menos que fodamos... ou melhor, eu quero ficar mais louco que vocês, mas... Quero bater umas palmas para o KNAC. Esta canção vai para as porras dos policias que estão aqui ao redor."

AXL: "Muito obrigado. Parece que temos uma multidão bem agitada. Esta próxima canção é uma canção que fala sobre o uso de muita heroína. Eu entendo que às vezes as coisas vão longe demais. Esta canção se chama dançando com o 'Mr. Brownstone'."

Depois de "Mr. Brownstone", alguém atirou uma garrafa em Axl.

AXL: "Certo, temos uns bundões por aqui. É isso aí, vou batê-lo com a porra de uma garrafa."

DUFF: "Quem atirou a porra da garrafa é um veado."

O segurança da banda sussurrou algo no ouvido de Axl, que disse através do sistema de som:

AXL: "Certo, eh! Obrigado, pessoal. Vocês simplesmente... Gostaria de agradecer ao pessoal da primeira fileira que ficou um pouco doido com a água. Vocês jogaram água nos cabos elétricos. O show acabou e você (ele fez um gesto enfático de irritação para uma pessoa em particular na multidão)... vai se foder!"

Foi então oficialmente anunciado que o Guns N' Roses não continuaria mais tocando porque o público estava muito agitado, e que o Poison seria a próxima banda a tocar se o público se acalmasse um pouco.

SLASH: "Tentem pelo menos não destruir o local, viu. Divirtam-se, mas não quebrem o pescoço de ninguém, pessoal. Vocês são bonitos."

SLASH: "Antes de a gente sair... espere... aquele pessoal lá no KNAC foi generoso o suficiente em me fazer um favor, e eles me deram um monte desses botons para dar a vocês, seus merdas."

20 de setembro de 1986 · NINTH ANNUAL L.A. STREET SCENE

312 It's So easy

ABRINDO PARA ALICE COOPER
NO ARLINGTON THEATER
23 DE OUTUBRO DE 1986

A banda fez este show sem Axl.
Foi o primeiro show deles com Alan Niven como *manager*. Axl chegou atrasado, durante a metade do show, mas seu nome não estava na lista e não permitiram que ele entrasse.

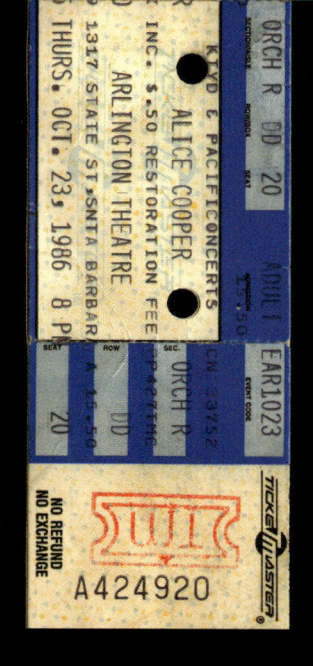

```
Shadow of Your Love
       It's So Easy
     Mr. Brownstone
           Nightrain
     Think About You
        (Blues in E)
   Whole Lot of Rosie
```

A banda fez o melhor que pôde sem seu vocalista. Izzy fez os vocais, exceto por "It's So Easy", que era uma canção de Duff.

DUFF "It's So Easy" é uma canção que eu e West Arkken escrevemos. Trata-se da descrição de uma época pela qual todos nós passamos. Não tínhamos dinheiro, mas tínhamos várias pessoas com quem podíamos contar e as garotas que basicamente nos sustentavam. As coisas eram bem mais fáceis. Havia um vazio; é tão fácil.

SLASH Há muito que dizer sobre aquele período quando se começa a perder a excitação de correr atrás das garotas. Você começa a ir atrás de garotas bizarras, como bibliotecárias e coisas do gênero, simplesmente para pegá-las e dizer que finalmente saiu e pegou uma garota que podia ser minha namorada normal. Porque o resto estava começando a ficar – tão fácil.[10]

---

10. Reimpresso do Press release da Geffen.

AXL: Eu peguei a melhor de todas as fotos. Recortei um anúncio de uma revista. É de uma garota inclinada de forma que sua bunda fica no ar aparecendo, e que diz "é tão fácil". Era um anúncio da Easy Dates. Eu cantava com uma voz grave porque combinava melhor com a atitude da canção. Não foi algo que eu realmente planejei, apenas comecei a fazer. Apenas canto quando a canção merece ser cantada. E essa canção merecia ser cantada de forma diferente dos outros materiais. É uma canção simples, pesada, sólida e de punk rock.

Izzy estava inventando as letras na hora, por exemplo, "elephant dick under my arms" ("pica de elefante debaixo dos meus braços") em "Nightrain", em vez de "rattlesnake suitcase" ("mala de couro de cascavel") e "I want to tell you a story about this fat bitch I know when it comes to blow jobs she makes me go" ("Quero lhe contar uma história sobre uma gorda vadia que quando o assunto é boquete ela me faz gozar") em "Whole Lot of Rosie".

IZZY: "O que está rolando? Venham até aqui e me contem."

SLASH: "Ei, seus merdas!"

IZZY: "Tudo bem, tubo bem, tudo bem."

IZZY: "Esta canção é sobre heroína. Ela se chama 'Brownstown.'"

IZZY: "Esta se chama 'Nightrain.'"

SLASH: "De qualquer modo, este é um show de volta às raízes para nós. Onde está a porra da tequila? Vodca? Tudo bem, esta é uma daquelas noites, certo? Esta é algo dedicado a Santa Barbara. É algo que se chama 'Think About You.'"

Antes de a banda improvisar com "Blues in E", Slash perguntou se o público não queria ajudá-lo.

SLASH: "Tudo bem, queremos fazer uma pergunta básica. Onde anda nosso vocalista perdido? Vocês não achavam que a gente estava falando sério. Achavam? Seus chupadores fodidos. Tudo bem, gostaríamos de saber se há alguém aí que saiba cantar e que queira fazer uma versão *cover* de 'Whole Lot of Rosie.'"

DUFF: "Alguém conhece a letra toda de 'Whole Lot of Rosie'."

SLASH: "Bichas de merda. Aposto que há cerca de 300 de vocês que conhecem a letra. Vocês têm os *songbooks* em casa, aposto. Tudo bem, enquanto esperamos que apareça um cantor que suba ao palco e faça uma versão de 'Whole Lot of Rosie', vamos tocar alguns blues em mi para Alice Cooper, que está esperando já faz algum tempo."

Slash tomou um longo trago de sua garrafa e em seguida se soltou com um blues repleto de paixão. Improvisou algumas frases na hora falando sobre o fato de não ter um vocalista.

IZZY: "Vamos lá. Vocês querem mais o quê?"

SLASH: "Vamos, suba aqui, temos espaço para você aqui em cima. Tudo bem, vamos prosseguir sem um vocalista, esta é a 'Whole Lot of Rosie.'"

IZZY: "Steve Adler na bateria."

A banda saiu do palco para que Steve continuasse fazendo algum tipo de solo de bateria por algum tempo. Steven não estava preparado para fazer um solo e quando terminou, alguém da plateia o vaiou.

SLASH: "Bu? Foi isso que ouvi, seu merda! Vem aqui em cima. Temos lugar para você aqui. Tudo bem, vamos continuar tocando sem um vocalista."

Depois do show, a banda destruiu todo o camarim e quebrou todos os espelhos. Mais tarde, no estacionamento, a banda se deparou com Axl. **Axl perguntou a Slash, "Quanto ganhamos hoje?" Slash respondeu, "a banda ganhou 500 dólares. Você não ganhou nada". Axl sorriu e disse, "Tá legal".**

Todas as fotos deste show foram tiradas por Jack Lue, exceto a foto da plateia, que foi tirada por Marc Canter.

UCLA CAMPUS EVENTS AND KCLA IN COOPERATION WITH THE UCLA CENTER FOR PERFORMING ARTS
KXLU WELCOMES

ON SALE NOW

RED HOT CHILI PEPPERS
DICKIES
with
GUNS N' ROSES
AND
THELONIOUS MONSTER

8:00PM OCTOBER 31st HALLOWEEN NIGHT
Ackerman Hall at UCLA

TICKETS AVAILABLE AT TICKETMASTER OUTLETS, INCLUDING UCLA.

DON'T FORGET AFTER HOURS PARTY AT THE SCREAM CLUB. SAVE $2.00 ON ADMISSION WITH TICKET STUB.

ANOTHER **pacificoncerts** PRESENTATION

Shadow of Your Love
It's So Easy
Think About You
Mr. Brownstone
Perfect Crime
Nightrain
You're Crazy
Welcome to the Jungle
Whole Lot of Rosie

ABRINDO PARA RED HOT CHILI PEPPERS
31 DE OUTUBRO

"Perfect Crime" foi executada publicamente pela primeira vez neste show. "It's So Easy" e "Whole Lot of Rosie" foram tocadas pela banda toda aqui pela primeira vez.

Thelonious Monster também dividiu o show. Apesar de Axl ter tido uma briga generalizada (descrita antes) com o vocalista Bob Forrest, não houve tensão entre as bandas nessa noite.

AXL: "Como estão?"

MC: "Eu ia apresentar estes rapazes como sendo de Whittier, mas eles não são de Whitter. Eles são daqui de Los Angeles. O fabuloso, o belo, Guns N' Roses."

AXL: "Este é para Paul."

AXL: "Esta é uma canção totalmente inédita composta por Duff Mckagan, chamada 'It's So Easy'."

AXL: "Boa-noite. É muito bom ver tanta gente aqui. Somos o Guns N' Roses. Esta é uma canção chamada 'Mr. Brownstone'. Fala sobre quando levamos a coisa longe demais, dançando com o Diabo."

AXL: "Gostaria de me desculpar àqueles que estão aqui e que ficaram sabendo da merda que aconteceu no show do Alice Cooper. Nós pisamos na bola. Foi o que aconteceu. Mas gostaria de dizer a vocês, pessoal, que a porra que ficamos prometendo para vocês, o compacto duplo, foi masterizado hoje. A arte já foi feita. Falta prensá-lo e empacotá-lo. Será lançado em duas semanas."

Axl estava evidentemente falando sobre o fato de a banda ter destruído o camarim. Eles estavam cientes de que a Geffen estava muito preocupada com sua reputação. A gravadora estava preocupada se alguém iria querer trabalhar com eles no futuro caso continuassem com seus comportamentos agressivos.

AXL: "É isso aí, esta é inédita, de Mr. Izzy Stradlin, esta se chama 'Perfect Fucking Crime'."

AXL: "Welcome to the fucking jungle, pessoal."

AXL: "Está é nossa última canção. É uma versão *cover*. Não temos muito que dizer. **Vamos simplesmente terminar este show com um rock n' roll do cacete.**"

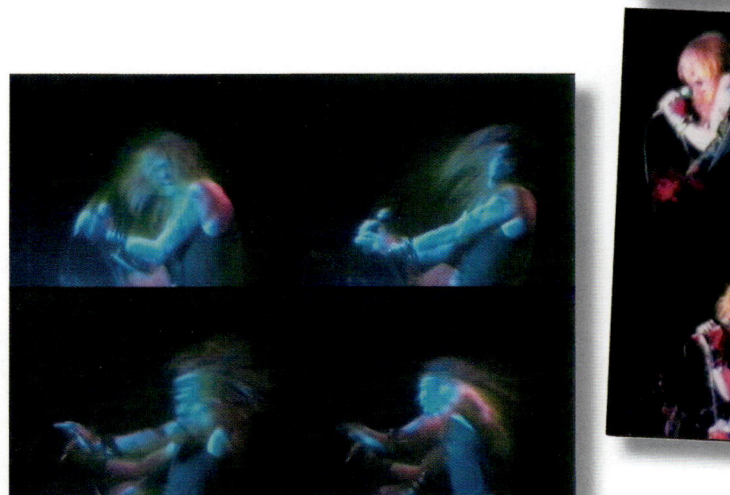

Imagens de vídeo capturadas durante o show

318 It's So easy

FENDER'S BALLROOM
ABRINDO PARA CHEAP TRICK
21 DE DEZEMBRO DE 1986

Introdução: Música do Scarface
Reckless
Mr. Brownstone
Move to the City
Welcome to the Jungle
It's So Easy
Perfect Crime
Don't Cry
Nice Boys
Shadow of Your Love
Think About You
Mama Kin

Fotos desta página de exclusividade de Jack Lue

Set-list:
- WRECKLESS 850-
- BROWNSTONE
- MOVE TO THE CITY
- JUNGLE
- DON'T CRY
- NICE BOYS
- IT'S SO EASY
- PERFECT CRIME
- SHADOW
- MA KIN

A *set-list* escrita com a caligrafia de Slash é diferente daquela que foi realmente tocada.

AXL: "Gostaria de agradecer a todos por estarem aqui. Esta canção se chama 'Move to the City'."

AXL: "Esta é uma inédita. Foi composta por Duff Rose McKagan e nosso amigo, Mr. Smith & Wesson,* Wes Arkeen. Esta é a primeira vez em que ele a ouve ao vivo. Gostaria de lhes contar algo, passa este disco para cá. Isto é algo que finalmente acabamos de lançar. Ele se chama *Live Like a Suicide*. Procure por ele nas lojas. Esta canção se chama 'It's So Easy' e juro por Deus que é tão fácil."

IZZY: "Que merda de barulho é esse saindo do sistema de som? Vamos segurar isso com um pé nas costas. Esta é outra canção inédita. Ela se chama 'Perfect Crime'."

SLASH: "O que está acontecendo? Então vamos ouvir como é o barulho do público de Long Beach."

AXL: "Esta é uma canção antiga. Faz algum tempo que não a tocamos. Ela se chama 'Don't Cry'. Deixa eu pegar a minha jaqueta."

---
*N.T.: Marca de pistola.

Diante de uma enorme plateia que tinha vindo para assistir a Cheap Trick, Axl os informou sobre a disponibilidade de venda do disco autoproduzido do Guns N' Roses.

AXL: "Gostaria de dizer a todos sobre uma festa que vai rolar, é na noite de terça-feira. A mundialmente famosa Cathouse, de Riki e Taime, na La Cienega Boulevard, no Osko Disco, das 9 às 11 horas. É entrada franca e com apresentações acústicas especiais com Jetboys, L.A. Guns e Yours Truly. Terça-feira à noite, das nove às três, Cathouse, de Riki e Taime's, conto com vocês lá."

IZZY: "Sei que querem ouvir mais uma, certo?"

Algumas pessoas na plateia responderam em coro, "Cheap Trick! Cheap Trick!"

SLASH: "O que isso? Cheap dick (Pica barata)?"

AXL: "Ei, este não é Cheap Trick e não é o Guns N' Roses de verdade. Isto é um pouco de Aerosmith para vocês. Querem um pouco de 'Mama Kin'?"

Os fãs do Cheap Trick continuaram exigindo a atração principal.

Axl segurando o compacto duplo *Live Like a Suicide*.

IZZY: "Eles virão em breve."

AXL: "Muito obrigado, somos o Guns N' Roses. Terça-feira à noite. Nossa festa de lançamento do disco no Cathouse, em Hollywood. Tenham uma noite do cacete."

21 de dezembro de 1986 • ABRINDO PARA CHEAP TRICK no FENDER'S BALLROOM

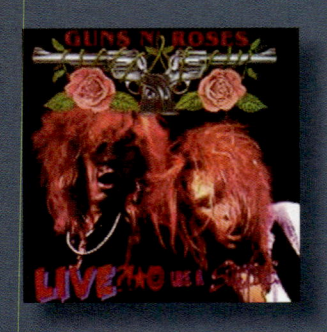

LIVE LIKE A SUICIDE
FESTA DE LANÇAMENTO DO COMPACTO DUPLO

23 DE DEZEMBRO DE 1986

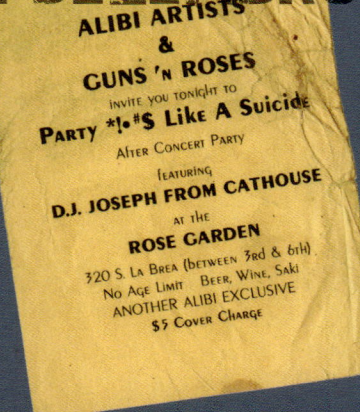

ALIBI ARTISTS & GUNS 'N ROSES invite you tonight to **Party *!°#$ Like A Suicide** After Concert Party featuring **D.J. JOSEPH FROM CATHOUSE** at the **ROSE GARDEN** 320 S. La Brea (between 3rd & 6th). No Age Limit   Beer, Wine, Saki   ANOTHER ALIBI EXCLUSIVE $5 Cover Charge

Acima está uma reprodução do convite para o lançamento do disco. Festa com destaque para uma apresentação acústica da banda. "Live Like A Suicide" foi lançado no dia 16 de dezembro de 1986.

Guns N' Roses
Live?! Like a Suicide
Uzi Suicide

Though it'll be some time before these guys officially debut on Geffen Records with a full-length album, this enticing four-song live set will just have to do for now. In a nutshell, Guns N' Roses play unadulterated, balls-to-the-wall rock. The only problem here is that the four songs on this record seem to degenerate in both originality and creativity as the EP progresses. Clearly, the inventive "Reckless Life" and "Nice Boys" are the tunes that best highlight the band's musicality. It wouldn't be a bad idea to re-record them and put them on the "official" album, guys. Lead singer Axl Rose is loose as a goose as he displays some very special vocal abilities and a definite flare for improvising. I do take exception, however, to his intro preceding the final track. Shouting "This is a song about your fuckin' mother" hardly gives you any insight into the song itself, but the kids will love it merely for the cursing. Since nobody is sure about an exact release date for the LP, you might wanna snatch this one up right now. If you're into rock, very few bands do it better.
—*Kenny Kerner*

MUSIC CONNECTION, FEBRUARY 9—FEB

Foto de Carrie Small-Laskavy

APPETITE FOR DESTRUCTION

POR QUE O *APPETITE FOR DESTRUCTION* É UM DOS MELHORES DISCOS JÁ FEITOS? PORQUE CONSEGUIU CAPTAR O GUNS N' ROSES EM UM ESTADO DE ESPÍRITO PARA SER CAPTADO!
TOM ZUTAUT

Esquerda para a direita – Victor Deglio, Slash, Steve Thompson, Izzy, Axl. Foto tirada por Mark Barbiero.

Com Tom Zutaut acompanhando e Mike Clink produzindo, o Guns N' Roses foi ao estúdio da Rumbo Recorders, em Van Nuys, na Califórnia, gravar *Appetite for Destruction*. O objetivo era gravar um álbum com som e sensação que reproduzissem as qualidades legítimas e energéticas das apresentações ao vivo. Nada queriam de parecido com a tendência do rock e da música pop da época, que usavam elementos sintéticos nauseantes e que compensavam as composições fracas com uma superprodução de orquestração.

O estilo de Mike satisfazia a banda. Ele tinha uma personalidade tranquila que desarmava a banda quando o assunto era colaboração criativa, mas também cumpria o papel de disciplinador, exigindo que a banda chegasse no horário às sessões agendadas de gravação. A banda reagiu bem aos dois fatores; seus dias eram longos e produtivos.

Mas os hooligans de Hollywood não permitiam que as maratonas diárias com Mike afetassem suas saídas noturnas. O Guns N' Roses continuava com sua esbórnia de sempre, e Mike teve de se acostumar com uma variedade de explicações para ossos quebrados, falta de equipamentos e confusões com a polícia.

Não era porque a banda tinha alcançado o *status* de artistas da Geffen e estava gravando seu primeiro álbum que mudaria seu comportamento na rua. Eles ainda viviam de forma precária, dependendo dos amigos para comer e ter um lugar para dormir. Izzy foi expulso do apartamento de sua namorada e dormia em uma dispensa no estúdio Rumbo, com a permissão de Mike. Slash não tinha onde morar e também acabou montando acampamento no estúdio.

No geral, o ambiente era de imensa colaboração e cheio de energia. Mike Clink e a banda entregaram o bolo pronto. Assim que a gravação das faixas ficou pronta, Tom transferiu os serviços de mixagem para Mike Barbiero e Steve Thompson, que estavam produzindo outro artista da Geffen, Tesla, na cidade de Nova York. Slash, Axl e Izzy voaram para Nova York e mixaram o álbum com perfeição com sua nova equipe. No pequeno cortejo de Los Angeles que acompanhou os três Guns para Nova York estava Adriana Durgan, a namorada de Steven Adler e *stripper* da Sunset Boulevard. Axl propôs a ela que gravasse alguns sons "ambientes" de última hora na canção "Rocket Queen", que ela relutantemente aceitou, apesar da consciência pesada.

No final da mixagem, todos os envolvidos sabiam que tinham encontrado ouro, apesar de ninguém ter previsto o enorme sucesso que estava por vir. *Appetite for Destruction* estava pronto para ser lançado, e cabia a Tom Zutaut soltá-lo no ar, vender milhões de discos e criar o próximo capítulo da história do rock n' roll. O que ele não sabia é que ninguém nas principais rádios queria tocar a banda.

TOM ZUTAUT Não foi até que ouvi "Sweet Child O' Mine" que acreditei que eles finalmente estavam prontos porque agora tinham um disco. Eles tinham todo aquele material bruto, punk, trash do início de suas carreiras, mas agora também tinham "Welcome to the Jungle", "Sweet Child O' Mine" e várias outras canções para incluir no que se tornou o *Appetite for Destruction*.

MIKE CLINK Naquela primeira reunião no escritório de Tom Zutaut, eles me mostraram alguns dos discos pop que eu havia feito e dos quais não gostaram. Mas eu estava extraindo algumas daquelas experiências e trazendo ao Guns N' Roses, não de modo grosseiro, mas apenas para ajudar a moldar o som daquilo que eles estavam fazendo. Quando você contrata um produtor, o que está fazendo é contratá-lo por toda a experiência que ele adquiriu trabalhando em diferentes tipos de discos. Então, eu juntava todas aquelas experiências e modelava, usando como esboço os discos do Aerosmith. Moldei o som do Guns N' Roses, com base no som daquelas duas guitarras brincando uma com a outra de forma sexy, esquiva e poderosa. A correlação com o Aerosmith servia apenas como um esboço de onde eu seguia, juntando com elementos de vários discos em que havia trabalhado anteriormente.

ROBERT JOHN O que foi interessante sobre eles indo até o estúdio para gravar o *Appetite* é que eu realmente não percebi qualquer tipo de transformação na banda. Era como se tudo não passasse de um processo natural para esses rapazes. Quando entraram lá, era tudo tão natural. Eles entravam, começavam a gravar e eu não via ninguém empolgado com aquilo. Outras bandas ficariam empolgadas e excitadas, do tipo, "Uau! Conseguimos gravar um disco". Não vi isso nesses rapazes. Eles diziam, "Ok, temos de fazer isso". Eles viviam pela música deles.

TOM ZUTAUT Guns N' Roses pode ter trabalhado de forma consistente durante uma semana, e na semana seguinte eles não apareciam. Era muito instável, provavelmente por causa do uso de drogas e outras coisas mais. Quando Axl estava no estado de espírito para trabalhar, ele se empenhava dois ou três dias seguidos e, em seguida, sumia por uma semana ou vinha todos os dias durante um período de oito horas. Não consigo sequer imaginar este cenário acontecendo no modo tão altamente corporativo como as empresas de música se tornaram nos dias de hoje. Achávamos que éramos corporativos naquela época. Já era difícil fazer com que as pessoas entendessem o conceito de, "Aqui está uma banda e eles vão emplacar, e comece a gravar apenas quando estiverem prontos, certo".

MIKE CLINK Muitas pessoas me abordam e dizem, "Aqueles caras arrebentaram em uma única gravação, não foi?" Não, eles não faziam de uma única vez. Se esse fosse o caso, nós teríamos terminado o dis-

O GUNS N' ROSES GRAVAVA QUANDO ESTAVA PRONTO PARA GRAVAR!
TOM ZUTAUT

co em duas semanas. Não acontecia dessa maneira. Quando Slash fazia sua parte, nenhum dos outros rapazes estava presente. Eles preferiam curtir as festas quando não tinham de estar lá. Eu sempre digo que a coisa mais difícil sobre a gravação daquele disco foi fazer com que os cinco estivessem na mesma sala fazendo a mesma coisa ao mesmo tempo. Isso não era uma tarefa fácil, porque todos estavam sempre fora cuidando de suas próprias coisas.

SLASH Fizemos o álbum inteiro conseguindo acertar na segunda ou terceira gravação. É quando surgia a espontaneidade. Se não conseguia até ali, perderia a naturalidade.

TOM ZUTAUT Eu me peguei falando a um engenheiro de som, "Não sei se isso vai ser um tipo de trabalho das nove às cinco, ou das seis à meia-noite. Quando a banda estiver disposta a gravar, eu ligo para você e nós gravamos". Isso gerava problemas até com a Warner Brothers, porque, de novo, como vocês sabem, eles são muito corporativos. Eles me diziam, "Tenho que emitir uma nota de compra e isso vai ter de passar pelo procedimento de aprovação". Eu tinha de pedir para David Geffen ligar para a Warner Brothers para que me dessem o talão de pedido de compra, para que pudesse emitir o meu próprio às duas da madrugada. Então, esse é outro motivo por que aquele disco era bom, pois não havia necessariamente uma agenda regular. Rolava quando a banda estava no espaço para gravar.

Clink era o par perfeito para o GNR porque ele conseguia ficar sentado naquele estúdio e dar conta de todas aquelas peripécias. E, honestamente falando, havia muitas delas.

MIKE CLINK Eu comandava um navio com muita determinação quando estava lá. Tinha horários marcados para começar, e todos se sentiam muito bem estando lá. Uma vez que concordávamos com as horas que iríamos trabalhar, tudo era maravilhoso. O horário da chamada começava por volta das 11 da manhã no Rumbo Studios, para editar as faixas básicas. Todos apareciam por volta do meio-dia e, lá pela uma hora da tarde, estávamos gravando. Eles eram muito bons quanto a chegar no horário e estar lá. Eu começava com Slash por volta do meio-dia, e trabalhávamos até as oito da noite. Axl estava agendado para chegar por volta das nove. O que acontecia é que nove se tornava dez, e dez se tornava onze. E então trabalhávamos o dia inteiro. Axl chegava sempre atrasado. Entretanto, eu não ficava sentado esperando por eles para fazer algo. *Use Your Illusion* foi uma história completamente diferente. Mas, enquanto estavam no estúdio, eles estavam totalmente focados e conseguíamos realizar muitas coisas todos os dias. *Appetite for Destruction* não aconteceu por mero acidente. Nós realmente trabalhamos muito duro para fazer esse álbum. Foi um trabalho de amor. Eu pus muito amor naquele disco.

MICHELLE YOUNG Acho que Mike era alguém de quem eles realmente precisavam, e eles sabiam que ele não estava brincando. Ele não lhes permitia que saíssem impunes com suas coisas. Ele era uma espécie de figura paterna, e nenhum deles realmente teve isso na vida. Cheguei a trabalhar com a esposa de Mike em uma agência de publicidade, enquanto ele trabalhava com eles. Mike era muito austero com eles. Ele não brincava em serviço. Ele dizia, "Vocês vão ter de vir para cá e, se não vierem, então eu não vou fazer isso". Eles se ocupavam e trabalhavam.

MIKE CLINK No estúdio, concluíamos o trabalho. Trabalhávamos de maneira sólida. Trabalhávamos duro. Fora do estúdio era um caos total. Uma vez, Duff apareceu na porta em uma tarde em que estávamos fazendo os *dubs* da guitarra, com o braço em uma tipoia. Acho que tinha um olho roxo e estava mancando. Quando perguntei o que havia acontecido, ele disse, "Bem, você sabe, estávamos fazendo mergulho nas escadas". Ele estava tentando saltar do topo da escada do apartamento de alguém até o chão, sem tocar um degrau. Na sala de espera do estúdio, estava acontecendo uma baderna. Eu me lembro de estar sentado enquanto editávamos algumas faixas básicas e, de repente, ouvi um estrondo. Parecia um terremoto. Steven estava angustiado com algo e começou a destruir a sala; virou as mesas, o sofá e a geladeira. Sem dúvida alguma, havia um caos ao meu redor, mas eu raramente saía do estúdio. Ficava sempre no estúdio trabalhando, arrastando os rapazes para dentro, terminando algo e sem me importar com o que acontecia a uns 15 ou 20 metros de distância de mim.

SLASH O processo de gravação do *Appetite* foi bem mais simples, rápido e, basicamente, tedioso do que o álbum acabou se tornando. Eu chegava ao meiodia, preparava um Jack [Daniels] e café, e gravava uma canção por dia. Foi assim que gravei todas as faixas da guitarra. As faixas de Izzy faziam parte da gravação básica, e eu ficava na sala de controle com os auto-falantes no último volume e colocava todas as minhas guitarras por cima. E então, às 10 horas da noite, nós terminávamos e em seguida eu ia para Hollywood e aprontava um monte de coisa por lá, e, de alguma forma, conseguia voltar no dia seguinte ao meio-dia. Para mim, o *making of do Appetite* foi assim – pelo menos a parte da gravação.

TOM ZUTAUT Por que o *Appetite for Destruction* é um dos melhores discos já feitos? Porque conseguiu captar o Guns N' Roses em um estado de espírito para ser captado. Quando ficavam prontos, nós gravávamos não importa a hora que fosse. Foi preciso um cara como Mike Clink, com toda sua paciência e disposição, para lidar com tudo aquilo. Quero dizer, a maioria das pessoas precisa de um planejamento.

MIKE CLINK Eu sempre dizia que eles eram uma gangue. Quando saíamos juntos à noite, se uma pessoa se envolvia em uma briga, todos entravam na briga. Eles eram um grupo bem fechado. Eu nunca tinha convivido com uma banda que vivia basicamente nas ruas. Eles eram moleques de rua, e eu não estava acostumado com aquilo. Mas acabei me acostumando, e foi muito divertido.

STEVEN ADLER No estúdio, eu sempre dizia que queria que a bateria soasse como bateria. Eu não queria que soasse como máquinas. Queria que a caixa soasse como caixa, o bumbo como bumbo, o baixo como baixo; sem efeitos especiais.

RON SCHNEIDER Havia uns dias em que Slash ficava um pouco nervoso. Ninguém podia ficar na sala naquela hora, porque ele precisava de tempo para fluir por si só sem distrações. Todos tinham de sair. Na verdade, naquela época, Slash tinha terminado com sua namorada e tinha dois sacos de lixo verde cheio de roupas e todos seus outros efeitos pessoais, e estava morando no estúdio. Sempre que sobrava uma sala que não estava sendo usada, ela se transformava no quarto de Slash. Onde ele frequentava, ele ficava e ligava para casa de vez em quando.

MIKE CLINK Izzy queria morar no estúdio. Por motivos da seguradora, na prática, ele não podia ficar. Mas, durante o dia, nós deixávamos que ele ficasse por lá. Na realidade, ele ocupava um armário no estúdio e guardava todas as suas coisas por lá. Mas, à noite, quando trancávamos tudo, ele saía com os outros rapazes. Mas sempre acabava voltando, e havia uma pequena cama no armário onde guardava todos os seus pertences. Eles não tinham muitas posses, então era fácil. Bastava pegar duas malas e levar.

MICHELLE YOUNG Eu fui ao estúdio, ouvi algumas faixas e fiquei realmente impressionada com o que escutei. Era pura genialidade sendo colocada para o mundo ouvir, e a magia no estúdio era excelente. Em um determinado momento, eles se sentiam tão livres e não carregavam todas aquelas questões de ira ou falta de dinheiro ou existenciais, ou seja lá o que começaram a ter mais tarde. Eles tinham uma ligação muito forte, muita energia, e estavam dispostos a aceitar e curtir aquilo naquela época.

MIKE CLINK Eu sabia que o disco seria um sucesso. Eu tinha certeza. Na realidade, quando Tom Zutaut veio ouvir o *playback* das primeiras mixagens que eu tinha feito, ele me disse, "Você acha que os discos vão vender?" E eu respondi, "Acho que vão vender 2 milhões de cópias". Eu tinha um pressentimento de que era algo diferente, excitante e interessante. e Tom disse, "Não, você está errado. Vai vender 5 milhões."

SLASH Depois das gravações no estúdio com Mike, Axl, Izzy e eu fomos à Nova York para fazer a mixagem do disco com Steve Thompson e Mike Barbiero.

STEVE THOMPSON Tom Zutaut me enviou as demos do GNR, e eu realmente gostei da banda. Eu me lembro de ouvir uma demo atrás da outra, pensando, "Puta merda, este material é muito bom". E acho que as canções não diferem tanto das demos. A banda tinha a essência do *Appetite* naquelas demos. Tom nos pediu para produzi-lo, mas havia tanto trabalho que estávamos fazendo na época, que não tínhamos como encaixá-lo. Foi uma pena, porque eu realmente amei o que estava ouvindo. Dissemos a ele que não tínhamos como produzi-lo, mas amaríamos fazer a mixagem. Eu me lembro de que, quando começamos a trabalhar no *Appetite*, senti que era onde o rock n' roll deveria estar. Nada era tão excitante e tão bom. E Guns era simplesmente a banda perfeita, a atitude perfeita, a vibração perfeita para tudo o que estava acontecendo naquela época. Eu sentia que, se aquele disco não tivesse êxito, então eu deveria abandonar o negócio. Eu realmente acreditava naquilo.

MIKE BARBIERO Tom Zutaut tinha perguntado primeiro se Steve e eu não queríamos produzir o primeiro LP do Guns N' Roses, *Appetite for Destruction*. Minha lembrança é que ele tinha gostado do trabalho que tínhamos feito antes nos álbuns de Phantom, Rocker and Slick, que havíamos produzido para a Capitol, mas acabamos rejeitando a produção do *Appetite* porque estávamos envolvidos com outra coisa. Essa decisão definitivamente acabou sendo um péssimo negócio quando colocado em retrospectiva. Felizmente, Zutaut nos procurou de novo para fazer a mixagem do álbum depois de ter ouvido o que tínhamos feito com o primeiro álbum de Tesla, que também era artista da Geffen. Tom era um grande colaborador do nosso trabalho naquela época, e devemos toda a gratidão a ele por ter nos mantido envolvido em muitos de seus projetos.

STEVE THOMPSON Trabalhávamos na Media Sound, em Nova York, com uma mesa de som de última geração. Isso foi antes do Pro Tools, dos computadores, e tudo era mixado manualmente. Você poderia dizer que era uma maneira bem temerosa e humanista de lidar com a música. Eu sou um dos últimos tradicionalistas. Eu me lembro de que no final dos anos 1980, quando estávamos mixando o álbum, os sons da bateria eram bem ambientes; caixas grandes. A parte legal era que este tipo de música era bem mais seco e soava menos processado do que era comum na época. Matt Sorum é um grande amigo meu e tenho total respeito por ele, mas gosto mais do estilo de Adler porque é mais solto. Matt ficaria no grupo de bateristas mais clínicos. Adler tinha um toque mais insolente. E isso é o que era legal na banda. Não acho que a música tinha sido bem analisada. Foi no instinto puro. O que muitas bandas fazem hoje e já faziam naquela época, analisando os mínimos detalhes para torná-las perfeitas. Sentia que era tudo o que faltava na música naquele momento, porque tudo estava ficando tão padronizado com todas aquelas bandas chamadas de glam, com permanete nos cabelos e calças de lycra. Eles não eram nada daquilo. Eles eram desafiadores. Para mim, foi reanimador ouvir uma banda do tipo do Guns N' Roses. Acho que não há nada que dê para comparar com eles.

MIKE BARBIERO Os rapazes da banda eram muito legais. Não tinham problemas de ego de nenhum tipo e todos estavam em perfeita sincronia. Na maior parte do tempo, os rapazes ficavam no final do corredor com Tom enquanto eu e Steve fazíamos a mixagem. Quando estávamos prontos, nós os chamávamos para escutar. A maioria das vezes eles diziam, "Isso é muito legal!", e nós concluíamos ali. Eu me lembro da mixagem de "Paradise City", que eles queriam que o final fosse mais agressivo do que o original apresentava. Axl e Slash descreveram como sendo mais uma "queda de braço entre a guitarra e o vocal no qual ninguém ganhava". Em seguida, eles saíram, enquanto Steve e eu prosseguíamos. Quando eles voltaram, eu estava editando a nova parte e fiz duas marcas onde achava que o corte funcionaria. Então começamos a contar histórias e, quando fui substituir o final, acabei fazendo o corte da inserção mais para frente, repetindo uma sessão inteira da canção. Fiquei horrorizado, mas antes que pudesse me mexer para consertá-lo, a banda exclamou, "Isso é demais! Deixe assim". Então, o erro acabou ficando e eles passaram a tocar daquele jeito nos shows ao vivo.

STEVE THOMPSON O pessoal que acompanhava a mixagem eram Axl, Slash e Izzy. Cada dia eles chegavam e explicavam um pouco sobre as faixas e, então, fazíamos nosso trabalho. Em seguida, quando sentíamos que estávamos prontos para seus ouvidos, nós mandávamos chamá-los. Eu me lembro de quando estávamos mixando "Paradise City". Cometi um erro estúpido em uma parte durante a pausa antes de "take me home" ("me leve para casa"). Basicamente, eu copiei essa parte da canção e a dupliquei. Axl ouviu, amou e disse para manter daquele jeito. Naquela época, se você quisesse experimentar, era edição de fita. O que eu gostei quando mixei esse disco foi que não estávamos sendo totalmente detalhistas, como muitas pessoas são nos dias de hoje no campo do cinema e da música. Eles são superanalíticos em tudo, e é quando você acaba estragando. Nós seguíamos a vibração e o instinto, canção após canção. Trabalhávamos em conjunto com Tom Zutaut. Ele estava presente todos os dias, e devo admitir que Tom tem um ouvido incrível para a música e eu realmente gostava do jeito que ele compreendia tudo. Acho que ele tinha razão em tudo, em termos da forma que abordávamos a mixagem do disco. Simplesmente mantendo o material puro e mantendo-o direto. Você tem de dar muito crédito a Tom Zutaut porque ele acampou por lá por um bom tempo. Ele lutou nas trincheiras com eles. Tom fazia aquilo com paixão e, para mim, isso é tudo. É isso que transforma algo em um sucesso.

MIKE BARBIERO Tom Zutaut era muito específico quando passava instruções sobre como queria que o álbum soasse. Ele tinha uma fita cassete com uma mixagem básica que Mike Clink tinha feito e que ele tocava para nós. Na verdade, ele tinha um A-B de cada mixagem daquela fita em um *beat box* que tinha trazido de L.A. para garantir que as mixagens apresentassem os elementos sônicos que queria. Ele dizia que queria o som daquela mixagem grosseira, mas melhor. Então foi isso que almejamos.

Appetite For Destruction 327

Não havia o auxílio do computador. Essa foi uma das últimas mixagens que Steve e eu fizemos que não contava com o auxílio do computador. Acho que queimamos seis jogos de alto-falantes Yamaha. Geralmente, eu montava todo o som da mixagem, e Steve puxava as guitarras bases e solos para a dinâmica, enquanto eu controlava os vocais. Victor Deglio, meu assistente, contribuía ocasionalmente com um terceiro jogo de mãos e usava os efeitos vocais extras que eu não conseguia alcançar, como os *delays* que exigiam que um botão fosse acionado em uma certa batida em algum lugar.

Appetite foi mixado no estúdio da Mediasound Studios, em Nova York, em uma mesa de som Neve 8068 que havia sido modificada para incluir 12 ou 16 canais 1081 de EQ, além dos canais padrão de três bandas de EQ incluído no console. Usamos os excelentes equalizadores Pultec EQP1A externos, como também um compressor nas faixas individuais. Eu me lembro de ter colocado o bumbo por meio do LA2A com o medidor quase sem se mexer, apenas para captar o som dos tubos na batida. O barramento estéreo para o mixador não foi comprimido ou equalizado, mas batemos bem na fita para conseguir um pouco da distorção saturada do som para alcançar a extremidade superior.

Naquela época, a maioria do rock era do tipo padronizado; um som muito moldado e artificial. Todas as bandas tinham o mesmo som. Decidimos que gostávamos da coisa mais orgânica; um som de grande sala, não moldado, com bateria natural.

MIKE BARBIERO

STEVE THOMPSON Izzy aparecia na mesa de som de vez em quando para checar o andamento das coisas. Slash também circulava por ali. Eu me lembro que estávamos trabalhando em "Rocket Queen", quando Axl disse que estava faltando algo. Ele disse, "Gostaria de colocar uns ruídos de sexo nela". Era óbvio que bastava pegar uma coleção de material pornô e gravar algumas coisas, mas ele disse, "Não, eu quero algo real".

AXL Havia algo que também estava tentado a trabalhar com várias pessoas – a gravação de um ato sexual. Era algo que tinha de ser espontâneo, e não premeditado; algo que eu queria colocar no disco. Era uma canção sexual, e era uma noite maluca no estúdio. Uma garota que a gente conhecia estava dançando; todo mundo estava ficando excitado. A noite estava prestes a ficar realmente explosiva, muita confusão de sobra para todo mundo, e eu pensei, espere um minuto, como podemos transformar isso em algo produtivo?[11]

ADRIANA DURGAN Slash havia me convidado para ir a Nova York, onde estavam terminando a gravação do *Appetite*. Eu morei lá uma época, então tinha amigos que podia visitar e um lugar para ficar. Então fui na mesma época da banda e acabamos ficando no estúdio de gravação o tempo todo. Uma noite, eu fiquei bêbada no estúdio e Axl me propôs que fizéssemos sexo no estúdio de gravação. Axl estava tendo dificuldade para encontrar alguém que o fizesse. Sei que ele tinha pedido a várias mulheres para fazer, incluindo sua namorada, mas elas não fariam. Ele disse, "Ninguém quer fazer isso por mim; Erin não quer fazer, ninguém quer fazer". Alan Niven me ofereceu uma garrafa de Jack Daniels das grandes, para mim e para Slash, se eu fizesse. Esse era o trato, eu faria em troca de uma garrafa de bebida para mim e para Slash, porque

---

11. Reimpresso do Geffen Press Kit.

éramos parceiros de bebida. Isso era algo que Axl queria, e eu o adorava e confiava completamente nele. Eu disse a mim mesma, "Vamos nessa! Farei isso pela banda".

RON SCHNEIDER Vou contar sobre a garota que você ouve ao fundo, gemendo e gritando. Essa é a pura verdade. Ela é uma *stripper*, uma ex-dançarina de *striptease*, uma grande amiga nossa. O nome dela é Adriana Smith. Axl jogou um cobertor no chão no estúdio de gravação, eles ajustaram um microfone, abaixam as luzes e Axl fez sexo com a garota bem ali. Ela transou bem ali, e era de verdade. Adriana Smith era no início a namorada de Steven, mas ela e Axl ficaram juntos por algum tempo.

MIKE BARBIERO A verdade é que eu não queria fazer parte do que entendia na época por se tratar de uma traição com um membro da banda. Acho que alguém poderia argumentar que esse era o espírito do rock n' roll, mas eu realmente não curti a vibração, embora várias pessoas na sessão curtissem tudo aquilo. Deixei a gravação daquela parte para meu assistente, Vic, que dali por diante passou a ser chamado de "Vic Deglio, o engenheiro do cacete".

STEVE ADLER Amo Adriana Smith. Ela é incrível. Ela fez o que fez. Estávamos juntos, e ela fez o que fez em "Rocket Queen". Foi legal. Ficou tudo bem. Não teve importância alguma. Não éramos casados ou coisa parecida, éramos apenas próximos. Éramos os paraquedistas nus do inferno.

STEVE THOMPSON Tivemos de colocar o microfone nela, Axl fez seu serviço, foi gravado e foi isso que basicamente aconteceu naquela sessão.

ADRIANA DURGAN O processo foi bem mecânico. Entramos no estúdio de gravação. Axl e eu entramos na cabine dos vocais, onde os vocalistas vão, e eu estava pronta para começar. Havia um monte de gente que queria entrar no estúdio, mas eu não queria. Eu disse que a única pessoa que podia ficar na área do estúdio de gravação – que dava para ver a cabine – era Tom Zutaut e talvez uma ou duas pessoas. Expulsei todo mundo de lá porque senão estaria fazendo sexo diante de todos eles. Havia um painel de madeira, e deitamos no chão, colocamos os fones de ouvido e começamos a fazer sexo por cerca de duas horas, e tudo foi gravado em uma fita de rolo. Não me importo quanto eu estava desorientada ou bêbada, mas algumas pessoas jamais fariam isso. Mas eu confiei totalmente no processo. Eu confiava naqueles caras e confiava em Axl, que me orientou durante todo o procedimento. Havia um monte de, "Adriana, fica quieta, pare de brincar", que acabou sendo gravado porque ouvimos depois. Mas havia mais de duas horas da gente fazendo aquilo. Tenho certeza que eles poderiam ter usado mais no álbum, porque usaram apenas uma pequena parte, e está tão baixo, quase mudo.

STEVE THOMPSON Se ocorre bem na sua frente, acho que não gera tanto impacto. Acho que foi muito bem feito. Tenho conversado com pessoas que ouviram "Rocket Queen" antes e que nem perceberam que havia ruídos de sexo na gravação. Até que você conta para eles, e eles reagem, "Puta que o pariu!". Para mim, isso funciona bem melhor do que exposto direto e tudo mais. Acredito que criou o clima perfeito para a canção.

ADRIANA DURGAN Depois de toda a árdua tarefa, Axl me levou para o quarto de hotel onde estava hospedado e tocou "November Rain" para mim pela primeira vez ao piano. Ele me contou que era uma coisa que tinha composto quando tinha 15 anos. E foi a coisa mais linda que já ouvira. Foi maravilhoso. No dia seguinte, eu acordei no quarto do hotel. Estava sozinha, e Slash me ligou e disse, "Você tem de vir ao estúdio agora mesmo". E eu fiquei, "Ó merda, o que foi que eu fiz? Ó meu Deus". Eu me sentia completamente envergonhada e percebi que poderia haver repercussões com o relacionamento que estava tendo na época com Steven [Adler], que não passava de uma relação problemática. Em vez de ficar feliz com o que tinha feito, ouvi um monte de porcaria porque Axl estava saindo com Erin, e eu com o Steven, então agora eu era esta grande vadia. Eu disse que queria que destruíssem a fita, mas era muito tarde; Axl estava extremamente feliz. Ele estava eufórico! Isso era exatamente o que ele queria. Ele estava feliz feito uma criança.

Foto de Adriana tirada por Axl logo após gravarem seus ruídos para "Rocket Queen".

```
É legal que eu tenha
 de fato feito isso.
    Eu sou a Rocket
           Queen!
```

THE WHISKY
16 DE MARÇO DE 1987

Riki Rachtman os apresentou ao clube lotado como os heróis da cidade.

Eles omitiram o improviso e o solo da guitarra de "Anything Goes" e a tocaram publicamente pela primeira vez com a nova letra. Eles tocaram todas as canções de *Appetite for Destruction*. O show soou exatamente como o disco porque eles tinham acabado de gravá-lo. Steven fez sua própria passagem de som de sua bateria antes do show e diante da plateia.

Axl estava jubilante.

DUFF "Anything Goes" era uma canção que durava 12 minutos e meio.

AXL Izzy, Chris Weber e eu a compusemos muito tempo antes. Tinha versos diferentes em épocas diferentes. Toda vez em que a tocávamos ao vivo, as pessoas gostavam. Mas, ela me causava uma enorme depressão no palco.

IZZY Tinha também um ritmo de *speed metal*.

AXL É verdade. Tocávamos muito rápido. Então, escrevemos outra versão sobre nossa época no antigo estúdio e a mantívemos por um bom tempo. Mas, então, quando fomos gravá-la, não queríamos fazê-la, mas Tom Zutaut foi muito duro e queria essa canção gravada, então resolvemos que teríamos de reescrevê-la. Durante a pré-produção, compusemos algo que achávamos que ficou bem melhor, mas os versos não ficaram prontos até a noite da gravação da canção. Basicamente, eu apenas queria que a canção transmitisse algo do tipo 'tudo é permitido no sexo'.[12]

---

12. Reimpresso do Geffen Press Kit.

AXL: "Diria que se passou um milhão de anos, não parece? Em outras palavras, parece que faz muito tempo. Quero agradecer a todos por estarem aqui. Gostaria de agradecer a Riki Rachtman, por tornar isso possível. E esta fala daquelas mesmas pessoas que estão sempre pegando no nosso pé, a merda do Departamento de Polícia de Los Angeles, e esta canção se chama 'They're Out Ta Get Me'."

AXL: "Ei, não consigo ouvir merda alguma nesses retornos."

AXL: "Dá para fazer alguma coisa, Colin, com esses retornos, porque não consigo ouvir merda alguma? Muita gente também não está conseguindo ouvir."

Axl notou que "Anything Goes" foi polida depois de muitos anos e que o que tocariam era praticamente uma versão inédita.

AXL: "Esta é uma canção que vem mudando durante muitos anos, é uma versão totalmente inédita de 'Anything Goes'."

AXL: "Esta é uma inédita e para o nosso homem, um dos nossos homens principais e um dos coautores desta canção. Esta é para Wes Arkeen. E esta filha da puta se chama 'It's So Easy'."

AXL: (antes de "Rocket Queen") "Gostaria de aproveitar este momento e dizer algumas palavras sobre o clube The Scream. Não sei necessariamente quem é o responsável, mas parece que tentam foder com os shows de muitas pessoas. Não gostam de pagar as bandas de forma digna. Então, basicamente, no geral, foda-se The Scream. E parabéns ao Alibi Artists com Riki Rachtman. Em breve teremos um show no dia 29, outro show com Alibi Artist Riki Rachtman. Será no dia 29, no The Roxy, com Faster Pussycat. E se pudessem aumentar um pouco o volume… isso significa que o retorno não funciona. É um jogo. Não é culpa minha se o sistema de som é uma bosta, cara. Chequem o nível da potência."

AXL: "Agora muitas pessoas nos chamam de viciados em drogas. Esta canção se chama 'Mr. Brownstone'."

AXL: "Muito obrigado. Vai rolar uma festa da Alibi Artists para o Guns N' Roses depois, e será no número 320 da South La Brea. Entre a 3rd e a 4th Street. Não haverá limite de idade; cerveja, vinho e saquê. Fica no Rose Garden, no 320 da South La Brea, e o DJ será Joseph, de Vinyl Fetish e The Cathouse. Vai todo mundo beber debaixo dos panos! Agora vamos diminuir um pouco o ritmo com uma canção chamada 'Sweet Child', e faremos isso para as damas aqui presentes hoje à noite."

SLASH: "Esta é dedicada a todos vocês que me toleram quando eu realmente fico de cara cheia e subindo às paredes. Então, isso é algo para vocês, pessoal. Ela se chama 'Nightrain'."

A energia no palco durante essa canção foi tão intensa que Axl acabou com o lábio machucado durante uma colisão com Slash no palco.

AXL: "Muito obrigado. Puta que pariu."

AXL: "Machuquei a boca. Quero dedicar esta canção a minha ex-namorada, esta vai para Erin, ela se chama 'Your Fucking Crazy'."

AXL: (antes de "Paradise City") "Ei, vocês pegaram algumas destas revistas – todas são boas revistas –, mas lembrem-se: não acredite em tudo o que vocês leem, e nós não dissemos metade dessa merda. Vocês sabem que gostamos de agradecer a todas as revistas por nos ajudarem da melhor forma possível. É isso aí, rapazes, vamos tocar. Este é um lugar onde todos nós gostamos de estar. Duff me pediu para dedicar esta canção para Adriana Barbeau."

AXL: "Muito obrigado, boa-noite."

AXL: (durante o bis) "Vocês ouvem a KNAC? Gostaríamos de agradecê-los, e esta canção se chama 'Move to the City'."

AXL: (antes de "Mama Kin") "Esta é uma canção que fala sobre a puta que o pariu."

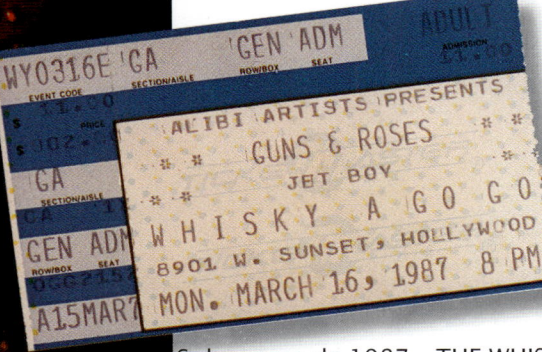

THE ROXY
29 DE MARÇO DE 1987

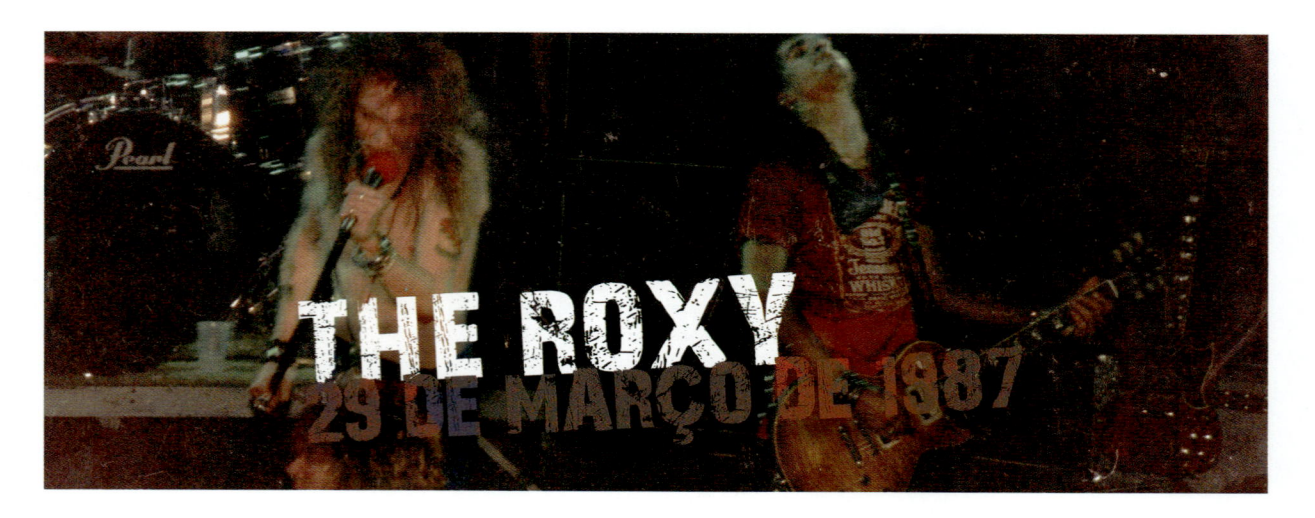

Na passagem de som, eles tocaram "Anything Goes", "Paradise City", "Nightrain", "My Michelle" e "Mr. Brownstone". Axl participou da passagem do som para tentar resolver os problemas de retorno que estavam tendo.

RIKI RACHTMAN "Vai se passar um bom tempo antes que possamos ver estes caras de novo em um clube deste tamanho. Eles saíram em algumas revistas e têm um disco que logo será lançado pela Geffen Records."

SLASH: "Ei, seus fodidos, chupem o Guns N' Roses."

AXL: "Bem-vindos ao The Roxy e 'welcome to the fucking jungle', baby."

AXL: "É isso aí, gostaria de agradecer a todos vocês por lotarem a casa. Gostaria de dedicar esta canção a todas as mulheres hiperativas na plateia. Esta é uma canção um pouco chauvinista chamada 'It's So Easy'."

AXL: "Nosso álbum, que vocês estão esperando, acabamos de gravá-lo na sexta-feira. Daqui a uns dois meses deve sair, por conta de todo o trabalho de arte e coisas do tipo, mas o filho da puta está pronto. Talvez esse seja o motivo pela demora para ser lançado. Esta canção se chama 'Mr. Brownstone'."

DUFF: "As garotas dançarinas estão aqui."

SLASH: "Então, vamos pedir uma bebida para as garotas."

DUFF: "Esta canção se chama 'Anything Goes'."

SLASH: "Então, quantas pessoas estão totalmente bêbadas aqui hoje? Só isso; isso aqui é Hollywood pessoal, falem mais alto. Sei que tem muito mais do que isso."

Depois de "My Michelle", Axl indicou que estava tendo problemas com seu microfone sem fio.

AXL: "Esta é uma canção chamada 'Sweet Child O' Mine'."

DUFF: "Temos um presente especial nesta noite."

AXL: "É isso aí, esta é dedicada a todos vocês aí que têm problemas com a gente. Esta canção se chama 'You're Fucking Crazy'."

AXL: "Esta é nossa última canção, pessoal. E vamos levá-lo a um lugar especial onde todos nós queremos ir. Vamos todos para 'Paradise City'."

SLASH: "Vamos ter uma festa hoje à noite – se você não tiver um passe especial, vai custar um dólar na porta; é no Imperial Gardens, onde o Glam Slam costumar ficar."

DUFF: "A festa vai ser gratuita se vocês mostrarem suas tetas. Esta canção vai para Del."

SLASH: "Vocês ouvem a rádio KNAC?"

AXL: (antes de "Mama Kin") "Vamos deixá-los com a puta que os pariu."

SLASH: "Boa-noite, seus merdas."

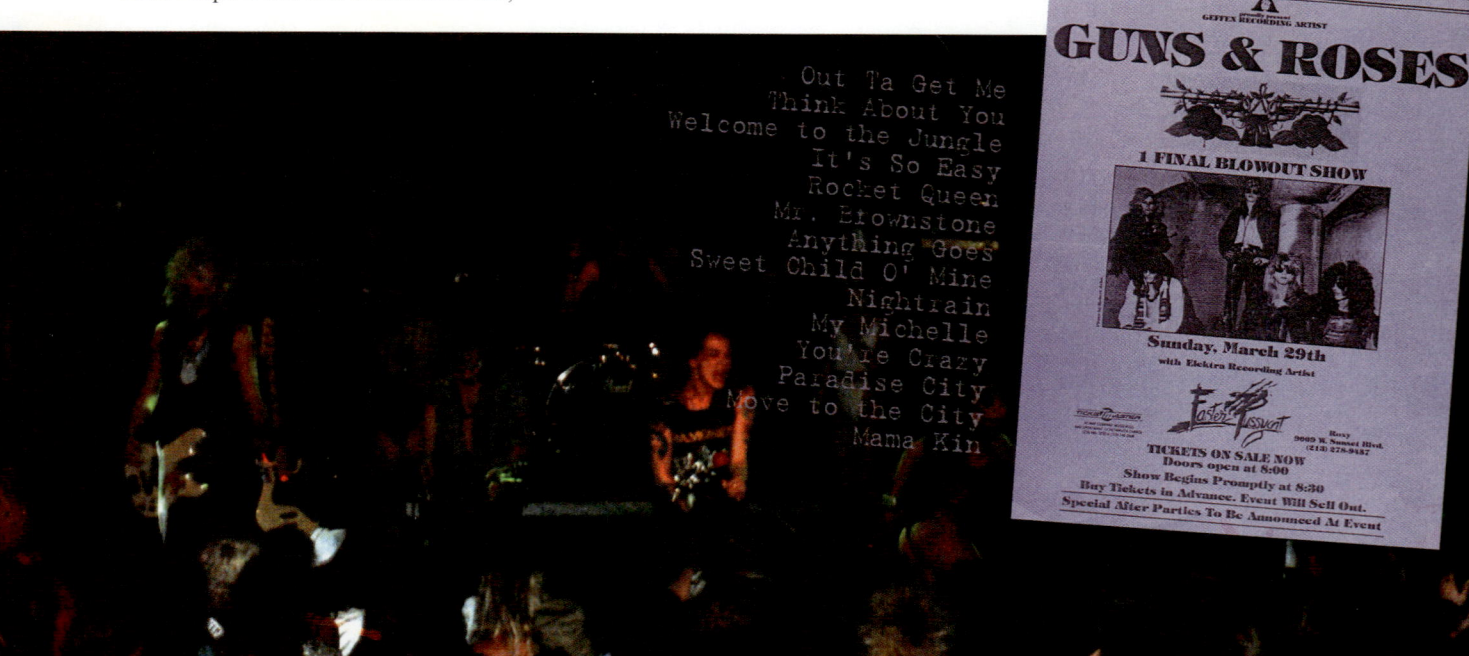

Out Ta Get Me
Think About You
Welcome to the Jungle
It's So Easy
Rocket Queen
Mr. Brownstone
Anything Goes
Sweet Child O' Mine
Nightrain
My Michelle
You're Crazy
Paradise City
Move to the City
Mama Kin

O Drunk Fux era um projeto paralelo com alguns de seus amigos músicos.

O objetivo do Drunk Fux era girar a formação da banda para conseguir bebidas de graça. Eles tocavam canções *covers* sobre bêbados no Coconut Teaszer, no dia 10 de maio. Del James estava nos vocais; West Arkeen, na guitarra; Duff, na guitarra; e Todd Crew, ex-membro da Jetboy, no baixo. E havia também Steven na bateria. West era coautor de "It's So Easy" e de mais duas canções que entraram nos álbuns *Use Your Illusion*. Del James dividia o apartamento com Duff na época e mais tarde se tornaria o braço direito de Axl.

Ele era coautor de "The Garden", que entrou no *Use Your Illusion*. Axl, Slash e Izzy não participaram do evento porque tinham ido para Nova York no último minuto para ajudar na mixagem de *Appetite*.

DRUNK FUX
10 DE MAIO – 21 DE JULHO DE 1987

A formação da canção incluía *covers* de punk, começando antes do tempo com "Spaghetti Incident", e várias outras canções compostas por Duff e Del James.

Todd Crew morreu de forma repentina algumas semanas depois, e seus amigos fizeram outro show Drunk Fux em sua homenagem, no dia 21 de julho, no Coconut Teaszer. Todos os membros do Guns N' Roses, incluindo vários amigos músicos, participaram do evento. As canções tocadas naquela noite incluíam um *cover* de Dylan, "**Knockin' On Heaven's Door**", dedicado a Todd.

DEL JAMES Você tinha de ser um bêbado fodido para fazer parte do Drunk Fux! Era como uma brincadeira paralela do folclore do Gun N' Roses!

Abaixo, os panfletos de Slash mostram as últimas encarnações da mascote de sua antiga banda Roadcrew.

Del James e Todd Crew
Foto cortesia de Adriana Durgan

16 de março de 1987 • THE ROXY – DRUNK FUX

> A MTV basicamente disse, "Nós nunca tocaremos esta banda".
>
> **TOM ZUTAUT**

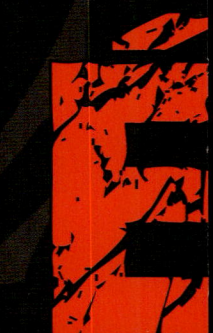

O RESTO É

No cerne da produção de *Appetite for Destruction*, havia uma crença coletiva de que a música que o Guns N' Roses tinha criado era poderosa de caráter inerente e original de forma impetuosa.

Nenhuma remixagem ou releitura surgiria para atrair o público em geral ou para vender mais discos. A integridade da música, como foi composta e tocada, era inédita e à frente da época. Apesar de tudo, todos sentiam o potencial que o álbum tinha em acertar o acorde com os entusiastas do rock n' roll e alcançar um disco de platina. Tom Zutaut não se acomodaria com menos que isso. Ele acreditava que havia encontrado a futura melhor banda de rock, e sua reputação como um dos melhores agentes de A&R da Geffen estava em jogo.

Enquanto isso, a banda dava adeus a Los Angeles e rumava com seu ato ao Reino Unido, com manchete no prestigiado Marquee, de Londres. Depois de alguns shows, eles se juntaram à banda The Cult como show de abertura e fizeram uma turnê pelo mundo nos 18 meses seguintes, retornando a Los Angeles periodicamente.

A estratégia inicial de Tom de arquitetar um tom de misticismo em torno da banda saiu pela culatra. A reputação deles cui-

que eles eram caracterizados como viciados em drogas descontrolados; muito pesado para a mídia de massa lidar e que ia contra os valores familiares dos conglomerados corporativos que poderiam conduzi-los ao sucesso. Ninguém queria tocá-los, independentemente do fato de que as vendas de boca a boca cresciam por onde passavam com sua turnê.

Diante das vendas vagarosas, do espaço limitado de transmissão no rádio e de uma gravadora pronta para desligar a tomada do álbum, Tom tirou da manga a última carta que tinha: a boa vontade que havia conquistado com seu patrão, David Geffen. Ele convenceu Geffen a usar sua influência para fazer com que "Welcome to the Jungle" fosse transmitida na MTV. Geffen conseguiu o favor, embora fosse bem menor do que Tom almejava.

A MTV prometeu transmitir uma única vez "Welcome to the Jungle" durante o turno da noite de sua grade de programação – às 2 horas da madrugada no horário padrão da costa do Pacífico. De forma relutante, Tom aceitou seu destino e juntou a banda para celebrar seus 4 minutos e 33 segundos de fama. Tom chegou ao trabalho no início da tarde um tanto contente com a transmissão da MTV, sem sequer imaginar a notícia que o aguardava em seu escritório.

A banda havia voltado para casa de sua turnê como superstar internacional, sem ter noção do sucesso que o *Appetite for Destruction* havia se tornado nos Estados Unidos. O álbum se tornara legendário, e

20 ANOS HISTÓRIA

a banda, como uma unidade solidificada, se segurou no passeio enquanto durasse.

À medida que se atravessa o 20º aniversário do lançamento de *Appetite for Destruction*, geração após geração de fãs reverenciam aqueles que estavam envolvidos no *making of* do álbum. Dezenas de milhões de discos vendidos, e o álbum sobrevive em dezenas de listas de ilhas desertas ("Desert Island") ao redor do mundo. *Appetite for Destruction* se configura entre um dos melhores álbuns de rock n' roll jamais produzidos.

TOM ZUTAUT Quando o disco ficou pronto, depois de masterizado, fui tocá-lo para David Geffen e para o presidente da empresa. Eu disse, "Este vai ser o melhor álbum da história da gravadora", e eles olharam para mim e disseram, "Com certeza, garoto".

MIKE BARBIERO Axl me perguntou na época se eu achava que o álbum era bom, e eu me lembro de ter falado a ele que era muito original. Eu me lembro de ter dito a ele que, aos meus ouvidos, as canções e interpretações eram boas o suficiente, que, mesmo que o álbum não fosse algo para se tocar no rádio, a banda teria uma grande chance de alcançar um disco de ouro baseado no boca a boca.

STEVE THOMPSON Acho que lançamos primeiro "Welcome to the Jungle", que eu achava que se tratava de um hino. Fiquei muito chocado quando não alcançou o auge que deveria. "Sweet Child O' Mine" não era sequer cogitada. Era uma boa canção, mas dizer que eu sabia que seria a canção que faria com que o GNR estourasse nas paradas, não havia como prever isso. Geralmente eu sou bom prevendo quais canções vão se tornar sucessos. Para mim, era "Welcome to the Jungle".

TOM ZUTAUT Eu não tinha contado para ninguém na Geffen sobre "Sweet Child O' Mine" e enterrei essa canção no final do lado B do disco. Fiz isso porque sabia que o pessoal da promoção e o pessoal da rádio naquela época dificilmente passavam das primeiras duas ou três canções quando ouviam. Não queria que a canção fosse descoberta até mais tarde. Minha intenção era que o Guns N' Roses precisava começar baseado em suas raízes punk. E aquela canção era muito refinada. De certo modo, era quase uma canção para o segundo álbum. Mas pensei que, se a enterrássemos no lado B, acabaríamos de um modo ou de outro chegando até ela, e haveria burburinho suficiente e uma base na banda onde teríamos uma oportunidade de usar uma canção como aquela para tocar nas principais rádios. Então, não contem isso para ninguém. Era o meu pequeno segredo.

Lançamos o álbum, e as estações de rádio tinham medo de tocá-lo. Parece que todo mundo nas rádios e na MTV tinham medo da banda. Eles eram tão perigosos. E muito disso tem a ver com o lado místico; isso era o resultado de toda minha teoria de criar um teor místico que havia falhado. Por causa do fato de eles não estarem o tempo todo sendo entrevistados e de serem mantidos um tanto ocultos, as pessoas começaram a inventar histórias sobre eles. A reputação deles estava bem pior do que realmente era, porque as pessoas ficaram com medo e diziam coisas do tipo, "Ó, eles são um bando de viciados em drogas, eles vão arrancar sua cabeça fora". Na realidade, tínhamos dificuldade em colocá-los para tocar no rádio. Enquanto isso, colocamos a banda na estrada e eles abriam para a The Cult e tocaram um pouco nos show do Motley Crue.

SLASH A primeira coisa que fizemos quando terminamos o *Appetite* foi tocar na Inglaterra, fazendo três shows no Marquee, em Londres, que é um lugar famoso. Tocamos em Londres, no bairro de Soho. Dali para a frente, quando o disco saiu, começamos abrir para a The Cult e nos tornamos uma espécie de banda

POSTER ABILITY SERIES
LIVE METAL
GUNS N' ROSES
10 COLOR POSTERS
SEE BACK COVER
METAL
SPECTACULAR POSTER MAGAZINE
GUNS N' ROSES
10 GIANT COLOR POSTERS
NOW MONTHLY!
POISON SHREDS THE RUMORS
BLAST!
GUNS N' ROSES
MOTLEY'S VINCE: MARRIAGE TROUBLE?
2 POSTERS INSIDE
AWESOME INTERVIEWS! DOKKEN L.A. GUNS STRYPER DEF LEPPARD WHITE LION MEGADETH HELLOWEEN
BACK AT LAST
BON JOVI
GUNS N' ROSES
GUNS N' ROSES AXL FIRES HIS BIGGEST GUN IN EXCLUSIVE INTERVIEW!
AWESOME CONFESSIONS FROM:
BRET MICHAELS
AXL TALKS! EXCLUSIVE NEW INTERVIEW INSIDE
MOTLEY CRUE UNEXPECTED CONFESSIONS FROM NIKKI, VINCE & TOMMY
DOKKEN BITES DUST?!
GUNS N' ROSES' SEXY WILD MAN SLASH!
BRET MICHAELS TELLS RAUNCHY TRUTH
BON JOVI CONFESSES ABOUT SUCCESS!
SIZZLING UPDATE ON MOTLEY CRUE
UNEXPECTED CONFESSIONS FROM POISON'S LEADING MAN
PLUS AWESOME INTERVIEWS FROM CINDERELLA L.A. GUNS STRYPER EUROPE ANTHRAX HURRICANE
ROCK HEROES PRESENTS
GUNS N' ROSES
SKID ROW
10 MEGA-SIZE COLOR POSTERS!!
CRUNCHING METALLICA POSTER!!!
PLUS! SLAUGHTER TRIXTER WARRANT NELSON
GUITAR GIVEAWAY!!!
WIN JOHN GALLAGHER'S BASS!!!
METAL MANIA
METALLICA
POWERMAD
HIT PARADER
GUNS N' ROSES KINGS OF CHAOS
WHITE LION
SKID ROW
TESLA
Motley Crue Poison Ozzy Osbourne Tesla Def Leppard Aerosmith Anthrax Metallica Europe Winger
LIES LIES LIES
GUNS N' ROSES
GUNS N' ROSES THE KINGS OF SLEAZE METAL
Def Leppard Motley Crue Aerosmith House Of Lords Bon Jovi W.A.S.P. Poison
GUNS N' ROSES BAND OF THE YEAR!
GUNS N' ROSES Slash Speaks Out!
MOTLEY CRUE WHITESNAKE WARRANT BON JOVI METALLICA BULLET BOYS DEF LEPPARD
WHITE LION GREAT WHITE THE CULT BANSHEE W.A.S.P. BADLANDS

internacional. Não éramos mais apenas uma banda de local de L.A., e o resto é história.

DUFF Assim que terminamos a arte final do álbum, acho que fizemos dois shows em L.A. e já caímos fora. Fizemos nossos primeiros shows fora de L.A. e já estávamos em Londres, no Marquee. Em seguida, pegamos a turnê da The Cult e passamos um ano e meio na estrada. Naquele momento, nos tornamos uma banda de rock internacional.

ROBERT JOHN Eu me lembro de quando eles estavam indo para a Inglaterra. Axl e Izzy me perguntaram se eu queria ir. Eu disse sim, mas que teria de pedir demissão do meu trabalho. Foi o que aconteceu. Eu nunca mais voltei a trabalhar das nove às cinco daquele momento em diante porque o Guns N' Roses tinha alcançado o sucesso. Assim que fomos à Inglaterra, tudo começou, pelo menos para mim. Aquilo abriu minhas portas. Axl me ajudou demais com minha carreira porque, assim que as portas se abriram para ele, ele as disponibilizou para mim. Eu sou muito grato até hoje e o agradeço muito por isso. Eu não tinha percebido quanto eles tinham se tornado tão importantes, porque eu os acompanhava na turnê e só quando saí fora é que percebi. Eles subiram muito rápido. Saímos do ponto de ver esta banda atrair 35 pessoas no Troudadour até isso.

TOM ZUTAUT A MTV basicamente disse, "nós nunca tocaremos esta banda porque eles são viciados em drogas, tememos medo e as operadoras de TV a cabo nos ameaçaram de nos tirar do ar". Os caras que controlavam as empresas de TV a cabo colocavam pressão na MTV para abaixar o tom. Eles diziam, "Isto é a HBO, isto tem a ver com entretenimento familiar e, MTV, se vocês cruzarem a linha, nós vamos tirá-los do ar porque não vamos permitir que nossas franquias a cabo acabem com a gente por causa de sua programação". Com isso, a MTV diz que nunca tocará Guns N' Roses porque são muito perigosos e acabarão sendo excluídos do sistema a cabo. Vendemos 200 mil unidades apenas por meio do boca a boca. As pessoas que compravam os discos eram as mesmas que os viam abrir os shows do Motley Crue e The Cult e que estavam contando para os amigos. Honestamente falando, era como um relógio. Eles chegavam a uma cidade, abriam o show de alguém e, na semana seguinte, as vendas aumentavam. O presidente da empresa me chamou um dia em seu escritório, olhou nos meus olhos e disse, "Ei, garoto, foi uma boa tentativa, mas você vai ter de parar de pegar pesado com o pessoal da promoção. Eles não conseguem tocar nas rádios, a MTV não vai tocá-los e já vamos parar com a vendagem em 200 mil unidades". Então, olhei nos olhos do meu meio patrão, que era uma pessoa legal, e determinado como um garoto que eu era naquela época, seguro de meu projeto com o Guns N' Roses, tive de lhe prestar uma consideração. Eu disse, "com todo o respeito, Eddie, esta é a melhor banda de rock n' roll no mundo, e 200 mil nem sequer arranhou a superfície ainda. Eu não vou entrar no estúdio e fazer o próximo disco, não vou parar de empurrar este disco para frente. É apenas o começo; não entendo o que você quer dizer com está tudo acabado. Vou ligar para David Geffen porque discordo de sua decisão. Não vou aceitar esta decisão de que desistiremos do disco".

STEVE THOMPSON Eu me lembro de uma reunião que tivemos com David, em que ele se sentou e disse, "Este não é o tipo de música que eu escuto, mas quanto às pessoas que eu contrato, eu espero que encontrem bandas como esta". Ele dava espaço para que seu pessoal fosse criativo. Eu me lembro de ele apontar para sua equipe e dizer, "Você está vendo este cara, você está vendo aquela cara ali? Ele está com o pé frio agora, mas eu acho que em um ano ou dois ele vai aparecer com algo grande. Bem, aquela mesma pessoa era Gary Gersh; ele contratou o Nirvana. Geffen tinha a integridade de permitir que seu pessoal tivesse liberdade para ser criativo. É por isso que pessoas como Tom Zutaut davam suas almas. Zutaut acampava com Guns N' Roses, algo que é inadmissível nos dias de hoje. Ele os acompanhava todos os dias em suas trajetórias. E para mim, eu tenho o total respeito por isso. Quando eles conseguiram o Guns N' Roses é porque acreditavam neles. E Zutaut e Geffen passaram um ano trabalhando com a banda, algo também inadmissível nos dias de hoje. Eles não desistiriam disso, e foi muito bom que não desistiram.

TOM ZUTAUT Eu liguei para David Geffen, e David disse, "Eu nunca vi você tão obcecado sobre algo". E eu disse, "Eu estou dizendo para você, 200 mil cópias é uma vergonha". E ele disse, "você sabe quantas bandas novas conseguem vender 200 mil cópias?" E eu disse, "bem, esta banda pode vender 10 milhões, isso não é suficiente". Então, David disse, "Qual é a única coisa que eu posso fazer?". E eu disse, "Bem, você poderia colocar o vídeo de 'Welcome to the Jungle' na MTV. Quero dizer, você é um grande amigo de Fresten, o cara que a controla, e eles lhe devem favores. A MTV lhe deve favores". E Geffen disse, "É, eu poderia fazer isso. Vou cuidar disso e depois eu ligo para você".

Então, no dia seguinte, David Geffen me chama em seu escritório e diz, "Você me enganou!" E eu disse, "O quê?" E ele disse, "Bem, primeiro de tudo, você não me contou que eles já tinham prometido e jurado que nunca tocariam esta banda na MTV. Se você tivesse dito isso para mim antes, eu talvez tivesse conseguido algo melhor para você". Eu disse, "Você é David Geffen, você é o cara, eles lhe devem um favor ou não?". Ele disse, "Da próxima vez, não se esqueça de pequenos detalhes como esse, porque é muito

GUNS N' ROSES
SMASH HITS
TERENCE TRENT D'ARBY
DEF LEPPARD Weird Out
WIN A SONY WALKMAN!
GUNS N' ROSES
Tracy Chapman • Fat Boys • Huey Lewis
4 PULSATING POSTERS! 7 SIZZLING CENTERFOLDS!
GUNS N' ROSES COLOR SPECTACULAR
& OTHER ROCKIN' METAL !!!
11 ROCK 'N' ROLLIN' PINUPS!
LITA FORD
KILLER FEATURES!!!
Axl • Steven • Slash • Izzy • Duff
9 Wallet-Sized Pics!
PLUS: METALLICA • L.A. GUNS • AEROSMITH
GUNS N' ROSES
& A Round-up Of Rock's Hottest Heroes
SLAUGHTER • QUEENSRYCHE
BLACK CROWES • L.A. GUNS
LIVE WIRE
GUNS N' ROSES EXCLUSIVE!
SKID ROW
CLASH OF THE TITANS!
NELSON SPECIAL
ALICE COOPER SHREDS!
PLUS: EXTREME BULLETBOYS
FACES ROCKS
AXL & STEVEN TYLER PULL-OUT!
FACES
METAL'S NEW GENERATION
GUNS N' ROSES
The Leaders Of The Pack
Circus Of Power • Kix
Bullet Boys • Jetboy
Overkill • Skid Row
BADLANDS
Jake E. Lee Returns!
Kiss • Slayer • Anthrax • Bon Jovi • Poison • Def Leppard
FACES ROCKS
GUNS N' ROSES
DOKKEN'S FAREWELL TOUR
WINGER WOWS 'EM
JANE'S ADDICTION • TESLA • RATT • ROUGHHOUSE • DEF LEPPARD
FACES
GUNS N' ROSES
GUNS N' ROSES
GUNS N' ROSES
METAL'S TOP STARS TALK ABOUT AXL AND THE BOYS!
TWO GIANT GUNS N' ROSES SUPER PIN-UPS
GET THE INSIDE WORD ON METAL'S HOTTEST BAND!
PLUS EXCLUSIVE INTERVIEWS WITH: POISON BLACK CROWES SLAUGHTER
SKID ROW & TRIXTER SUPER PIN-UPS
RIP
FREE GN'R HOME VIDEO!
METALLICA
PANTERA
TRIXTER
HELMET
THUNDER
MEGADETH
DEF LEPPARD
GREAT WHITE
NAPALM DEATH
SCREAMING TREES
BAND OF THE YEAR
GUNS N' ROSES
DOUBLE-SIDED MOSH-PIT POSTER!
RIP
NIRVANA • CHILI PEPPERS
GUNS N' ROSES
WIN SLASH'S GUITAR (YEAH, THIS ONE!) AND ONLY IN RIP MAGAZINE!
EXTREME
KISS • LITTLE ANGELS
CORROSION OF CONFORMITY
OZZY OSBOURNE
NINE INCH NAILS
LAW AND ORDER
KIK TRACEE
PRIMUS
SKID ROW'S WASTED WORLD
RIP
GUNS N' ROSES
HELL HATH NO ILLUSION
FIRST PHOTOS! FIRST INTERVIEWS! FIRST TOUR STORY OF 1991!
BULLETBOYS
ARMORED SAINT
OZZY OSBOURNE
EXTREME
SKID ROW
THE THROBS
WARRIOR SOUL
BLACKEYED SUSAN
HOUSE OF LORDS
RIP
WIN A CAR FROM SUICIDAL TENDENCIES!
PART ONE OF OUR EXCLUSIVE 3-PART INTERVIEW!
I, AXL
MEGADETH
SHOOTING GALLERY
ELECTRIC BOYS
BLACK CROWES
EXODUS
KILLER DWARFS
DANZIG
THE BEAUTIFUL
RIP
GUNS N' ROSES EXCLUSIVE FIRST INTERVIEW OF 1990!
WHITESNAKE
DANGEROUS TOYS
BONHAM
TANGIER
WOLFSBANE
FIFTH ANGEL
LIZZY BORDEN
SLASH SPEAKS!
NEW WOMEN IN METAL
ALL-NEW SCANDALOUS SKID ROW GOSSIP!
RIP
ATTENTION: MOSHERS, BANGERS, THRASHERS, NESHERS, SLAMMERS AND ROCKERS! IT'S ALL HERE!!
GUNS N' ROSES
METAL'S NEW SUPERGROUP
ZODIAC MINDWARP
GREAT WHITE
KISS • DIO
RIP
AXL SHOOTS FROM THE HIP
JETBOY
METALLICA
EUROPE
WINGER
JANE'S ADDICTION
SLAYER
MOTORHEAD
ROCK CITY ANGELS
RIP PHOTO SPECIAL
GUNS N' ROSES LIVE!
THIS IS NO ILLUSION! IT'S ALL GUNS!
GIGANTIC AXL ROSE PULLOUT POSTER!
GUNS N' ROSES
GIANT PULL-OUT POSTER!
WELCOME TO THE PHOTO JUNGLE! OVER 40 PAGES OF EXCLUSIVE, NEVER-BEFORE-PUBLISHED PICS OF AMERICA'S HARDEST-ROCKIN' RENEGADES!!
AXL SLASH DUFF IZZY AND STEVE IN ALL THEIR FULL-COLOR DECADENCE!
GUNS N' ROSES
SLASH
MUSICIAN
EXCLUSIVE! AXL ROSE ATTACKS HIS ENEMIES
MUSICIAN
THE McCARTNEY NOBODY KNOWS
DAVID BOWIE'S TIN MACHINE TRIUMPH
SPECIAL ISSUE: LIFE ON THE ROAD
MUSICIAN
GUNS N' ROSES
Axl and Slash explain themselves, Nirvana, U2 and fighting the fans
Rehearsing with GENESIS
Under the stage with METALLICA
Handicapping the Big Summer Tours
Perry Farrell on Lollapalooza 2
Exclusive CD Offer
AEROSMITH, VAN HALEN, ROBERT PLANT, BILLY SHEEHAN, POISON, L.A. GUNS, SCORPIONS
MUSICIAN METAL
GUNS N' ROSES
MASTERS OF METAL
DEF LEPPARD
MUSICIAN
GUNS N' ROSES
UP FROM THE GUTT GOING DOWN TH DRAIN?

importante quando eu entro em contato com alguém para saber o que vou ter de enfrentar". Eu disse, "Eu prometo que, se algo como isso acontecer de novo, fornecerei os mínimos detalhes". E ele prosseguiu, "Ok. Apesar disso, eu os peguei. Eles vão tocar uma única vez, neste domingo, às cinco da manhã, no horário de Nova York, duas da manhã horário de L.A." Eu disse, "Só isso?". E ele disse, "Olha, não seja um babaca, você poderia ter acabado com nada". E eu disse, "Tudo bem". Então eu liguei para a banda e disse, "Olha, vamos ficar acordados a noite toda e vamos assistir". Foi emocionante. Lá estava passando na MTV em toda sua glória, e ficou incrível. Então, voltei para o trabalho no dia seguinte, sem imaginar que algo além do que o previsto acontecesse. Eu tinha jogado minha última cartada com David Geffen e o disco já tinha acabado, e eu não sabia o que iria fazer.

STEVEN ADLER Quando eu me vi pela primeira vez na MTV, derrubei meu isqueiro, peguei e disse, "Cara, nós somos uma puta merda!". Nós havíamos nos tornado tudo o que sonhamos, e mais legal ainda. Exceto pelo Aerosmith. Achava que o Aerosmith era mais legal.

TOM ZUTAUT Na época, o chefe do departamento de promoção era um cara todo animado que se chamava Al Corian. O fato de ter ficado acordado a noite toda com a banda fez com que eu chegasse ao trabalho por volta da 1 hora da tarde. Na companhia do Guns N' Roses, chegar por volta da 1 hora da tarde já era uma vitória. Recebi uma mensagem urgente de Al Corian assim que cheguei e fui imediatamente ao seu escritório. E o cara começa a balbuciar, "eu preciso lhe contar, essa coisa de Guns N' Roses – é inacreditável. Vamos arrebentar por todos os lados". E continuou, "Você não entende, eles detonaram o quadro de distribuição da MTV, estou lhe dizendo, o quadro de distribuição explodiu. Eles estão colocando em alta rotação. É incrível". Eu havia falado para esse cara durante meses que seria a melhor banda do mundo. Eles queriam desistir do disco na sexta-feira, e agora, na segunda-feira, é a melhor coisa que jamais aconteceu. A MTV tinha colocado em alta rotação e explodiu, e saímos de 200 mil unidades para 1 milhão praticamente da noite para o dia. Se existe uma lição para ser aprendida com o Guns N' Roses e o *Appetite for Destruction* é: caia na real.

STEVE DARROW Quando o GNR estourou depois do sucesso dos vídeos e que o *Appetite* entrou para a lista dos mais tocados, todas as gravadoras começaram a contratar qualquer banda que entrava na cidade e que tocava no Coconut Teaszer e no Troubadour. Todos queriam ser o próximo Guns N' Roses, e nenhuma delas conseguiu chegar perto.

MIKE CLINK Foi um processo gradual acompanhar o álbum subir nas paradas de sucesso. A coisa interessante sobre o *Appetite* é que, quando eu o terminei, toquei para meus amigos e pessoas do ramo, e muitas delas disseram que era a maior porcaria que já tinham ouvido. Depois de passado um ano, todos passaram a dizer que amavam o disco, que sempre amaram aquele disco.

VICKY HAMILTON Eu não imaginava que venderiam a quantidade de discos que acabaram vendendo – quanto foi no final, 75 milhões? Tudo o que sabia era que eu amava e que achava demais. Eles eram incríveis. Até os dias de hoje, não há bandas que conseguiriam fazer o que o Guns N' Roses fez e, quem sabe, jamais haverá. A estrela deles brilhou de forma rápida e com muita luz.

MIKE BARBIERO Qualquer pessoa que disser que havia antecipado o legado deste álbum e o número extraordinário de vendas que conquistou é um mentiroso. Foi uma sensação incrível ver o álbum subir de forma constante nas paradas de sucesso. Levou muito tempo, o que me fez apreciá-lo mais ainda ter um álbum que estreiasse em primeiro lugar e que caísse lentamente.

RON SCHNEIDER Fez realmente sucesso quando chegou ao American Music Awards. Eles ganharam primeiro lugar com a música ou melhor canção do ano, com "Sweet Child O' Mine". Ao mesmo tempo, o álbum alcançou o primeiro lugar. Eles se levantaram, aceitaram, e acho que Slash e Duff estavam iluminados.

STEVE THOMPSON Eu sou persistente. Todo o disco que faço, quero que seja eterno. Não quero fazê-lo apenas para o presente. O que eu tenho tentado conquistar em toda minha carreira é fazer com que seja contemporâneo, mas que ao mesmo tempo resista ao teste do tempo, como uma obra de arte. Você não quer fazer algo que seja descartável, apenas para o momento. "Appetite" foi um exemplo perfeito de algo que permanece eterno.

MIKE CLINK Toda a semana ouço pessoas que chegam a mim e me contam como o *Appetite* mudou suas vidas. Afetou gerações. Agora eu sou uma celebridade na escola de minha filha de 14 anos de idade porque fiz o *Appetite*. "Emma, você sabia que seu pai fez o Appetite?" E ela responde "Ei, e daí?" É interessante porque até as crianças nos dias de hoje o amam. Esse é o sinal de um grande álbum. Como aqueles do AC/DC, Beatles ou Pink Floyd. É uma obra de arte que resiste ao tempo e que todos querem ouvir. É isso que nos propusemos a fazer quando fizemos esse disco; era para torná-lo eterno.

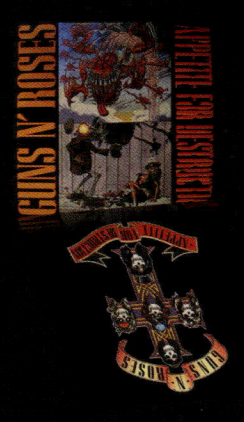

O RESTO É HISTÓRIA

THE STATE OF METAL
MUSIC CONNECTION
AES UPDATE
MUSICIANS & CHARITIES
UGLY KID JOE
TONY VISCONTI
DALE KAWASHIMA
THE WORD FROM THE STREET
Music CONNECTION
LIONS & GHOSTS
JUNKYARD
WALKING WOUNDED
MICHAEL HUEY
JIMMY OSMOND
JOHN NOVELLO
U2
GUNS N' ROSES
ALL-LIVE COLLECTOR'S EDITION!
MM
ALIVE WITH HEADBANGIN' ACTION!
THE HEAVY METAL CONCERT EXPERIENCE!
COMIN' AT YOU LIVE!
KILLER NELSON GIVEAWAY!
METALLIX
ROCKIN' HARDER!!
RINGSIDE WITH GUNS N' ROSES!
MOTLEY CRUE!!
ROCK beat
GUNS N' ROSES '91!
QUEENSRYCHE CENTERFOLD!
KILLER GUNS N' ROSES PULL-OUT!
METALLIX
ROCKIN' HARDER!!
NELSON
GUNS N' ROSES!
EXTREME!
ALSO INSIDE:
2 BONUS POSTERS! 34 AWESOME COLOR PINUPS!
AXL ROSE COLOR SPECTACULAR
AND OTHER FIERCE FRONTMEN!
PHOTOS & PINUPS GALORE! LIVE SHOTS!
SPECIAL COLLECTOR'S TRIBUTE TO:
GUNS N' ROSES
NO ILLUSIONS: THE REAL STORY
MEET THE GUNS ONE-BY-ONE! HOT PIX N' INSIDE FAX!
ROCKbeat's METAL PINUPS!
THE HOTTEST BANDS... THE COOLEST PHOTOS... ALL FULL-COLOR!
...plus much, MUCH more!
GUNS N' ROSES W. Axl Rose
Def Lep - L.A. Guns Super Pull-Out Poster
METAL
Guns N' Roses
Bon Jovi
Headbangers Ball
RATT
THE CULT
SKID ROW
METALLICA
WHITE LION
Live Def Leppard
The Original Metal Mag!
THEY'RE BACK AND BIGGER THAN EVER! AXL, SLASH, DUFF, IZZY AND INTRODUCING MATT & DIZZY!
GUNS 'N ROSES
AND OTHER HOT TICKETS!
THE COMPLETE HISTORY! FROM 1985 TO THE PRESENT!
SKID ROW
GUNS N' ROSES
Photo Album
Plus YOUNG GUNS OF HEAVY METAL!
IZZY-DUFF-AXL-STEVEN-SLASH
GUNS-Like You Never Saw Them Before!
25 HUGE H-h-o-t PINUPS!
GUNS N' ROSES
COLOR CENTERFOLDS
METALLICA
MOTLEY CRUE
GUNS N' ROSES
& Skid Row
EXCLUSIVE!!
THE "LOST" INTERVIEWS 1987-1989
HEAVY METAL HEROES
GUNS n' ROSES
G N' R Profiles N' Pix Of Axl, Slash, Izzy, Duff N' Matt
G N' R Dateline: Their History At Your Fingertips
PLUS
SPECIAL GUNS N' ROSES SCRAPBOOK
THE RETURN OF GUNS N' ROSES
4 KILLER COLOR PULL-OUTS
MEET THE NEWEST GUNNER
BON JOVI: STAYING SANE ON PLANES
ROCK beat
GUNS N' ROSES IDENTITY CRISIS
DEF LEPPARD
KISS WAITING FOR THE BIG ONE
TESLA GET EXCITED
SKID ROW
COLLECTORS ISSUE
HOT ROCKERS THEN AND NOW
GUNS N' ROSES
ALICE COOPER
VAN HALEN
RATT
GUITAR WORLD
4 SONGS
WELCOME TO THE JUNGLE!
SLASH & GILBY
New Blood In The World's Most Dangerous Band
FLEA & ARIK
New Kid In The Sock
SONIC YOUTH
DEATH METAL SUMMIT
THE BEST SELLING GUITAR MAGAZINE IN AMERICA
guitar
GUNS N' ROSES
Don't Cry
KIRK HAMMETT
METALLICA
NIKKI SIXX
MOTLEY CRUE
EMERSON, LAKE & PALMER
THE JACKSON 5
VINNIE MOORE • NILE RODGERS • REEVES GABRELS
VINTAGE AMP BARGAIN GUIDE
SEVEN PRODUCT REVIEWS
Guitar Player
BLUES
SLASH
ROBBIE ROBERTSON
ROY ORBISON: 1936-1988
GUITAR WORLD
IZZY & SLASH:
GUNS N' ROSES
Guitar Heroes For A New Generation
JOHNNY WINTER
DICKEY BETTS
guitar
IZZY & SLASH OF GUNS N' ROSES
VAN HALEN
ROBBIE KRIEGER OF THE DOORS
GUITAR WORLD
SLASH UNCENSORED!
SOUNDGARDEN, NIRVANA & PEARL JAM
THE BEST SELLING GUITAR MAGAZINE IN AMERICA!
guitar
GUNS N' ROSES
THE GARDEN
LED ZEPPELIN
THE BEATLES
SOUNDGARDEN
BLUES SARACENO
RANDY RHOADS POSTER

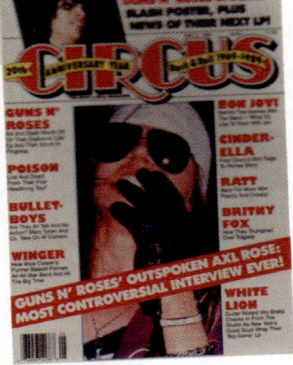

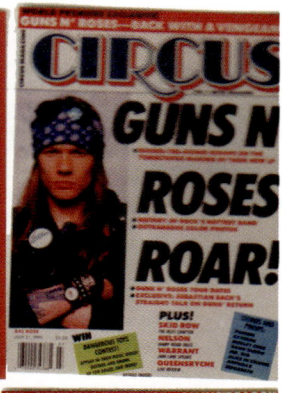

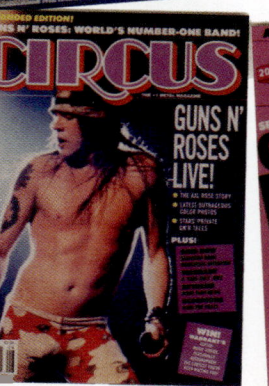

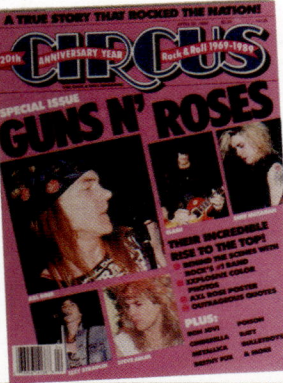

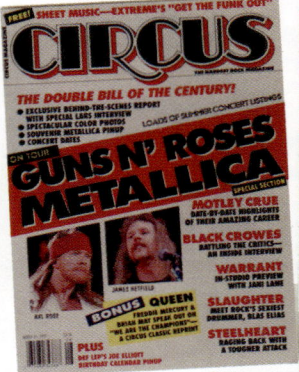

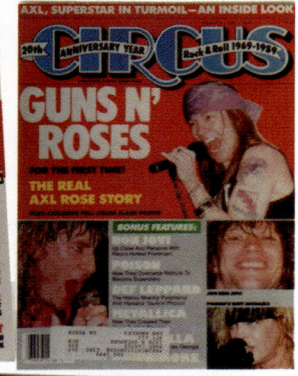

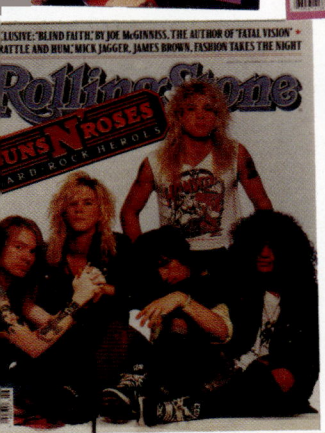

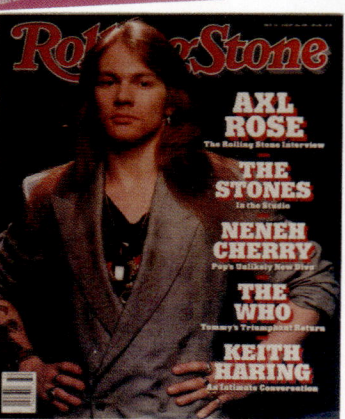

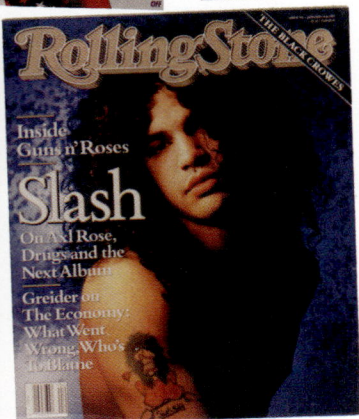

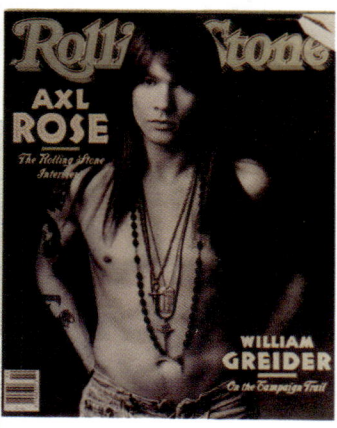

Da coleção de Marc Canter, estas são uma amostra parcial das capas de revistas que destacaram o Guns N' Roses.

342 It's So easy

GIANTS STADIUM
AEROSMITH
16 DE AGOSTO DE 1988

AEROSMITH
DEEP PURPLE
GUNS N' ROSES
GIANTS STADIUM
AUGUST 16, 1988
ALL ACCESS

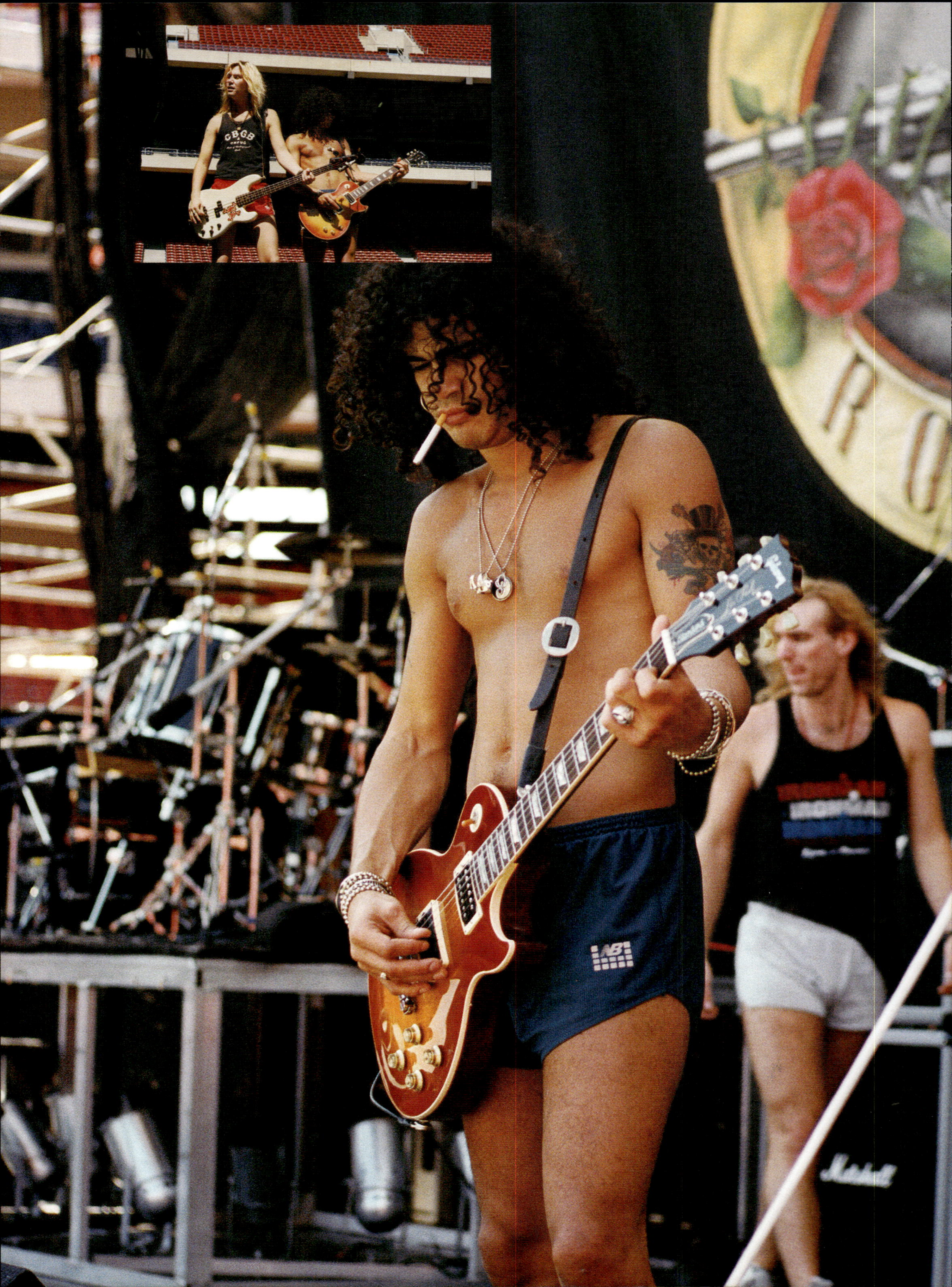
CBGB
Marshall

Peguei um voo até East Rutherford, NJ, para assistir a esse show no Giants Stadium.

Era uma oportunidade de ver o Guns N' Roses se apresentar em um enorme estádio e assistir a duas das minhas bandas favoritas, Deep Purple e Aerosmith. Tirei algumas fotos na passagem de som, incluindo uma foto de Slash andando de bicicleta no palco. Acho que foi assim que tudo começou para mim; Slash e as bicicletas.

Cenas do *videotape* de "Paradise City" foram feitas durante este evento. Consegui fazer um *videotape* do *making of* do vídeo "Paradise City" da MTV de cima do refúgio na parte superior do estádio.

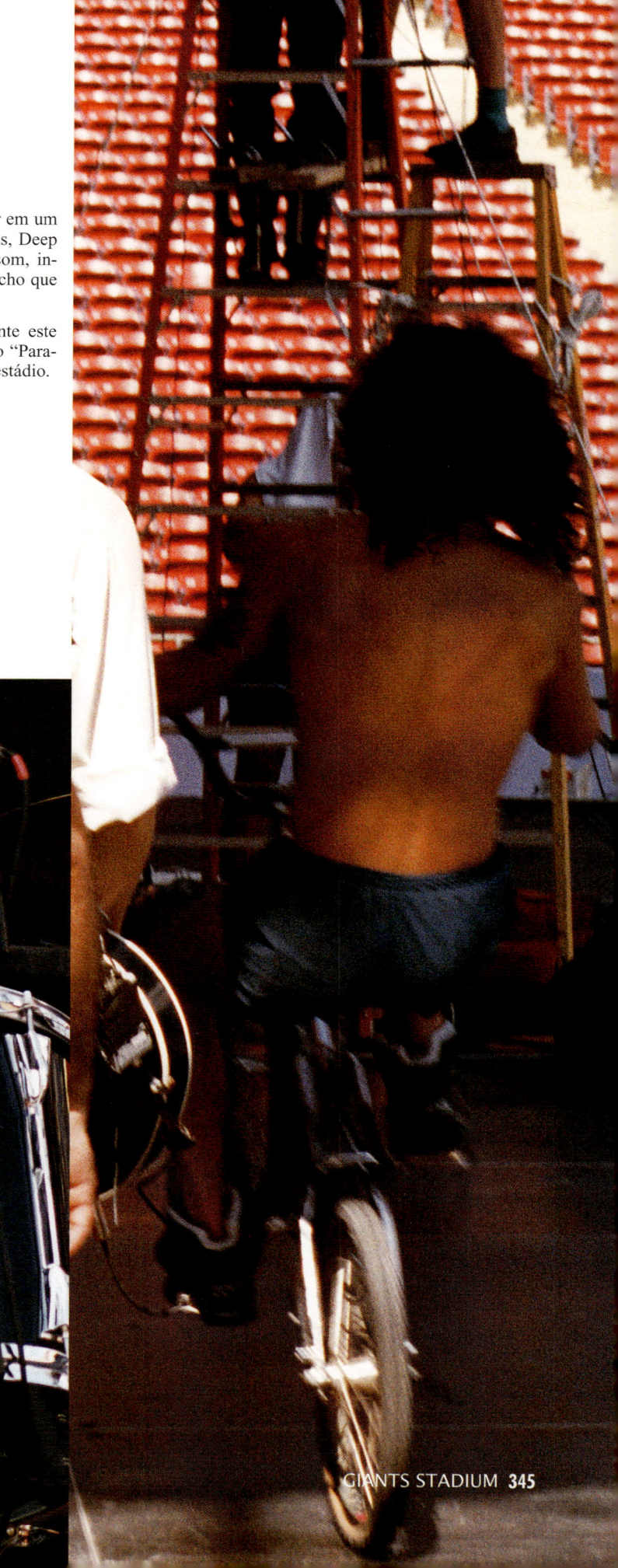

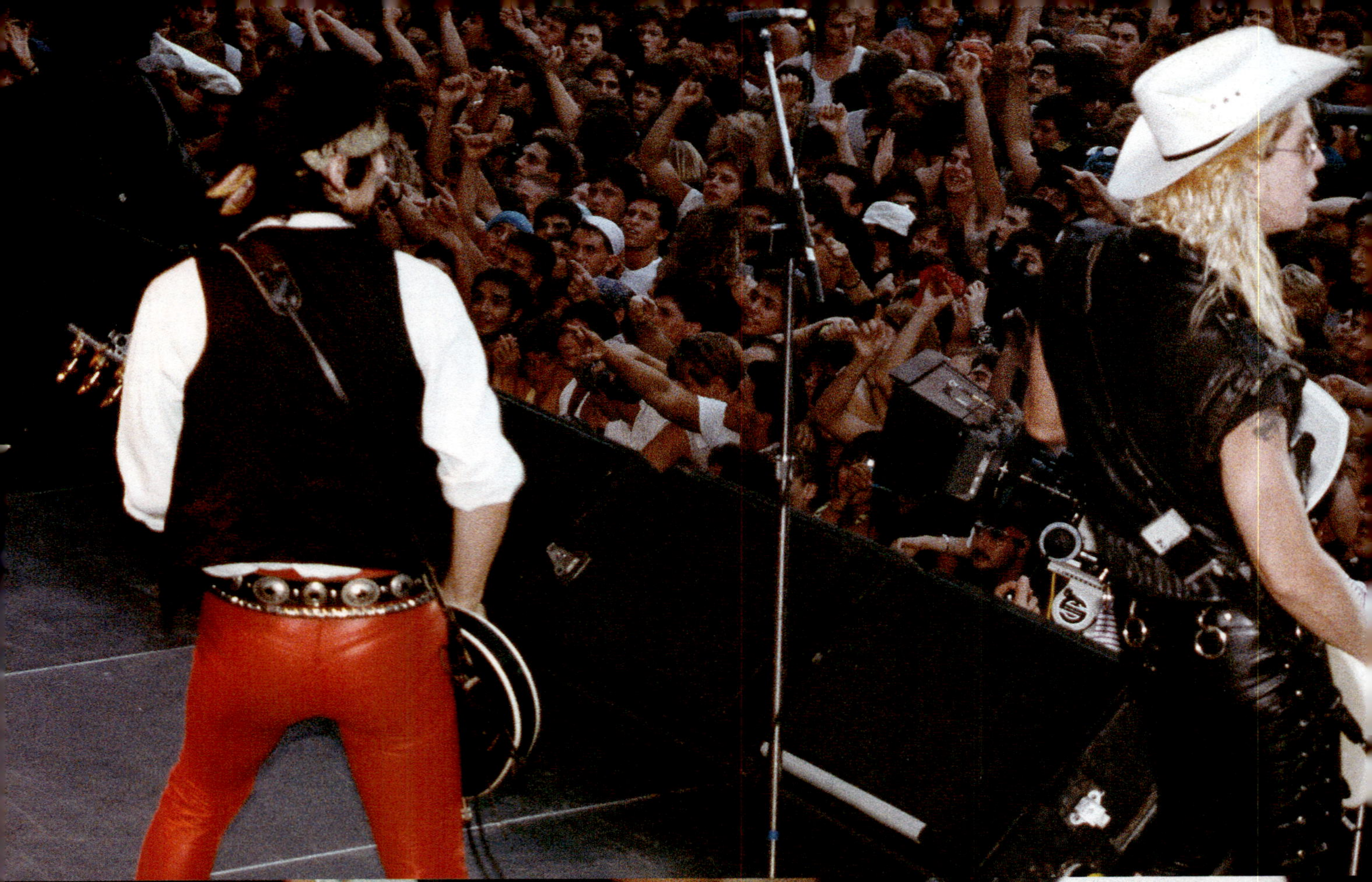

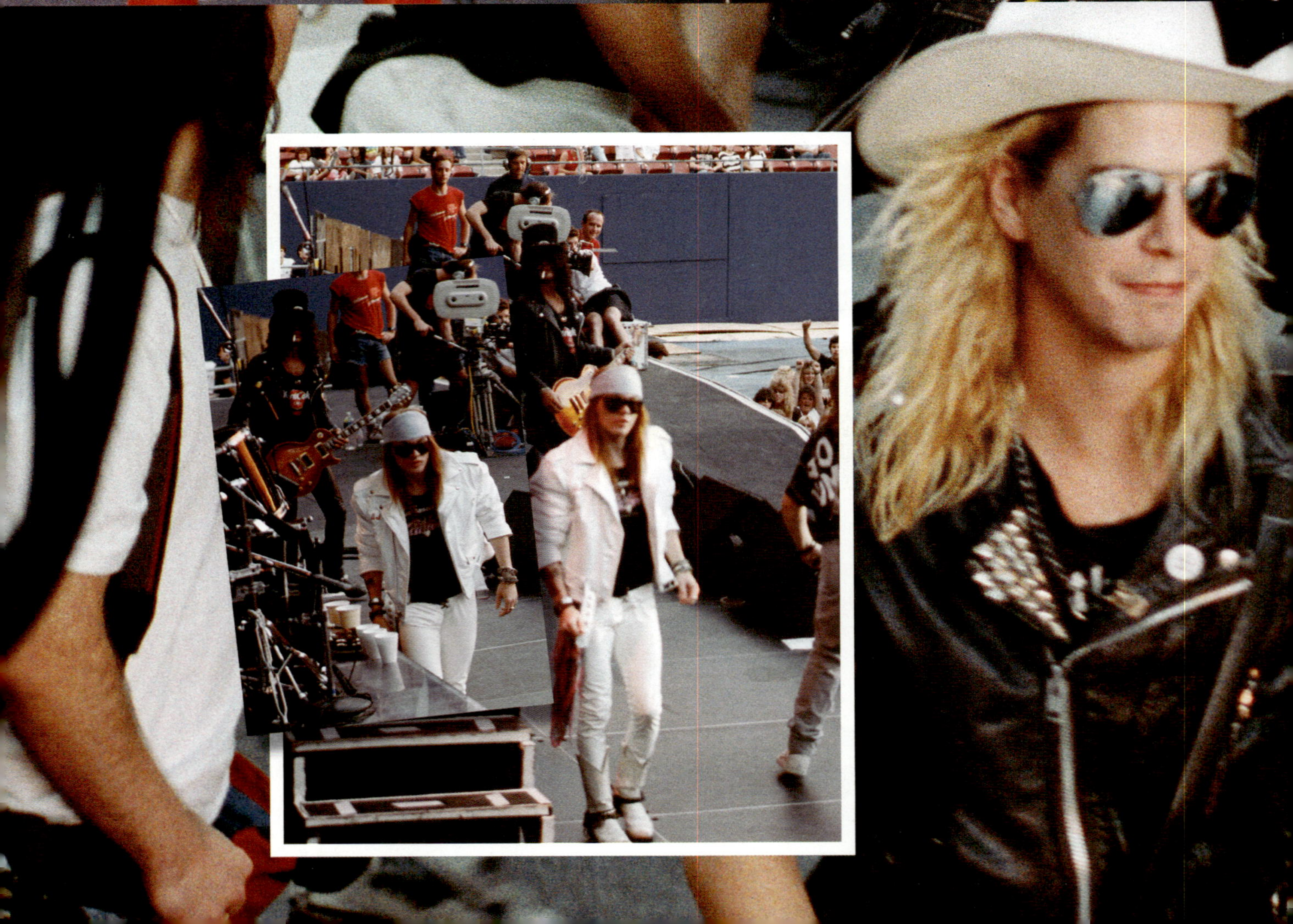

It's So Easy
Mr. Brownstone
Paradise City
You're Crazy
(acoustic)
Out Ta Get Me
Welcome to the Jungle
Sweet Child O' Mine
Used To Love Her

LOT NO. 9/11 V.I.P. PARKING

AEROSMITH
DEEP PURPLE
PLUS SPECIAL GUEST GUNS N' ROSES
Giants Stadium
AUGUST 16TH

Giants Stadium 347

LIVRO DE COLAGENS DO MARC

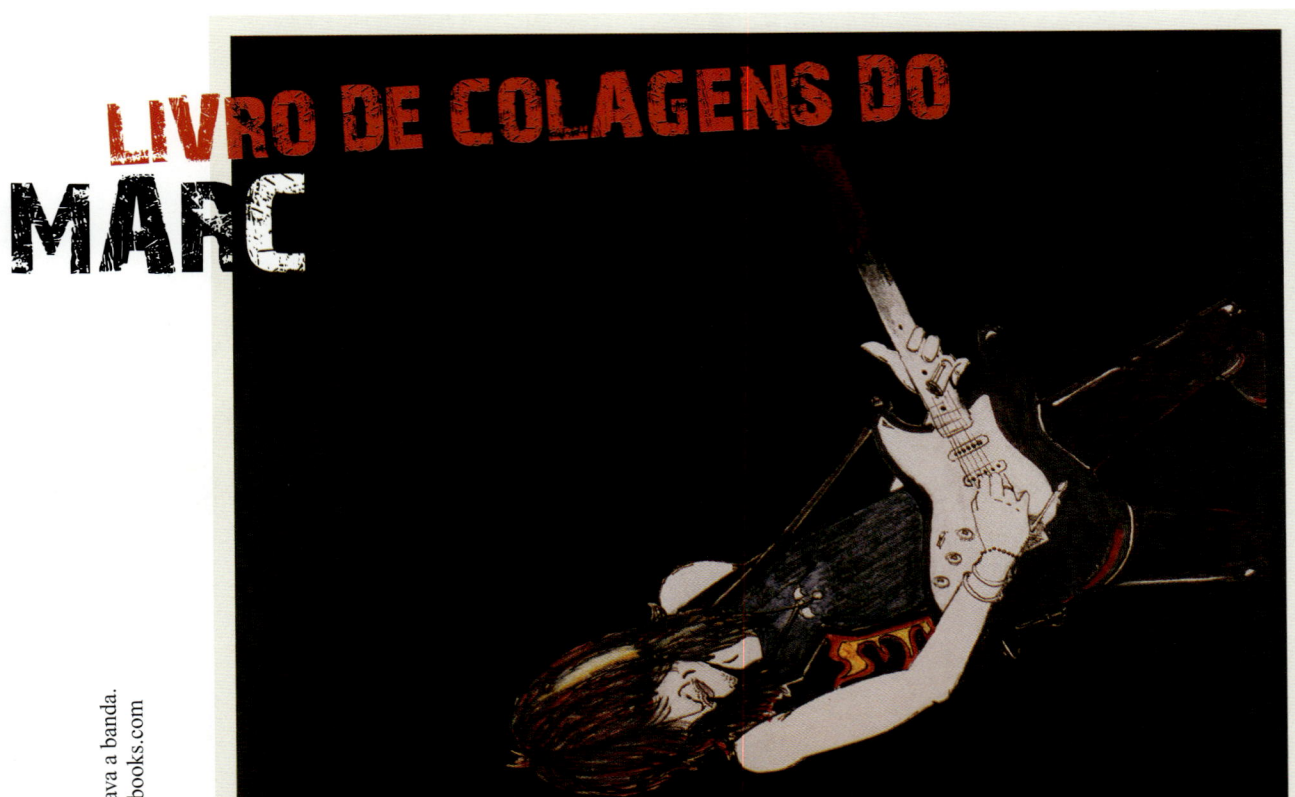

Quando éramos crianças, Slash costumava dar desenhos de presente. Estes desenhos dos membros do Aerosmith eram alguns de meus favoritos, e Slash sabia que eu amava a banda. O desenho à mão na página oposta foi feito em duas etapas. Dê uma olhada no original em enhancebooks.com

348 It's So easy

Livro de Colagens de Marc 349

Dezembro de 1992: Slash tocando outra vez no Kibitz Room com a vocalista Jessica Tilton.

Panfleto do Canter's Kibitz Room
Slash muito bêbado fez este desenho a meu pedido, para uma suposta camiseta.

O *manager* deles, Alan Niven, mandou fazer anéis de ouro com o logo do Guns N' Roses para cada membro da banda quando o *Appetite* ganhou o disco de ouro. Não sendo alguém que se sentia confortável fazendo parte do clube, Slash me deu seu anel.

Minha foto de casamento: Slash veio com seu traje usual; Axl colocou um terno. Minha esposa Leisa cortava os cabelos de todos os membros da banda e continuou cortando o cabelo de Axl até 2001.

Slash contribuindo com sua guitarra em uma terça-feira à noite musical. Atrás, Morty Coyles fazendo o vocal no Canter's Kibitz Room, em 8 de setembro de 1992.

Depois de assinar algumas fotos para um amigo, Axl, com uma caneta em mãos, decidiu brincar com uma foto que havia sobrado.

Axl ao piano. Foto de Shannon Paynter.
4 de março de 1989: Axl havia concordado em tocar "November Rain" enquanto caminhávamos ao altar; no último minuto, acabou sendo pressionado para tocar na cerimônia por um perturbado coordenador de matrimônios e entreter os convidados enquanto eles chegavam. Entre as canções, ele ofereceu trechos da canção que acabaria sendo lançada como "Estranged".

O bar mitzvah de meu filho Alex com um convidado especial.
Foto de Shel Rosenthal.

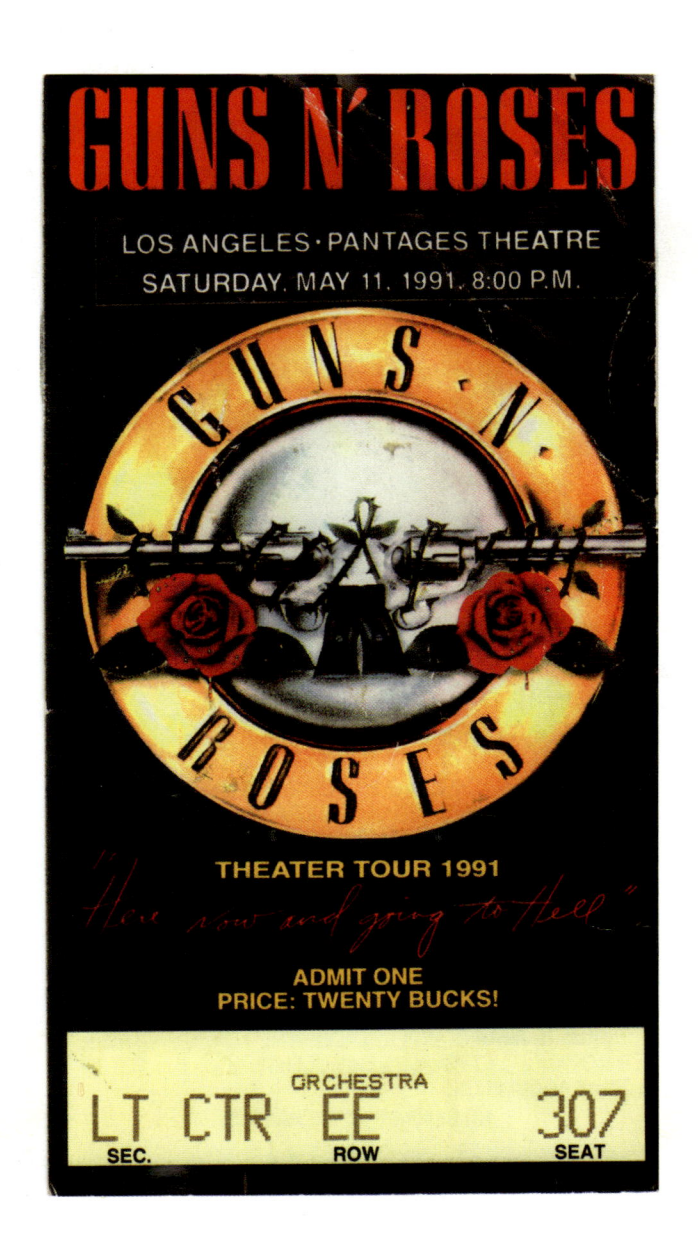

Canhoto do ingresso do Pantages Theater, um dos três shows que a banda fez em lugares relativamente pequenos para aquecer para a turnê UYI TOUR (os outros shows aconteceram em San Francisco e Nova York). O show de L. A. serviu também como uma forma de agradecimento aos fãs da cidade.

THIS TICKET IS A REVOCABLE LICENSE AND MAY BE TAKEN UP AND ADMISSION REFUSED UPON RETURNING THE PURCHASE PRICE APPEARING HEREON. THE RESALE AT A PRICE HIGHER THAN THAT APPEARING THEREON IS GROUNDS FOR SEIZURE AND CANCELLATION. HOLDER OF THIS TICKET ASSUMES ALL RISKS AND DANGER INCIDENTAL TO THE EVENT FOR WHICH THIS TICKET IS ISSUED, WHETHER OCCURRING PRIOR TO, DURING, OR AFTER THE SAME. FURTHER, THE HOLDER OF THIS TICKET AGREES NOT TO ENGAGE IN PHOTOGRAPHY OR REPRODUCTION IN ANY FORM AT THE EVENT FOR WHICH THE TICKET IS ISSUED. VIOLATION OF THE FOREGOING WILL AUTOMATICALLY TERMINATE THIS LICENSE. SOLD SUBJECT TO TARIFF REGULATIONS.

NO REFUNDS/NO EXCHANGES.